本书获得中国传媒大学一流专业建设专项经费资助（YL22001015）

光明社科文库
GUANGMING DAILY PRESS:
A SOCIAL SCIENCE SERIES

·历史与文化书系·

同源异流

印度尼西亚和马来西亚母系社会文化比较研究

张静灵 丨 著

光明日报出版社

图书在版编目（CIP）数据

同源异流：印度尼西亚和马来西亚母系社会文化比较研究 / 张静灵著 . -- 北京：光明日报出版社，2023.5

ISBN 978 - 7 - 5194 - 7180 - 4

Ⅰ.①同… Ⅱ.①张… Ⅲ.①母系氏族—文化研究—对比研究—印度尼西亚、马来西亚 Ⅳ.①G133.8 ②G134.2

中国国家版本馆 CIP 数据核字（2023）第 074741 号

同源异流：印度尼西亚和马来西亚母系社会文化比较研究
TONGYUAN YILIU：YINDUNIXIYA HE MALAIXIYA MUXI SHEHUI WENHUA BIJIAO YANJIU

著　者：张静灵

责任编辑：杨　茹　　　　　　　　责任校对：李　兵
封面设计：中联华文　　　　　　　责任印制：曹　净

出版发行：光明日报出版社
地　　址：北京市西城区永安路106号，100050
电　　话：010-63169890（咨询），010-63131930（邮购）
传　　真：010-63131930
网　　址：http：//book.gmw.cn
E - mail：gmrbcbs@gmw.cn
法律顾问：北京市兰台律师事务所龚柳方律师

印　　刷：三河市华东印刷有限公司
装　　订：三河市华东印刷有限公司
本书如有破损、缺页、装订错误，请与本社联系调换，电话：010-63131930

开　　本：170mm×240mm
字　　数：195千字　　　　　　印　　张：15.75
版　　次：2023年5月第1版　　印　　次：2023年5月第1次印刷
书　　号：ISBN 978 - 7 - 5194 - 7180 - 4
定　　价：95.00元

目 录
CONTENTS

第一章 绪 论

第一节 写作缘起

从人类学的角度来看，亲属制度通常构成了一个社会的基本结构。在任何文化中，个人与亲属之间的关系，都会受到两方面的影响：婚姻和继嗣。社会中的继嗣制度分为单系继嗣、双重继嗣和两可系继嗣三种类型，而单系继嗣又分为母系继嗣和父系继嗣。氏族是单系继嗣的亲属群体，氏族群体成员认为大家都源于同一祖宗。① 根据母系继嗣和继承财产的氏族社会被称为母系社会。母系社会被认为是氏族社会的第一步，在成文史出现之前已大部分消失。目前世界上的大多数国家和地区属于父系社会或双系社会，但在非洲和亚洲地区仍然存在着一些母系社会，其中较有名的如印度北部梅加拉亚邦的卡西族，我国台湾地区的高山族阿美人、云南省永宁的纳西族，印度尼西亚的米南加保族（Minangkabau）等。米南加保族被认为是目前世界上最大的母系社会族群

① 哈维兰. 文化人类学［M］. 王铭铭，译. 上海：上海社会科学院出版社，1987：89.

之一，该族群信仰伊斯兰教。据 2010 年印尼人口普查数据显示，该族群总人口约为 646.2 万人，占印度尼西亚人口总数的 2.73% 左右，是印尼人口数量排名第七的族群。人口主要分布在西苏门答腊省，大约有 421.9 万米南加保人，占到该省总人口的 87%①。此外，在印尼的廖内省、北苏门答腊省、南苏门答腊省、雅加达、西爪哇、占碑省、万丹省、明古鲁还居住着几万至几十万不等的米南加保人。

东南亚史前文化的一个显著特征就是"妇女和母系世系占重要地位"。赛代斯也曾指出，在印度文化进入之前，东南亚的社会结构方面，妇女和母系世系占有重要地位。② 但是，随着人类社会的发展、生产生活方式的改变以及不同族群之间文化、家庭观、价值观的碰撞和交融，母系社会在当今世界已不常见，而米南加保族保留下来的如此规模的母系社会可谓是母系历史的"活化石"，吸引了国内外学者的关注和研究。米南加保人认为他们的历史可以追溯到公元 7 世纪，即室利佛逝（Sriwijaya，7—14 世纪末）在苏门答腊的巨港建立政权的时期。③ 米南加保史学家认为，14 世纪中后期，阿迪地亚瓦曼王（Adityawarman）在西苏门答腊省的米南加保高原上建立起了米南加保王朝，将宫殿设在巴卡鲁勇（Pagaruyung）。几百年来，尽管受到伊斯兰文化的影响、西方殖民者的介入以及东南亚主权国家的建立和发展，但是母系制文化一直是该族群最显著的身份特征之一。

与印尼西苏门答腊省隔海相望的马来西亚森美兰州的部分地区也保

---

① AKHSAN NA'IM, HENDY SYAPUTRA. Kewarganegaraan, Suku Bangsa, Agama dan Bahasa Sehari-hari Penduduk Indonesia：Hasil Sensus Penduduk 2010 [R]. Jakarta：Pusat Badan Statistik，2011：31-36.

② 梁志明，李谋，杨葆筠. 东南亚古代史 [M]. 北京：北京大学出版社，2013：129.

③ ANDAYA L Y. Unravelling Minangkabau Ethnicity [J]. Itinerario，2000（24）：25.

留着母系制文化，这与生活在此的米南加保移民有着密不可分的联系。在"外出"（merantau）文化的影响下，米南加保人不仅从高原腹地前往沿海，还跨越了马六甲海峡到达了马来半岛，几百年前森美兰州就已成为该族群移民的主要聚集地。根据马斯登（Marsden）和沃特斯（Wolters）的观点，在公元 11—12 世纪，有少数的米南加保人外出谋生到达了林茂地区（Rembau），这些人可能是最早进入森美兰州的米南加保人。14 世纪起，大批的米南加保人开始迁徙到森美兰州，他们或是经商或是开辟新的领地，并周而复始地往返于森美兰州与苏门答腊，最后有些人长期定居于此。① 现在，当地由酋长领导的四个县中有很大一部分马来人仍沿袭着母系制文化，与实践父系制文化的其他州马来人存在着差异。马来学者表示，保留母系制文化的马来人绝大多数都是米南加保族的后裔，使森美兰州成为马来西亚唯一一个以母系社会为主的州。现在森美兰州的 7 个县中，大部分居住在日拉务县（Daerah Jelebu）、仁保县（Daerah Jempol）、瓜拉庇劳县（Daerah Kuala Pilah）、林茂县（Daerah Rembau）及淡边县（Daerah Tampin）② 的马来人依然遵循着母系社会习俗。③

　　笔者一直对这两个地区所遵循的母系文化很感兴趣，对两者之间存在的联系以及它们内部发生的变化感到好奇。在翻阅和查找了相关文献后，笔者发现这两个母系社会中某个单一社会的文化研究文献较多，但

---

① NORHALIM IBRAHIM. Negeri yang Sembilan：Daerah Kecil Pesaka Adat Warisan Kerajaan Berdaulat ［M］. Shah Alam：Penerbit Fajar Bakti SDN BHD, 1995：45-51.
② 文中列举了森美兰州 7 个县中的 5 个县，森美兰州的另 2 个县分别是芙蓉县（Daerah Seremban）和波德申县（Daerah Port Dickson）。
③ AZIZAH KASSIM. Patterns of Land Ownership and Inheritance in Negeri Sembilan：Some Implications for Agricultural Development ［J］. Southeast Asian Studies, 1989, 27（3）：317.

进行文化对比的研究较为缺乏，特别是这两个地区在国家独立后的发展和文化变迁的研究寥寥无几。因此，对这两个母系社会进行文化对比研究是为了更好地了解这两个母系社会的发展状况。基于这个目的，本书将通过聚焦两个母系社会的文化特征，探究两者间存在的异同，并分析其产生的原因。

第二节　研究现状

一、米南加保族相关的研究

米南加保族作为西苏门答腊省的主要族群，长期以来受到印尼学者的关注，因此相关的研究较多，涉及的话题也非常广泛。大多数文献是围绕着米南加保族的历史、风俗、母系社会习惯法及"外出谋生"（mer-antau）文化展开的。古斯迪·阿斯南（Gusti Asnan）和剌斯吉·芒吉斯（Rasjid Manggis）作为印尼著名历史学家撰写了不少关于西苏门答腊省历史的书和文章，这些文献也大量涉及了米南加保族的历史，如《西苏门答腊省海岸的海洋世界》①《西苏门答腊省的统治：从荷兰殖民至民主改革时期》②，以及《米南加保族：简要的历史和习俗》③ 等。

有很多学者（Nasroen，1957；H. Suarman，2000；H. Suardi Mahyuddin，

---

① GUSTI ASNAN. Dunia Maritim Pantai Barat Sumatera［M］. Jogjakarta：Penerbit Ombak，2007.

② GUSTI ASNAN. Pemerintahan Sumatera Barat dari VOC Hingga Reformasi［M］. Yo-gyakarta：Citra Pustaka，2006.

③ RASJID MANGGIS. Minangkabau：Sedjarah Ringkas dan Adatnja［M］. Padang：Sridharma，1971.

2009；Ibrahim Dt. Sanggoeno Diradjo，2009）的研究涉及了米南加保族母系社会的习惯法，强调了米南加保族母系社会中女性的地位、女性对于母系家族财产的所有权和继承权以及舅舅在母系家庭中的作用。哈姆卡（Hamka）① 撰写了大量与母系文化相关的论文，其中专著《伊斯兰教和米南加保习俗》和《伊斯兰世界的女性地位》诠释了他对米南加保族文化、伊斯兰教以及性别问题的看法。道菲·阿卜杜拉（Taufik Abdullah）也热衷于对米南加保族的研究，其研究成果在学术界有很大的影响力。他的硕士论文就以米南加保为题，研究的是 1900—1927 年米南加保社会的发展，他的博士论文则关注西苏门答腊省的改革派运动。他曾发表《米南加保世界的现代化：20 世纪初的西苏门答腊省》《米南加保社会中的伊斯兰教、历史和社会变革》等文章，他还以该母系社会为例分析了习惯法与伊斯兰教之间的矛盾和冲突，并试图采用特纳（Victor Turner）提出的"结构"和"反结构"这两个概念去解释习惯法与新文化融合的过程。

莫赫达·纳伊姆（Mochtar Naim）撰写的《迁徙：米南加保族移民模式》一书，提供了与米南加保族迁徙行为相关的翔实数据，认为迁徙模式从不定期的往返迁徙发展为定居式的迁徙活动，全面地解析了米南加保族迁徙至马来西亚的历史和过程。② 近期的学者则比较关注迁徙到城市中的米南加保人现状，如阿姆瑞·玛扎利（Amri Marzali）就不仅研究了锡龙岗（Silungkang）地区的母系社会，还调查了来自锡龙岗地区的米南加保人在雅加达的生活状态，比较村庄与城市、传统与现代，

---

① 哈姆卡原名阿卜杜尔·玛利（Haji Abdul Malik），不仅是小说家、政治家，还是哲学家和宗教学者，在印尼有着重要的影响力。
② MOCHTAR NAIM. Merantau：Pola Migrasi Suku Minangkabau［M］. Yogyakarta：Gadjah Mada University Press，1984.

提出了母系文化是否能在现代城市中延续下去的问题。①

此外，莫赫达·纳伊姆与妻子阿斯玛·莫赫达·纳伊姆（Asma M. Naim）共同编写的《米南加保文献》（1973）也为我们提供了非常翔实的文献资料。② 作者将相关文献按照历史、语言和文学、人类学和文化、社会和政治、习惯法、经济、宗教、教育、传记、自然科学这几个板块进行归类整理，并将涉及森美兰州的相关文献单列在了最后一章。将近 200 页的文献索引资料汇集了数代人对米南加保族研究的心血，是一部非常具有实用价值的工具书。

日本学者加藤毅（Tsuyoshi Kato）出版了《母系和迁移：不断演变的印尼米南加保传统》（*Matriliny and Migration：Evolving Minangkabau Traditions in Indonesia*），该书被翻译后在印尼和马来西亚分别出版，书中分析了米南加保人迁徙的历史和特点。在提到米南加保人的"外出谋生"时，他认为米南加保人更愿意出外经商。在对比爪哇人和米南加保人的职业选择时，他发现绝大多数爪哇人希望成为公务员，进入国家行政机构。与之相反，米南加保人则认为其族群性格中包含了更多自由和独立的特质，因此更适合经商而不太愿意选择每月固定工资的公务员工作。③

西方学者艾夫琳·布莱克伍德（Evelyn Blackwood）和佩吉·桑迪（Peggy Sanday）则主要致力于性别、婚姻以及亲属制度等研究。前者撰写了《权力之网：在苏门答腊村庄的妇女、亲属和社区》，书写了全

---

① AMRI MARZALI. Dapatkah Sistem Matrilineal Bertahan Hidup di Kota Metropolitan？[J]. Antropologi Indonesia, 2000 (61)：1-15.

② ASMA NAIM, MOCHTAR NAIM. Bibliografi Minangkabau [M]. Singapore：Singapore University Press, 1975.

③ KATO T. Matriliny and Migration：Evolving Minangkabau Traditions in Indonesia [M]. New York：Cornell University Press, 1982.

球化进程中一个农业村庄中亲属关系和权力之间的复杂性。该书不仅对母系社会的传统认知进行挑战,还展现了中年妇女作为核心角色在村庄生活的各个维度。她认为村庄里呈现出来的不是单边或双边的权力关系,而是构建了一张人物之间多维度、多方向的权力之网。① 除此之外,她还发表了数篇关于米南加保族母系社会的文章。后者通过数十年的田野调查完成了《在中心的妇女:现代母系社会的生活》(Women at the Center: Life in a Modern Matriarchy)一书。她不仅分析了女性在社会中的地位、权利和义务,也表明了母系社会并不是父系社会的镜像,它是一个男性和女性各担其责、和谐共处的社会。②

西蒙·格雷戈瑞(Simon Gregory)于 2014 年出版了基于其博士论文的著作《关在外面:印尼米南加保族的道德主体性、自我意识和伊斯兰教》(Caged in on the Outside: Moral Subjectivity, Selfhood, and Islam in Minangkabau, Indonesian)。他通过描述人们的内心生活来展现一个新的米南加保人社会,从而对一些东南亚价值观和伊斯兰教实践本质的假设提出质疑。在书中,他试图探寻一系列在米南加保社会中出现的问题,如城市中的道德结构和经济生活、族群认同的本质、日常交往礼仪、自我及其边界的概念、个人身份的隐蔽空间以及婚俗中的伊斯兰教传统等。③

与国外学者相比,国内学界对米南加保族的研究较少。20 世纪 50

---

① BLACKWOOD E. Webs of Power: Women, Kin and Community in a Sumatran Village [M]. Lanham. MD: Rowman and Littlefield, 2000.

② SANDAY P R. Women at the Center: life in a Modern Matriarchy [M]. New York: Cornell University Press, 2002.

③ MARK S G. Caged in on the Outside: Moral Subjectivity, Selfhood, and Islam in Minangkabau, Indonesian [M]. Honohulu: University of Hawai'i Press, 2014.

年代，林惠祥①曾先后翻译了 3 部南洋民族研究著作，其中《苏门答腊民族志》于 1960 年收录于《南洋问题资料译丛》，该书多处提到"民南加堡"和"米南加堡人"（即本书中的"米南加保"）。20 世纪 80 年代，黄昆章（1980）在其文章中详细地描绘了印尼米南加保族的历史和风俗习惯。② 俞亚克（1988）不仅介绍了印尼米南加保族母系制社会的基本状况及其受到外来文化冲击后发生的变化，还从理论上对其长期存续的原因进行剖析。他表示，"米南加保族社会既具有灵活地适应环境的弹性，又蕴藏着顽强地保持其母系制的韧性。米南加保族的母系舅权制是其母系制长期延续的内部活力，因为舅权为父权在心理素质上做好了必要的铺垫，使以女系为尊的思想保持连续性"③。唐慧（2000）则主要介绍了米南加保族在婚姻方面所体现出的母系特征。④ 这些论文对米南加保族母系社会的研究偏向于风俗习惯的描述或某一文化特征的研究，缺乏整体性的研究。虽然，广西民族大学硕士生杨君楚的毕业论文《印尼米南加保族母系文化及其变迁研究》（2017），通过文献梳理描述了米南加保族母系文化的变迁，但该论文较多地呈现了早期或理想化母系社会的状态，缺少对当下米南加保族母系文化现实情况的介绍与分析，特别是男性角色的变化、地方政府重新恢复自治单位后的情况以

---

① 林惠祥是中国著名人类学家、考古学家、民俗学家和民间文艺理论家。先后撰写《马来人与中国东南方人同源说》《南洋人种总论》《南洋马来族与华南古民族的关系》等论文，还编译《菲律宾民族志》《婆罗洲民族志》《苏门答腊民族志》等专著，成为中国研究南洋问题，尤其是研究南洋和南洋考古的开拓者和倡导者之一。

② 黄昆章. 一个以妇女为中心的社会——印尼米南加保族的历史传说与风俗习尚 [J]. 东南亚研究资料，1980（2）：66-67，65.

③ 俞亚克. 印尼米南卡保族母系制社会探析 [J]. 东南亚，1988（314）：51-57.

④ 唐慧. 米南加保族：母系社会在这里延续 [J]. 东南亚纵横，2000（1）：31.

及现代性对其的影响。①

二、森美兰州相关的研究

马来西亚学者对森美兰州的母系风俗（Adat Perpatih）研究始于 20
世纪 20 年代，早期马来西亚学者的研究主要集中在对森美兰州历史和
文化起源的介绍和分析［阿巴斯（Abas Hj. Ali），1953；易卜拉辛·阿
丁（Ibrahim Atin），1959；阿布（Abu Chik Mat Sarom），1962；阿卜杜
勒（Abdul Samad Idris），1968］，他们通过神话、传说、史籍、当地谚
语等文本构建森美兰州的历史。关于母系制文化，学者们主要介绍其起
源和文化特征，如世系按母系血缘计算、财产由女性继承、婚后从妻居
或各自从母居、未婚子女从母居及浓重的家屋文化等。阿卜杜勒
（Abdul Kahar Bador，1963）是较早从亲属制度和婚姻关系去解读森美
兰州母系社会的马来学者。

20 世纪 70 年代开始，随着马来西亚人类学学科的发展，马来西亚
学界对于森美兰州的母系社会的研究迅速增多。其间有 2 位学者的研究
非常值得关注，他们分别是努尔哈林·易卜拉辛（Norhalim Ibrahim）
和阿齐扎·卡西姆（Azizah Kassim）。努尔哈林·易卜拉辛是研究森美
兰州的专家，1976 年，他在英国赫尔大学获得硕士学位，其毕业论文
就是以森美兰州的林茂县为研究地点，分析了当地的社会变革和传承。
自此，他的研究便一直围绕着林茂县的母系社会展开。其主要著作有
《母系社会：与父系社会的异同》（*Adat Perpatih：Perbezaan dan Persamaan
Dengan Adat Temenggong*，1993）、《时代中的习俗》（*Adat Merentas Zaman*，
1994）、《九州》（*Negeri Yang Sembilan*，1995）等。在《九州》一书中，

---

① 杨君楚. 印尼米南加保族母系文化及其变迁研究 ［D］. 南宁：广西民族大学，
2017.

他梳理了林茂县自有文字记载以来的历史，翔实的史料还原了该地区的发展历程。他不仅比较了马来社会中母系制与父系制社会的异同，还着重对森美兰州的母系社会进行深入研究，从历史、社会结构、文化传承和变迁等角度对该州进行剖析。根据多年的田野调查经验，他还发表了数篇关于森美兰州母系风俗、习惯法、社会制度的论文。研究内容不仅涉及社会的多个维度，而且具有历时性的深度分析，为后来的学者提供了丰富的参考资料。

　　阿齐扎·卡西姆（1997）对于森美兰州的研究主要聚焦在瓜拉庇劳县，他最早于1969年在神安池（Seri Menanti）地区进行调查，并撰写了《森美兰州马来母系社会的妇女地位》一文，他认为母系社会中女性比男性具有更优越的地位，"作为一个以农业为经济主导的社会，她们对稻田、果园等生产资料以及宅基地等祖产拥有控制权"。[①] 17年后，他对该地区进行回访（1986年9月—1987年2月，1988年1月—2月，1988年10月），在10个村庄（其中有6个村庄是1969年调查过的）随机挑选了200户家庭进行研究，梳理20年来社会剧变对女性地位的影响和后果。在《森美兰州土地所有权和继承类型》一文中，他强调了1971年马来西亚的"新经济政策"对该地区农业改革的影响以及该地区因土地继承问题所导致的土地荒置等问题。在他的几篇论文中，关键词"妇女""土地"和"继承权"凸显了他对森美兰州妇女社会地位、经济权利、继承事宜等的人文关怀。他认为，20年来妇女们渐渐地失去她们的自主权和社会权力，相比之下，男性在家庭中的地位则不断提高。社会的发展和宗教意识的增强逐渐改变了女性在母系社会中的角色，削弱了性别关系中女性的权力。他甚至认为这种趋势不可逆

---

① AZIZAH KASSIM. Women, Land and Gender Relations in Negeri Sembilan: Some Preliminary Findings [J]. Southeast Asian Studies, 1988, 26 (2): 132-149.

转，森美兰州的母系社会将最终消失。① 马来西亚前新闻、通信及文化部部长莱斯·亚丁（Rais Yatim）作为一名米南加保族后裔，曾撰写过几部介绍米南加保习俗的著作。其中《习俗：米南加保的遗产》（*Adat：The Legacy of Minangkabau*）一书详细地阐述了米南加保族的历史及其文化在森美兰州的传播。

另外，西方殖民者是较早关注森美兰州的人群，他们或以游记的方式，或以介绍的形式，将当时森美兰州的历史、社会、文化、经济等情况记录下来［法费雷（Favre），1849；威尔金逊（Wilkinson），1911；温斯特德（Winstedt），1934］。1931 年，莫布雷（Moubray）撰写了《马来半岛和其邻国的母系社会》，是马来世界跨文化比较研究的一个范本。

20 世纪 60 年代，戴安娜·刘易斯（Diane K. Lewis）撰写了以米南加保裔马来人为研究对象的博士论文，关注了森美兰州社会文化的变迁。② 麦克尔·斯威夫特（Michael G. Swift）的《日拉务马来农民的社会》（1965）则是第二部关于森美兰州的民族志。20 世纪 70 年代至 20世纪 90 年代，西方学者对森美兰州的研究除了历史和禁忌方面，主要集中在两个维度：其一，习惯法与伊斯兰教法的融合与冲突以及其对母系社会的影响［格利克（Gullick），1981；胡克（Hooker），1974］；其二，母系社会的性别关系（Michael G. Peletz，1996）。他们的研究较多基于长时间在森美兰州的田野调查。善于研究东南亚农民经济的格利克除了撰写了一篇关于森美兰州 19 世纪 90 年代经济的文章，还在《皇家

---

① AZIZAH KASSIM. Patterns of Land Ownership and Inheritance in Negeri Sembilan：Some Implications for Agricultural Development ［J］. Southeast Asian Studies, 1989, 27（3）：317-338.

② LEWIS D K. The Minangkabau Malay of Negeri Sembilan：A Study of Socio-Cultural Change ［D］. Ithaca：Cornell University, 1962.

亚洲学会马来亚支部学报》发表了《法律与母系习惯法：日拉务的问题》一文。胡克为了考察习惯法和伊斯兰教作用在森美兰州这个母系社会的婚姻和遗传问题上所形成的关系，在写作中以法学经典和民族志作为研究对象，并对比了法官和人类学家视野下的习惯法和伊斯兰教法。他认为"在某些情况下，习惯法比正规的司法体系能更好地解决问题"。①

　　迈克尔·佩勒兹（Michael G. Peletz）是长期关注森美兰州且相关学术成果丰硕的西方学者。早在 1978 年他就开始对森美兰州的林茂县进行人类学研究，并先后多次返回田野，撰写了多篇论文和著作。他最有影响力的民族志《理性和激情：马来社会性别表现》就是在跨度长达十几年的田野调查中书写的，在书中他不仅梳理了 19 世纪以来该地区母系社会中的性别关系、亲属和政治组织，还通过一些案例呈现了个人情感、理智和害羞文化的相互作用以及男性和女性在社会中的身份构建。② 在其另一部民族志《一份收获：林茂马来人的亲属关系、财产和社会历史》（1992）中，迈克尔分析了 1880 年至 1980 年这一个世纪里该地区社会组织的变化。他认为林茂县的马来人在经历了英国的统治、现代市场化冲击和伊斯兰民族主义崛起后依然成功保留了很多母系制的特征。他还着力研究母系社会的司法体系与传统法，通过对民事案件的处理方式和过程的研究，探讨法官和村民作为两个不同群体所表现出的差异性价值观。③

---

① HOOKER M B. Adat and Islam In Malaya [J]. Bijdragen tot de Taal-Land- en Volkenkunde, 1974, 130（1）：69-90.

② PELETZ M G. Reason and Passion：Representations of Gender in a Malay Society [M]. Berkeley：University of California Press, 1996.

③ PELETZ M G. A Share of the Harvest：Kinship, Property and Social History Among the Malays of Rembau [M]. Berkeley：University of California Press, 1992.

中国台湾学者梁志辉于 2003 年年底在森美兰州的柔河地区（Mukim Johol）对非伊斯兰教的土著马来人德姆安族（Temuan）进行田野调查，撰写了题为《Adat（风俗习惯）实践与 Temuan（德姆安）人：一个马来西亚森美兰州母系社会的民族志》①的博士论文，该文再现母系传统习俗在他们日常生活的实践，旨在对该族群社会有更深入的了解。

三、印尼和马来西亚母系社会对比的相关研究

20 世纪 50 年代，荷兰著名人类学家帕特里克（P. E. de Josselin de Jong）开始关注西苏门答腊省和森美兰州的米南加保人。荷兰现代人类学之父乔恩格（J. P. B. de Josselin de Jong）是他的叔叔，在叔叔的指导下，他的著作《米南加保和森美兰州：印度尼西亚的社会政治结构》成了 20 世纪 50 年代最具代表性的研究之一。②他用了四个章节将森美兰州和米南加保人社会结构和政治结构分别单列出来，并在第六章进行了比较分析。由于深受列维－斯特劳斯（Claude Lévi-Strauss）的影响，他运用结构主义理论阐释了印尼米南加保族的社会政治结构，从而引起了西方学者对米南加保社会的关注和兴趣，一定程度上发展并促进了对该地区的研究。

加藤毅基于他在西苏门答腊省和森美兰州两地的田野调查，撰写了一篇题为《比较视野下的母系社会：西苏门答腊省和森美兰州》的论文。论文中他比较了两地的自然环境和居民、历史渊源、氏族名称以及对"外来人"的态度的异同，他认为，虽然都是母系社会，但是两个地区在文化上仍然存在不少差异，这与当地的自然环境和历史发展有一

---

① 梁志辉.《Adat 实践与 Temuan 人：一个马来西亚森美兰州母系社会的民族志》博士论文简介［J］. 亚太研究论坛，2005（30）：253-261.

② P. E. DE JOSSELIN DE JONG. Minangkabau and Negri Sembilan：Socio－Political Structure in Indonesia［M］. Leiden：Ijdo，1951.

定的关系。在对待"外来人"的态度上，森美兰州的马来人比西苏门答腊省的米南加保人更开放，更容易接纳"外来人"，这种态度在一定程度上源于森美兰州的人口密度比较小，接纳"外来人"有利于氏族的壮大。①

法兹达·阿卜杜拉（Fadzidah Abdullah）和珍妮（Jonny Wongso）合作分析了西苏门答腊省和森美兰州的米南加保式建筑状况。研究表明在两地，特别是森美兰州，新建的建筑物中能够保留米南加保式风格的越来越少，取而代之的则是具有现代风格的建筑。因此，他们进一步分析了在全球化的时代推动这两个地区米南加保式的建筑复兴是否具有现实意义。② 阿吉斯曼（Ajisman）③、麦斯迪卡（Mestika Zed）④ 等人撰写过米南加保族和森美兰州之间的历史和文化联系的著作，后者阐述了西苏门答腊省和森美兰州在 1945 年至 2008 年之间民间和官方的交流合作。安达拉斯大学教师睿妮瓦蒂（Reniwati）通过语言学的角度比较分

---

① KATO T. Matrilineal Society in a Comparative Perspective: West Sumatra and Negeri Sembilan [M] //TSUCHIYA K, KATO T. An Integrated Study on the Dynamics of the Maritime World of Southeast Asia. Kyoto: Center for Southeast Asian Studies, 1996.

② FADZIDAH ABDULLAH, JONNY WONGSO. A Study of Minangkabau Architecture in Two Regions: West Sumatra, Indonesia, and Negeri Sembilan, Malaysia [M] //JAMAL Al - QAWASMI, ABDESSELEM MAHMOUD, ALI DJERBI. Regional Architecture and Identity in the age of Globalization. Jordan: The Center for the Study of Architecture in the Arab Region (CSAAR), 2008: 335–346.

③ AJISMAN, JUMHARI, ERRICSYAH, et al. Dinamika Hubungan Minangkabau dan Negeri Sembilan: dalam Perspektif Sejarah [M]. Padang: BPSNT Padang Press, 2009.

④ MESTIKA ZED. Hubungan Minangkabau Dengan Negeri Sembilan [D]. Padang: Universitas Negeri Padang, 2010.

析了西苏门答腊省五十城和森美兰州林茂县问候语的异同。①

纵观上述研究，笔者发现国内外大多数学者仅仅关注西苏门答腊省或森美兰州。虽然研究涵盖的领域也非常宽，但研究仅局限于其中的一个母系社会。对于这两个在地缘上临近、族群构成上又有渊源的母系社会的比较研究却非常少。在这些比较研究中，有从历史的角度来解读两者关系的；有从语言学角度比较米南加保语和森美兰州方言的；有分析两地传统建筑的。仅有加藤毅和帕特里克对两地的母系制文化进行了比较研究，但由于论文篇幅有限，加藤毅主要比较了两地的自然环境和居民、历史渊源、氏族名称以及对"外来人"的态度之间的异同，没有对两个社会进行较全面的比较分析。帕特里克则偏向于社会结构和亲属制度的比较分析。总的来说，聚焦于两个社会母系制文化的比较研究可以说是寥寥无几。

第三节 研究意义

在历史上，西苏门答腊省的米南加保人和森美兰州的马来人有着千丝万缕的联系，两地目前仍保留着母系制文化。这两个同源跨境族群在社会中分成小的氏族，始终以母系血缘关系为纽带，实行氏族外婚制，婚后从妻居。子女从母居，属于母方氏族成员，世系和财产继承从母系计。舅父作为家族的"大家长"负责管理和协调家族中各项事宜并将大家共同商量的决定表达出去。在宗教信仰上，他们都是虔

---

① RENIWATI. Kata Sapaan Separa Rasmi dalam Masyarakat Minangkabau di Kabupaten 50 Kota dan Daerah Rembau: Suatu Kajian Perbandingan [J]. International Journal of the Malay World and Civilisation (Iman), 2015, 3 (2): 63-70.

诚的穆斯林。从族群身份来看，米南加保族虽然是印度尼西亚第七大族群，但人口总数仅占印尼总人口的 2.7%，属于少数族群。相反，米南加保族的后裔在森美兰州则成了马来西亚的主要族群——马来族。因此，本书首先要通过文献记载和口头传承厘清米南加保族和马来族的关系，证明两者的同源关系。通过梳理米南加保族迁徙至马来半岛的路径和过程，了解其如何融入当地族群并成为具有母系文化特征的马来族这一过程。

其次，由于这两个族群生活在不同的国家和地区，受到不同的主流文化影响，经历了不同的社会发展进程，形成了具有差异的社会文化。另外，米南加保族和马来族分别作为印度尼西亚的少数族群和马来西亚的主要族群，在国家制定方针政策时，也获得了不同的经济、政治、文化的待遇，产生了不同的族群发展方向。通过对母系文化特征的分析，探究这两个母系社会在经历了不同的社会发展历程后所发生的文化变迁。

最后，通过比较两个族群文化变迁的共性和差异性，也有利于了解形成其文化变迁和异同的内外因素，对了解印度尼西亚和马来西亚两国社会和文化的多样性、洞悉文化的传承和变迁具有积极的意义。

第四节　研究范围

为了比较印度尼西亚和马来西亚尚存的母系社会，研究聚焦于母系传统保存较好的区域。2016 年，笔者有幸获得国家留学基金委"国际区域问题研究及外语高层次人才培养项目"资助，前往印尼西苏门答腊省安达拉斯大学访学一年。虽然，米南加保人常常提及他们传统的三个核心区域（Luhak nan Tigo）：平原县（Kabupaten Tanah Datar）、阿干县（Kabupaten Agam）和五十城县（Kabupaten Limapuluh Kota），但是通过实地走访和了解，笔者发现相比前三个核心区域，梭罗克县作为新的核心区域的确保留了更多传统的加当屋（Rumah Gadang，直译为大房子)①。加当屋是母系家族标志性的建筑，拥有较多的加当屋在一定程度上可以体现出该地区较好地保留和传承母系文化。因此，在西苏门答腊省，笔者选择了省会城市巴东和梭罗克县（Kabupaten Solok）的吉纳里村（Nagari Kinari）作为研究对象。首先，吉纳里村拥有一百多间加当屋，属于现存加当屋较多的村庄。其次，通过了解，得知该村庄还保留着较为传统的母系习俗。然后，该村庄离县城仅 15 分钟车程，距离省会城市巴东两个半小时车程，在距离上适中，方便笔者往返学校和村庄。与此同时，笔者选择了森美兰州的仁保县、林茂县和芙蓉县中的三个村庄作为研究点。

本研究虽然聚焦于当今母系社会的比较，但对 20 世纪以来，这两个母系社会发生的变化也有一定的关注。只有通过比较两个社会经历的变化，才能较全面地阐述这两个社会文化的异同点及成因。因此，在比较过程中，笔者意识到了几个关键的时间点，分别是 20 世纪初到独立前、20 世纪 50 年代至 60 年代、20 世纪 70 年代至 80 年代和当今社会。这些关键时间段的划分基于一定原因。首先，因为很多文献在描述母系社会最初或理想的状态时都采用了"以前"一词，至于具体什么时间，并没有人能够说明，很多相关文献是基于口传文学或殖民者的记录。相对比较详细的早期记录出现在 20 世纪初，因此笔者将这个时期划分在 20 世纪初到独立前。其次，20 世纪 50 年代至 60 年代是国家独立并开

---

① 加当屋是米南加保族传统的民居建筑，因其造型庞大而得名。加当屋的特点是其向上翘起的屋檐，形状犹如牛角，因此也被称为牛角屋。

始发展阶段，20世纪70年代至80年代则是两个地区母系社会发生巨变的时候，很多文献都反映了这一点。最后，当今社会则以笔者的实地调研的资料作为代表进行分析。由于每个村庄的情况均有不同，所以笔者研究的地区仅代表一部分母系社会的现状。

第五节　研究方法

本书主要通过文献阅读法和参与式观察法进行研究。通过实地的田野调查，可以收集第一手资料。从旁观者变成亲历者，关注各种仪式，感受和体验当地人的日常生活实践，对当地文化进行深描。通过访谈和记录口述的方法弥补研究中无法参与的部分。另外，笔者在研究中尽量运用多学科的理论、方法和研究成果，如人类学、历史学等，使研究更加具有整体和综合的视角。

一、文献阅读法

首先，笔者通过北京大学和该校的外国语学院馆藏图书以及在线数据库积累了可获取的国内外相关文献。其次，笔者利用2015年暑假和2016年至2017年访学的机会，分别前往马来西亚国立大学（Unirersiti Kebangsaan Malaysia，UKM）、马来亚大学（University of Malaya，UM）、马来西亚语文局（Dewan Bahasa dan Pustaka，DBP）、马来西亚国家图书馆（Perpustakaan Negara Malaysia）、印度尼西亚国家图书馆（Perpustakaan Nasional Republik Indonesia，PNRI）、西苏门答腊省图书馆（Dewan Perpustakaan Provinsi Sumatera Barat）、安达拉斯大学图书馆（Perpustakaan Universitas Andalas）、米南加保文化资料和信息中心

（Pusat Dokumentasi dan Informasi Kebudayaan Minangkabau，PDIKM）等地查阅和收集相关文献资料，梳理与本研究相关的文献资料，了解相关的共时性和历时性研究。

另外，通过马来西亚国立大学的"马来文明"数据库，笔者获取了一定的网络文献，并观看了森美兰州母系社会的相关影像资料，对当地的风俗习惯和仪式礼仪有了形象化的了解。通过搜集和阅读国内外图书馆、博物馆、档案馆及网络文献，笔者对研究对象和内容有了一定的文献积累。

二、参与式观察法

笔者于 2015 年暑假、2016 年假期多次前往森美兰州博物馆、林茂县风俗博物馆、西苏门答腊省阿迪地亚瓦曼博物馆、巴卡鲁勇皇宫等地，参观并记录了一些早期图片和实物展示，了解了当地的历史、文化特征及传播过程。2015 年的暑假，笔者以游览的方式走访了森美兰州的瓜拉庇劳县的隆奈村和西苏门答腊省的巴东、巴东班让（Padang Panjang）、最古老的乡村巴瑞雅安（Pariangan）、平原县的几个景点及附近的村庄。笔者根据谷歌地图设计了行程，并通过租车的方式走访了这些地方。通过这次实地走访和与当地人的交流，笔者对于两地的文化有了更直观的印象和进一步的了解。

访学期间，笔者除了进修语言类课程，还旁听了文学系和社会学系的相关课程，并与老师们就米南加保族文化进行了交流和沟通。在安达拉斯大学的宿舍对女生进行了关于婚俗的问卷调查。在课余时间，笔者走访巴东市的婚宴场所、婚礼卡片制作中心、婚礼服饰租借店，并在各地参加了 20 多场婚礼。在婚礼中，笔者记录并采访了相关新人和亲属。笔者还利用参加各种活动的机会前往各个县进行实地考察，半年的时间里，笔者走遍了西苏门答腊省内的 7 个市和 7 个县的大部分地区。最终笔者决定将梭罗克县的吉纳里村作为田野调查点。吉纳里村位于西苏门答腊省 12 个行政区之一的梭罗克县，是布吉宋迪（Bukit Sundi）行政管辖下的一个乡村。它位于巴里桑山脉的山脊上，南纬 0°31′~1°45′，东经 100°25′~101°41′，距离乡中心仅 2 千米，距离梭罗克县约 10 千米。整个村占地面积为 31.88 平方千米，其中有 11.08 平方千米的森林。该村有一个村政府，其中包括村长、秘书和其他村政府工作人员。该村又分为 4 个小的自然村（jorong），分别是巴穆建村（Pamujan）、水边村（Tapi Aie）、花香村（Bungo Harum）和高地村（Galanggang Tinggi），每个村有一个村长（Pak Jorong）。2016 年吉纳里村人口普查数据显示，该村共有 4482 名村民，其中有 2109 名男性和 2373 名女性。村里共有 1411 名户主，其中 239 名户主为女性。村民的主要职业为农民、个体户、公务员、家庭主妇、私营企业主等。村里有 4 所幼儿园、4 所小学和 1 所中学，大多数村民为初中及以上文化水平。

该村的四个自然村如四个圆环拼在了一起，村里的道路很容易辨识。通过朋友的介绍，笔者得以借宿在村长（2017 年 8 月 31 日卸职）家中，准确地说应该是村长妻子艾拉阿姨（Ibu Era）的家。2017 年 3 月 18 日，笔者带着安达拉斯大学人文学院的推荐信来到村里，开始了为期两个月的田野调查。艾拉阿姨家的这座现代房屋是村里少有的三层楼建筑，坐落在主路的边上，前往村政府和镇中心都非常方便。现代房屋旁边有一座刚刚翻新过的加当屋，是属于艾拉阿姨家族的。居住在家中的成员有村长夫妇，他们的女儿、女婿和三个孩子。村长还有三个儿子，其中两人在巴东工作，一人居住在村里的妻子家中。艾拉阿姨已从小学退休，担任该村家庭福利建设（PKK）主任，但大多数时间在家中照顾小孙子，因此，很多时候笔者也向她询问和了解情况。

由于该村拥有较多的传统民居——加当屋，笔者的调查就从记录村庄的加当屋开始（见图 1.1）。首先，在村长和村民的带领下，笔者花了 4 天的时间记录了村庄内所有加当屋（共 146 座）的信息，其中包括屋主姓名、氏族名、房间数量、建造年份等数据。在此基础上，笔者通过步行的方式在村庄里进行再次确认，利用手绘地图、谷歌地图和步行坐标轨迹等方法确定了这些加当屋的地理位置，并制作了村庄加当屋的地图（见图 1.2）。然后，笔者从这 146 座加当屋中选择了一些具有代表性的家庭进行采访，采访从祖屋的相关内容开始，涉及祖屋的情况、居住情况、家族成员信息、家族经济收入、传统仪式、祖产继承等相关内容，采访结合了提纲式的询问和随机的问答。最后完成了 42 户家庭的采访，获得了他们家族内的一些信息和他们对母系文化的解释。由于笔者住在村长家中，所以经常参加村政府的各种会议和活动，并通过村政府的资料获取更为翔实的村庄信息。另外，笔者还积极地参加村庄内的各种仪式，如婚礼和葬礼，以一个观察者和参与者的角度了解村庄里风俗习惯的实践。

图 1.1 笔者在村庄进行采访（摄于 2017-03-24）

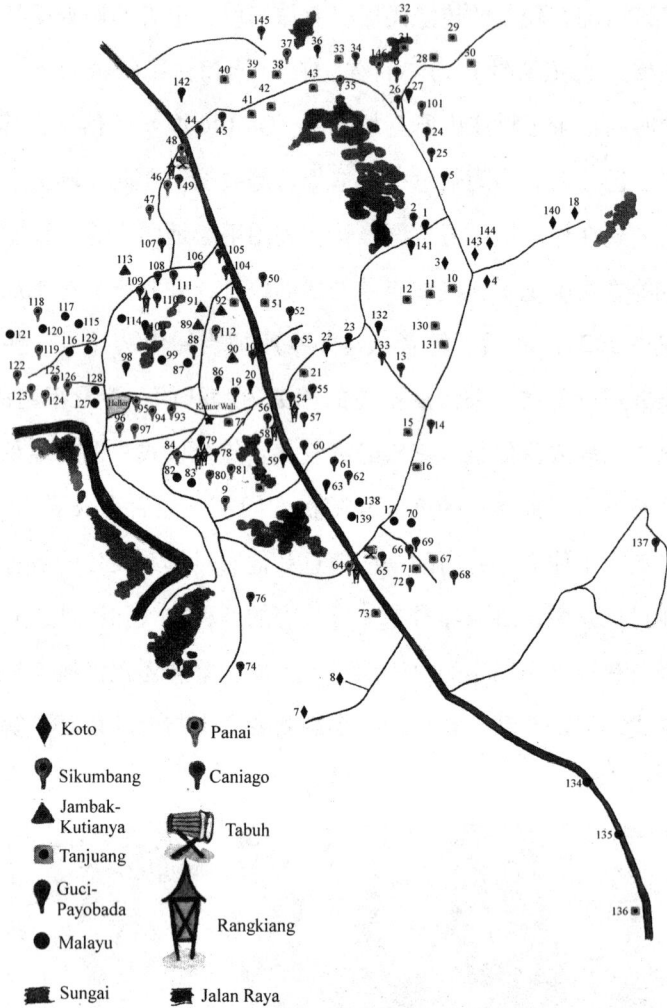

图1.2　吉纳里村加当屋地图（笔者自制）

　　除了在西苏门答腊省的调研外，笔者还多次前往马来西亚的森美兰州进行短期访问。由于各种现实情况所限，虽然笔者在森美兰州进行了一个半月的田野调查，但分散在三个有民宿项目的村庄内，限制了调查的深度和广度。这三个村庄分别是位于芙蓉县的拉旺村（Rawa）、仁保县的隆奈村（Lonek）和林茂县的高德村（Kota），所选的这三个地区是传统上具有酋长的土邦，是母系社会文化最浓郁的地区。

拉旺村分为上、中、下游三个自然村，有 100 多户家庭，笔者所在的下游村人口密度比较小，民居间距离较远，民宿周边仅有二十几间民居，由于挨着一条主干道，地理位置极佳，来来往往的车辆很容易发现这个民宿的存在。隆奈村共有 151 户家庭，被马来西亚旅游局作为现代村庄的成功榜样进行推广，虽然村里留守的村民大多数是妇女和老年人，但他们把村庄治理得井井有条，还通过民宿项目发展村庄经济。笔者借宿家庭的女主人是该村民宿项目最初的组织者和管理者。她对村庄的历史和发展有一定的了解，在村庄内具有一定的社会地位和人脉。高德村则位于林茂县，民宿的主人不仅对于该地区的历史、文化、政治等有较深入的学习和了解，还有很强的人脉关系，不仅带笔者去了林茂县风俗议事厅拜访了该县酋长（Undang）拿督哈吉穆哈末·沙立·奥斯曼（Dato' Lela Maharaja Haji Muhamad Sharip Othman），还将笔者介绍给当地的文化专家，并进行了专访（见图 1.3）。这为笔者了解当地情况提供了很大的帮助。

图 1.3 笔者拜访林茂县酋长和文化专家（摄于 2017-07-04/2017-07-03）

由于时间的限制，笔者在森美兰州将关注点集中在民宿项目给村庄带来的变化以及传统文化如何传承的问题。三个民宿项目的村庄各有特色，能较好地呈现出母系社会核心区域的不同情况。调研期间正值开斋节前后，通过观察这种重要节日的欢庆也有助于笔者了解该社会的亲属关系和风俗习惯。碰巧，笔者在森美兰州参加了一场婚礼和一场葬礼，对传统仪式有了参与式的观察。除此之外，笔者也通过采访了解村庄内的母系社会文化。另外，这些区域相关的文献资料和研究报告相对较多，特别是20世纪70年代至80年代出现了一批民族志作品，也成为研究中用于比较的文献材料。

第六节　理论框架

本研究中"adat"一词源自阿拉伯语，指北高加索、中亚和东南亚穆斯林社群中所保留的当地习俗和传统。因此，"adat"一词就带有传统的意味，是指从古时候传下来的风俗习惯，那么它所形成的文化就可以被视为"传统"。埃里克·霍布斯鲍姆认为传统具有三种重叠的功能：第一，使各个真实的或虚假的共同体的社会凝聚力或成员资格得到确立或象征化；第二，使制度、身份或是权力关系得以确立或合法化；第三，使信仰、价值体系和行为准则得到灌输和社会化。这些功能隐含于或来源于对一个共同体和那些代表、表现或象征这一共同体的制度的认同感。①

"传统"的传播、传承、改变、解构甚至重构都离不开人这个主体，而人作为社会的成员，通过社会化的过程使得文化代代相传，形成

---

① 霍布斯鲍姆，兰格. 传统的发明 [M]. 顾杭，庞冠群，译. 南京：译林出版社，2004：11-12.

一定的价值标准，也就是形成符合这个社会群体习惯、信仰和价值的传统。这些传统具有的功能在于：使一些行为合法，使另一些行为变得不可取甚至非法，而以信仰的灌输来促进社会凝聚力。①

"传统"也是一种集体记忆，它不仅作为一种客观物质存在于社会中，也是一种被某个群体共享的象征符号。它通过口口相传的方式流传下去，这种记忆可能会有润色粉饰，也存在创造和重构。莫里斯认为，新的共同体"消化吸收了古老群体的传统，使之融入自己的记忆之流中，并使它们摆脱了已经逐渐变得模糊不清的过去……同时，通过改变它们在时间和空间上的位置，改写了这些传统"②。如果将印度尼西亚的米南加保族文化视为母体文化，那么它通过米南加保族移民被带到马来西亚之后哪些文化元素被传播和继承了下来，哪些文化发生了变化是比较两个族群文化异同的关键。从传统自身而言，经历了时代的变迁，面对着现代化的冲击，又与"现代"产生了怎样的博弈也是本研究值得思考的问题。

从文化人类学的观点来看，文化之所以产生异同，在于文化内部有着维护这一文化独立定型的机制。这些机制包括了生态环境（地域、语言、人种）、社会（社会生产方式、社会结构等）和心理（原始概念、心态、民俗）。然而，同源文化在不同地区的文化差异则反映了文化在传播过程中所发生的文化变迁，这种文化变迁展现了文化的创新和涵化过程。文化变迁的学说将构建本书的理论框架。

哈维兰认为，文化变迁主要有自发变迁和强制变迁。文化通过变迁能够调适改变了的环境，但是并非所有的变迁都是调适性的。文化变迁

---

① 陈庆德. 人类学的理论预设与建构［M］. 北京：社会科学文献出版社，2006：169.
② 哈布瓦赫. 论集体记忆［M］. 毕然，郭金华，译. 上海：上海人民出版社，2002：373-374.

的机制包含创新、传播、文化遗失和涵化。① 他认为以"调适"为基础的"创新"才能实现动态的平衡，才能体现人类文化变迁过程中的和谐性和平衡性。他强调社会发展与人类行为必须保持在自然环境以及人自身的体质、精神及传统的承受限度与变化张力之内。② 同源文化存在于两个国家则反映了文化的传播。在传播的过程中，文化可能会自发性地遗失、创新和涵化，这些变化都是随着周边自然和社会环境改变而改变的。此外，由于两个国家政治、经济和社会的发展和要求不同，可能会发生一些强制性的变迁，因此，这两地文化差异展现了一种母体文化进入新的场域后发生的变化，文化只有在"调适"中不断创新和涵化，才能融入新的场域，成为本土化的产物。分析文化变迁的过程可以洞悉源自两个地区不同的生态、社会、经济、政治以及心理动力因素，不管是自发的还是强制的，文化变迁的主旨是适应当下的社会发展。

文化是一个动态的平衡体系，由文化维系着的民族当然也是一个动态平衡的共同聚合体系。族群文化的演化分为族内演化与族际演化两大类。族内演化一般遵循四个规律，即相对稳定律、协调演化律、同级异化律和定向适应律。托马斯认为，任何一种民族文化在不受异种文化作用时，民族自身的演化是逐步、缓慢的，这种变化只会达到不改变其基本结构和特征的程度和效果。族际演化会产生同化、涵化、分裂等现象，同时会出现整合互动律、因子同位借入律、牵连借入律和消化吸收律四种规律。③

① 哈维兰. 文化人类学 [M]. 王铭铭，译. 上海：上海社会科学院出版社，1987：559-568.
② 陈忠. 哈维兰文化人类学中的发展伦理学意蕴 [J]. 国外社会科学，2009（1）：99-105.
③ 哈定，卡普兰，萨赫林斯，等. 文化与进化 [M]. 韩建军，商戈令，译. 杭州：浙江人民出版社，1987：44.

　　布迪厄的社会实践理论提出，实践产生于惯习与场域的交互作用，场域能够将其自身特有的逻辑强加于惯习，惯习也可以在不同于其所形成的结构环境中随时随地发生作用。惯习与新的场域相遇，会出现三种不同的情况。第一种情况是，新的境遇（环境、机遇和限制）与惯习最初被内化的环境十分相似。这种情况下，惯习会产生与现有结构相一致的各种实践，惯习就会比较顺利地进行社会再生产。第二种情况是，新的环境与最初被内化的环境之间的差别不大。结构稍有变化时，惯习也会随之调整，尽管可能会有某些程度的"不配套"，但惯习有一种适应能力的机制，它总是强调适应现实的环境，惯习的"滞后性"会慢慢消失。第三种情况是，新的环境与最初被内化的环境有显著的不同，惯习与场域之间就会出现"不合拍"或"脱节"的现象。但惯习会内化新的客观对象，使惯习与新的场域之间的关系由不适合变得适合。[①]

　　另外，与"传统"对应的是"现代"，马克思和恩格斯以"社会化的生产力"和"世界历史的开创"对所谓现代社会做了一个根本性的概括。西方社会将"现代"解释为"资本主义"，经济则是现代社会最显现和最具根本意义的特征。[②] 因此，经济发展是现代化的关键过程。现代化以经济上的工业化、社会上的城市化、政治上的国家主义等集中化方式，开辟了人类迈向整体性社会发展的道路。现代化的发展是否会摒除所有的传统，还是会创造出新的传统，是"传统"和"现代"之间的一场博弈。现代化的反思和可持续性发展理念的提出则对传统文化的保护和实现其现代化产生了一定的影响。

---

① 宫留记. 布迪厄的社会实践理论 [M]. 郑州：河南大学出版社，2009：157.
② 陈庆德. 人类学的理论预设与建构 [M]. 北京：社会科学文献出版社，2006：196-198.

第二章 两地概述及族群间的互动

第一节 西苏门答腊省及米南加保族

西苏门答腊省是印度尼西亚的一个一级行政区[①]，位于苏门答腊岛西海岸的中段，紧邻廖内省（Riau）和占碑省（Jambi），西濒印度洋，包括明打威群岛。该地多火山、熔岩高原、山间盆地与地堑湖，峡谷深邃。高峻的巴里桑山脉(Barisan)呈西北—东南走向，绵延1900千米，在这个山脉上有几座较为著名的火山，如默拉皮火山（Gunung Merapi）、辛加郎火山（Gunung Singgalang）、坦迪卡特火山（Gunung Tandikat）、达朗火山（Gunung Talang）及葛林芝火山（Gunung Kerinci）等，其中葛林芝火山的海拔最高，达3805米。著名的湖泊有马宁焦湖（Maninjau）和辛卡拉湖（Singkarak）。西苏门答腊省覆盖着茂密的热带森林，拥有巨大的森林资源。地下蕴藏着石油、煤、铁、金、铜等矿藏。火山所喷发的矿物质使得当地土壤肥沃，农产品十分丰富，其中以水稻、咖啡、橡胶、茶叶、烟草、甘蔗等为主。西苏门答腊省的咖啡十分有名。殖民

---

① 印度尼西亚有34个一级行政区，其中包括31个省和3个特区。

时期，荷兰殖民者对当地采取了强迫种植制度，专门种植咖啡出口至欧洲。梭罗克县不仅是该省优质大米的原产地，还以产茶闻名。该县大片的茶园成了当地一大旅游景点。

该省面积达 42297.3 平方千米，人口有 558 万 （2021 年）[①]。2010年，印尼人口普查数据显示，西苏门答腊省 484.6 万人口中有 421.9 万人是米南加保族，此外还有一定数量的巴达克人、马来人、亚齐人、华人及爪哇人。[②] 除省会城市巴东外，该省包括 12 个县和 6 个城市，其中平原县、阿干县和五十城县是米南加保母系文化的核心区域，平原县的巴瑞雅安是最古老的米南加保族村庄，被视为米南加保族的起源地。当地人认为，"米南加保"名字的由来与"赛牛获胜"的传说有关。传说讲述了该族群与爪哇人之间的一场斗争。当时满者伯夷的爪哇人要攻占当地，为了避免百姓的伤亡，双方同意通过斗牛的方式决一胜负。爪哇人派出了一头强壮的公牛，而当地人则将一头饿了几天的小乳牛带入斗牛场。他们在小牛的牛角上绑了锋利的尖刀。这头嗷嗷待哺的小牛将公牛当成母亲，为了喝奶，一下子钻入公牛的腹下，绑在牛角的尖刀则将公牛腹部割伤。最终以小牛的胜利避免了一场血腥的战争，从此当地人就称自己为"米南加保"，来自"胜利的水牛" （menang kerbau）[③] 的音译。

---

① Provinsi Sumatera Barat Dalam Angka 2022 ［R］. Padang：BPS-Statistics of Sumatera Barat Province，2022：131.

② AKHSAN NA'IM, HENDR SYAPUTRA. Kewarganegaraan Suku Bangsa, Agama, dan Bahasa Sehari-hari Penduduk Indonesia：Hasil Sensus Penduduk 2010 ［R］. Jakarta：Badan Pusat Statistik，2011：36-41.

③ menang 和 kerbau 都是印尼语词汇，menang 是"胜利"的意思，kerbau 则指"水牛"。

一、早期文献中的"末罗瑜"和"米南加保"

关于米南加保族的出现以及该族群与马来族的关系是历史学家一直试图解开的谜。中国史料中对末罗瑜国/末罗游国（Malayu）的记载最早出现在《新唐书》，书中提到了644—645年末罗游的首次遣使。该地指的是位于苏门答腊东海岸，其中心为占碑地区的末罗瑜国。671年，求法高僧义净在那里停留过一段时间，他在《大唐西域求法高僧传》中这样描述，"王赠支持，送往末罗瑜，今改为室利佛逝也。复停两月，转向羯荼"。①他又在《南海寄归内法传》中写道，"689年至692年间，末罗游被室利佛逝吞并"②。室利佛逝的权力曾影响着马六甲海峡的两岸，即苏门答腊岛和马来半岛。在1079--1082年，其首都从巨港迁至占碑。③ 虽然史料中有"末罗瑜"和"末罗游"两个名字，笔者认为这只是对于"Malayu"的不同译法。有关铭文记载了古印度朱罗王朝拉真陀罗王（Rajendra Choladeva）在位的第12年到第19年之间（1024—1031年）征伐过的国家，其中也写道"在高山上有个城堡的古老末罗游"。因此，有些学者认为"末罗游"可能在多高地的苏门答腊西海岸。也有学者推测，末罗游国的宫殿在高山上，但是港口在占碑，所以，义净才会在抵达占碑的时候说到了末罗游。④ 1911年，在占碑河畔的巴当哈里河（Batang Hari）上游，西苏门答腊省巴当罗勾（Padangro-co）地区发现了一块碑铭，该碑铭证明了13世纪末，爪哇人控制了苏

---

① 余定邦，黄重言. 中国古籍中有关新加坡马来西亚资料汇编［M］. 北京：中华书局，2002：24.

② 赛代斯. 东南亚的印度化国家［M］. 蔡华，杨保筠，译. 北京：商务印书馆，2008：138.

③ ANDAYA L Y. Unravelling Minangkabau Ethnicity［J］. Itinerario, 2000（24）：25.

④ LEE Y D. 从末罗游国到马来亚［EB/OL］. 博客，2010-04-25.

门答腊的事实。据碑铭记载，1286 年有四个爪哇官员把一尊不空羂索菩萨的塑像从爪哇带到了黄金国（苏勿吒浦迷）。根据爪哇国王的命令，将这尊佛像竖立在达磨奢罗耶，它使末罗游国中的臣民，尤其是其国王摩诃罗阁·室利玛·特里布婆那罗阁·毛利跋摩德瓦无不欢天喜地。[①]这里的黄金国即指苏门答腊岛，而达磨奢罗耶则是"Darmasraya"，今西苏门答腊省的达尔玛斯拉亚县（Darmasraya）。赵汝适在《诸蕃志》中列举了三佛齐包含的十几个属国，其中包括了万伦湾以南的整个马来半岛和马来群岛的整个西部，但占碑或末罗游并不在内。赛代斯认为碑铭方面的材料表明末罗游仍是唯一具有一定政治地位的苏门答腊国家。面对着已经或正在伊斯兰教化的北方各苏丹国，它成了印度文化的庇护所。但它的中心离苏门答腊东海岸越来越远，深入内地，那里后来成为米南加保的所在地。[②]据《元史》记载，1295 年"暹人（暹罗人，即素可泰的泰人）与麻里予儿（末罗游）旧相仇杀"。[③] 笔者认为这里的"麻里予"应该是"malayu"的音译，而麻里予儿则指末罗游人。

1343 年开始撰写的《宋史》中没有"末罗游"的任何记载。1884年在距离巴当罗勾约 4 千米的地方出土了一尊不空羂索菩萨的塑像，石像后背刻有梵语铭文。1347 年，阿迪耶跋摩（Adityawarman）下令在石像背后刻下宣言，说他是末罗游补罗（Malayupura）的帝王（maharaja diraja）。末罗游补罗意为末罗游之城，据说他将都城从达尔玛斯拉亚迁至一个被称为"巴卡鲁勇"的内陆地区，统治时间持续到 1375 年。[④]

---

① 赛代斯. 东南亚的印度化国家［M］. 蔡华，杨保筠，译. 北京：商务印书馆，2008：343.

② 赛代斯. 东南亚的印度化国家［M］. 蔡华，杨保筠，译. 北京：商务印书馆，2008：385-386.

③ 赛代斯. 东南亚的印度化国家［M］. 蔡华，杨保筠，译. 北京：商务印书馆，2008：343.

④ Adityawarman［EB/OL］. 维基百科，2015-09-06.

赛代斯也表示阿迪耶跋摩王国虽仍叫末罗游，但已迁至后来的米南加保
王国所在的地区。[①]《东南亚古代史》中记载，1294 年年初，原新柯沙
里远征军班师回国带回的两位室利佛逝公主中的大公主达拉·京噶
（Dara Jingga）后被放回，与马来王国国王毛利瓦尔曼（Mauliwarman）
成亲，生了阿迪特亚瓦尔曼王子。该王子幼时被送到麻若巴歇接受教
育，在 45 岁时回到苏门答腊接替马来国王的王位。[②]这里提到的"阿迪
特亚瓦尔曼王子"就是阿迪耶跋摩，他母亲达拉·京噶则是达尔玛斯
拉亚国的公主，他的外公是达尔玛斯拉亚国王。他还是满者伯夷国王
贾亚纳噶拉（Jayanegara，1309—1328 年）的堂兄弟（Wikipedia
Dharmasraya，2016）。因此，从皇室谱系和血统上看，阿迪耶跋摩的确
是末罗游国的王子。虽然，他是米南加保口传历史中巴卡鲁勇王国的第
一任国王，但是阿迪耶跋摩王墓出土的文物中没有与米南加保族相关的
内容。伦纳德·安达娅认为在最后一块刻于 1374 年关于阿迪耶跋摩的
铭文后，末罗游补罗或其建立在苏门答腊中部的王朝均消失在提及高地
的史料中，取而代之的则是米南加保。[③] 由于贾亚纳噶拉无子，他去世
后，满者伯夷的王位由纯爪哇血统的特里布哇娜东嘎戴维（Tribhu-
wanattunggadewi，1328—1350 年）代母继承，成为摄政王。[④]因此，当阿
迪耶跋摩在苏门答腊执政时，满者伯夷王朝的统治权又回到爪哇人手
中。之后，满者伯夷不断向周边地区扩张。根据米南加保族的口传历
史，"米南加保"名字的由来与战胜爪哇人的斗争有关。因此，这场战

---

① 赛代斯. 东南亚的印度化国家 [M]. 蔡华，杨保筠，译. 北京：商务印书馆，
2008：391.
② 梁志明，李谋，杨葆筠. 东南亚古代史 [M]. 北京：北京大学出版社，2013：
469.
③ ANDAYA L Y. Unravelling Minangkabau Ethnicity [J]. Itinerario，2000（24）：26.
④ 梁志明，李谋，杨葆筠. 东南亚古代史 [M]. 北京：北京大学出版社，2013：
470.

争很可能发生在阿迪耶跋摩儿子执政的时期（1375—1417 年），这与史料中提到 1409—1411 年满者伯夷攻打苏门答腊在时间上也相吻合。

虽然不知道这场斗争具体指应对满者伯夷的哪次讨伐，但"米南加保"这个名字越来越多地被使用，米南加保人所居住的地域也被称为米南加保世界（Alam Minangkabau）。1515 年，葡萄牙裔药剂师托梅·皮雷斯（Tomé Pires）撰写的《东方志》中提到苏门答腊的东海岸从锡国到占碑，西海岸从巴里亚曼（Pariaman）到巴鲁斯（Barus）都是米南加保族的领地。① 15 世纪末，米南加保族作为一个族群的名字经常出现在文献中。

从时间上来看，末罗游国从 7 世纪起至 14 世纪末均是苏门答腊岛上的一个重要国家，虽然其都城在发生变化，曾坐落在巨港、占碑、达尔玛斯拉亚以及巴卡鲁勇，但其国王始终被称为马来国王（raja Malayu），其国民在《元史》中被称为"麻里予儿"。《马来纪年》中提到的三个王子瓜分了原属于室利佛逝的领土，一起统治着苏门答腊乃至马来半岛地区。其中小王子则是巨港的国王，在赛代斯的书中被称为摩诃罗阇·巴邻旁（Maharaja Palembang）。根据时间推算，笔者认为，当满者伯夷的爪哇人征伐苏门答腊岛时，从巨港到占碑，然后一直深入内陆地区。身处巨港的拜里迷苏剌逃至马来半岛建立了马六甲王朝，而身处内陆的巴卡鲁勇国王通过"水牛之战"获得了胜利驱赶了爪哇士兵。于是，内陆地区更名为米南加保，而逃至马六甲的拜里迷苏剌仍保留了原来的"马来尤"身份，可以说 15 世纪初是米南加保族出现的关键时间点。因此，笔者认为米南加保族的前身应该就是马来尤，与 15 世纪

---

① PIRES T. The Suma Oriental of Tomé Pires: An Account of the East, from the Red Sea to China, Written in Malacca and India in 1512—1515 [M]. Glasgow: The University Press, 1944: 136.

初迁徙至马六甲的马来族同源。

二、17 世纪文献中的米南加保族

1612 年，温斯特德版本的《马来纪年》中提到了来自巨港的西昆当山（Siguntang）上的三个王子，老大被封为桑萨卜拉（Sang Sapurba），成为米南加保的国王。老二成为丹戎卜拉（Tanjung Pura）的统治者，最小的王子成为巨港的国王，被封为瑟利·德利·卜阿纳（Sri Tri Buana）。这里的 Tri Buana 可能指爪哇、苏门答腊和马来半岛三个地方。瑟利·德利·卜阿纳前往淡马锡，并在那里成立了新加坡。后来当满者伯夷讨伐新加坡时，继承父亲王位的拜里迷苏剌（Parameswara）逃至马六甲并成立了马六甲王朝。夏拉贝尔（Shallabear）版本的《马来纪年》中提到成为米南加保统治者的桑萨卜拉是瑟利·德利·卜阿纳的父亲，如果这样的话，拜里迷苏剌就是米南加保国的第五代继承人。不论是哪个版本，都体现了米南加保国王和马六甲王朝的马来统治者之间密切的亲属关系。

由于身处苏门答腊高原地区的米南加保人和马六甲的马来人均是刚刚重建政权，为了营造族群荣誉感和族群认同感，这两个族群的名字开始明显地被区分。在贸易领域，为了争夺贸易的优势，他们也各自结盟，形成两个不同的贸易群体。但是，马六甲的马六甲王朝，乃至后来的柔佛国王均和米南加保巴卡鲁勇王朝保持着密切的关系。这种密切程度可以从巴卡鲁勇王朝接收和抚养柔佛国王的遗腹子体现出来。1717 年 12 月 4 日，"Raja Kecik" 这个名字第一次出现在东印度公司的书信中，据说他是柔佛国王苏丹玛末沙二世的遗腹子。由于其父亲残暴过度，一天外出时遭其臣属海军元帅刺杀。因此，他出生时，父亲已经去世。他最终被带到巴卡鲁勇皇宫，并由巴卡鲁勇的王后迦米兰（Putri

Jamilan）将其养育长大。之后他为了替父报仇，攻打柔佛。在其前去攻打柔佛时，巴卡鲁勇国王给了他一封带有皇室印章的信，要求所有的米南加保人和海人（Orang Laut）要全力协助他。虽然他成功地攻打下了柔佛，但在位的时间并不长。之后，他回到苏门答腊建立了锡国（Siak）。如果巴卡鲁勇王朝与马六甲王朝没有很近的血缘关系，他们怎么会接纳和收养来自海峡对岸的柔佛国王的遗腹子，并在日后还帮助他建立锡国。森美兰州的俗语"去米南加保认主，去锡国找亲戚，国王则在柔佛州"（Bertuan ke Minangkabau，Bertali ke Siak，Beraja ke Johor）也证明了当地马来人与锡国、柔佛和米南加保之间的密切关系。这里的"bertuan"指明了两者的主臣关系，因此，森美兰州被视为米南加保族的一块飞地或域外属地。第二句话可能表明了锡国是米南加保人迁徙至马来半岛路途上的重要节点。第三句话则说明当时的柔佛王朝对马六甲及周边地区的控制，当地酋长的任命需要觐见柔佛国王，获得他的认可。

西方学者认为，西方文献中将马来族和米南加保族的刻意区分出现在17世纪到18世纪末。荷兰东印度公司有很多关于米南加保族的记录，他们分布在苏门答腊和马来半岛。17世纪下半叶，荷兰东印度公司利用巴卡鲁勇来确保其黄金和胡椒贸易的顺利。与西海岸居住的米南加保人签订的任何条约都需要获得巴卡鲁勇统治者的认可。荷兰殖民者则命名其为"米南加保帝王"，臣服于他的人都被称为"米南加保子民"。那些从苏门答腊高原迁徙到马六甲的人则遇到了另一支在经济上很具影响力的族群——马来族。因此，这些移民将面临一个问题，即选择融入这个强大的族群，还是选择另一个在数量上和经济、政治、文化上可与其相提并论的族群。很多移民强调其米南加保的身份，因为这与当时在苏门答腊内陆的黄金和胡椒贸易有很大的关系。① 从移民史上可以看出，这些来自苏门答腊的米南加保人通过河流前往马来半岛，特别是马六甲和森美兰州地区。由于荷兰和英国分别对苏门答腊和马来半岛进行殖民控制，在某种意义上也使得这两个族群的差别越来越大。当然，几百年过去了，随着米南加保族移民在马来半岛与当地人通婚，他们的后代在身份认同上逐渐趋于马来人。因此，目前在马来半岛，尤其是森美兰州，有很多马来人其实是米南加保族的后裔。不论米南加保族是起源于"马来尤"，还是森美兰州的马来人是米南加保的后裔，从历史上看，这两个族群具有密不可分的关系，某种程度上而言，他们应该属于同源族群。

第二节　森美兰州的形成及早期移民

森美兰州的形成与米南加保族移民有着密切的联系。努尔哈林根据西方学者（Hervey，1884；Parr & Mackray，1910）和当地口传历史（Terombo Bakin）等资料推断，12 世纪至 14 世纪有少量的移民来到林茂地区，他们是利用季风前来贸易的商人，定居在此的并不多。但自 15 世纪起，来到林茂的米南加保人则开始在此开辟新的领地。他们跟随有封号的首领，在此逐渐形成一些固定的村庄。② 莱斯在书中写道，"温斯特德推测，早在 14 世纪米南加保商人可能就已经到达马六甲和森美兰州。威金森则认为米南加保人于 15 世纪到达马来半岛。马来西亚

---

① ANDAYA L Y. Unravelling Minangkabau Ethnicity [J]. Itinerario, 2000 (24)：37.

② NORHALIM IBRAHIM. Negeri yang Sembilan: Daerah Kecil Pesaka Adat Warisan Kerajaan Berdaulat [M]. Shah Alam: Penerbit Fajar Bakti SDN. BHD, 1995：62－71.

当地学者也更认同后者的看法"。① 森美兰州博物馆内所展示的一张米南加保族迁徙路线图则代表了另一种观点,其中红线代表 7 世纪至 12 世纪西苏门答腊省内两股不同方向的早期移民,绿线代表 11 世纪至 12 世纪的第一代移民(迁徙至新加坡),蓝线代表 12 世纪到 15 世纪的第二代及之后的移民(主要从锡国或马六甲迁徙至林茂地区,迁徙的性质渐渐从周期性变为定居)。

《马来西亚史》写道,马六甲在米迦特·伊斯坎达尔·沙的统治下,扩张了其领土,包括宁宜河(Linggi)和吉桑港(Kesang)之间所有的土地,它的权威在南宁(Naning)、双溪乌绒(Sungai Ujung)和林茂这些地区得到了极大扩张。据称,米南加保人当时已在马六甲定居了。苏门答腊东海岸的河流起源于米南加保高地,这些河流提供了一条出入海峡、进入半岛的现成路径。② 与此同时,有印尼学者认为,14 世纪,巴卡鲁勇国王命令臣民到异地开拓米南加保的领地,其中有一部分就迁徙到了马来半岛并在那里定居。迁徙的米南加保人分为几个不同的群体。第一批到森美兰州的是由拿督·拉阇(Datuk Raja)领导的,在到达马六甲和柔佛之前,他们在锡国有过短暂停留。锡国国王为这些米南加保人能够顺利到达马来半岛提供了很多帮助。第二批到达森美兰州的是来自达拉河(Sungai Tarab)的米南加保人。第三批移民来自巴都桑卡尔(Batusangkar)的苏曼尼(Sumanik),他们在苏曼尼苏丹(Sutan Sumanik)和大将(Johan Kebesaran)的带领下,在马六甲内陆的一个名叫阿朗海角(Tanjung Alam)的地方建立了村庄。第四批移民

① RAIS YATIM. Adat：The Legacy of Minangkabau ［M］. Kuala Lumpur：Yayasan Warisan Negara，2015：287.
② 芭芭拉·沃森·安达娅,伦纳德·安达娅. 马来西亚史［M］. 黄秋迪,译. 北京：中国大百科全书出版社,2010：56-57.

来自帕亚孔布的瑟里勒玛（Seri Lemak），他们由拿督·布迪（Datuk Putih）带领，到达马六甲的内陆地区，之后与苏曼尼苏丹合并，建立了纳格里（Nagari）。神安池宫殿的名字还是由拿督·布迪命名的。除了来自达拉河的拿督·拉阁，在林茂还居住着由另两位拿督（Datuk Lelo Balang 和 Datuk Laut Dalam）带领的来自帕亚孔布的巴都杭巴（Batu-hampar）和蒙卡（Mungkal）的米南加保人。① 可见，早期虽然有米南加保人前往马来半岛进行贸易或定居，但数量非常有限。

马来半岛当时拥有马六甲这样的国际贸易中心，吸引着米南加保商人前往那里进行商品交易。米南加保人善于经商是众所皆知的，从苏门答腊出来的商人里除了巴达克人就是米南加保人。很多印尼人将米南加保人与善于经商的华人相媲美。莱柯柯克（Lekkerkerker）认为，与苏门答腊岛上其他族群相比，米南加保人是最善于经商的族群。苏特尔（De Stuer）这样描述道，"米南加保人是与生俱来的商人，不论男女都经商。远距离或周边的贸易以男性为主，村庄内的集市贸易则由男性或女性负责"。② 根据葡萄牙航海家的讲述，在马六甲的葡萄牙书记官记载到，在 16 世纪中期，每年都有几十至几百名米南加保商人来此经商。③ 一些学者（Dobbin，1992；Kato，1989）表示米南加保人在马六甲开展贸易的初期以交易黄金、胡椒和锡矿为主。米南加保人的外出属于周期性的，被称为"往返式迁徙"（merantau babelok），即带着商品前往马来半岛，等商品兜售完之后带着在当地购买的商品返回家乡与亲戚

---

① AJISMAN, JUMHARI, ERRICSYAH, et al. Dinamika Hubungan Minangkabau dan Negeri Sembilan: dalam Perspektif Sejarah ［M］. Padang: BPSNT Padang Press, 2009: 125.

② GUSTI ASNAN. Dunia Maritim Pantai Barat Sumatera ［M］. Jogjakarta: Penerbit Ombak, 2007: 35.

③ NORHALIM IBRAHIM. Negeri yang Sembilan: Daerah Kecil Pesaka Adat Warisan Kerajaan Berdaulat ［M］. Shah Alam: Penerbit Fajar Bakti SDN. BHD, 1995: 5.

见面。有些迁徙的人与当地女性通婚后，逐渐变成了长久居住的移民，他们的迁徙被称为"定居式迁徙"（merantau cino）。

大多数学者认为，由九个土邦形成的森美兰州最初源于米南加保人建立的村落，或称为纳格里。其中的四个主要区域，即双溪乌绒、日拉务、柔河和林茂被称为"区"（luak）。Luak 一词在西苏门答腊省也专指米南加保族核心区域，如阿甘区（Luak Agam）、五十城区（Luak Limapuluh Kota）和平原区（Luak Tanah Datar）。这四个地区是由酋长统治的，而酋长不仅是习惯法的制定者，还是森美兰州的最高统治者（Yamtuan）的候选人，现在被称为 Yang di-Pertuan Besar。以林茂县为例，该县的酋长谱系可以追溯到 1540 年，即该地区第一任酋长拿督斯利·拉玛（Dato' Sri Rama）。他来自高德村，是米南加保族和当地土著通婚的后代。在高德村还有他和妻子的墓地（见图 2.1）。当时的酋长被称为首领（penghulu），和西苏门答腊省的氏族族长名称一样。19 世纪中期，才从"penghulu"改为"undang"一词。虽然，帕尔和麦克雷这样描述道，"1388 年，米南加保人获得了当地的统治权，苏门答腊男性和土著女性的通婚形成了林茂地区最初的部落"①，但是一些学者认为，这里提到的最初部落可能是指马来语中的小部落（teratak），还没有形成村落（kampung）或纳格里。真正意义的村庄应该建立于 16 世纪初。② 不论是小部落还是村落，可以说，当时这四个地区的主要居民以米南加保移民和土著雅贡人为主。

---

① PARRY C W C, MACKRAY W H. Rembau, One of the Nine States: Its History, Constitution and Custom [J]. Journal SBRA Society, 1910 (56): 1.
② NORHALIM IBRAHIM. Negeri yang Sembilan: Daerah Kecil Pesaka Adat Warisan Kerajaan Berdaulat [M]. Shah Alam: Penerbit Fajar Bakti SDN. BHD, 1995: 50-62.

图 2.1　林茂第一任酋长及其妻子的坟墓（摄于 2017-7-2）

由于殖民者对马六甲的入侵，马来半岛封建秩序在遭到破坏的时候，一些马来族群从印尼的苏门答腊岛和爪哇岛等地迁移到马来半岛。[①] 在 343，971 名印尼移民中，有 187，755 人为爪哇人，62，356 人为马辰人，其余人口中，有 26，300 人为苏门答腊人。[②] 与此同时，米南加保地区的统治者巴卡鲁勇国王为了驱赶亚齐人主动向荷兰殖民者求助。1666 年，荷兰殖民者用暴力将亚齐人从西海岸驱赶出去，结束了亚齐人对苏门答腊岛黄金和胡椒的垄断。之后，米南加保商人沿着占碑河（Jambi）、萨科河、罗凯河（Rokan，今译为罗干河）、甘巴河（Kampar）和英德拉吉利河（Indragiri）顺流而下，给下游港口里的外国商船带来黄金、胡椒粉和锡，从苏门答腊岛内陆到东海岸长期受到限制的货物运输开始扩大。在短时期内，大量米南加保人开始向东迁移至沿海地区。因此，米南加保人在南宁、林茂和双溪乌绒地区居民点的扩

----

① 林远辉，张应龙. 新加坡马来西亚华侨史 [M]. 广州：广东高等教育出版社，1991：6.

② 李海燕. 族群认同的地方性生产——基于对马来西亚马来族群的人类学探讨 [D]. 北京：中央民族大学，2014：14.

大就是一种合乎逻辑的发展。①

　　17 世纪下半叶，米南加保人不断向马六甲海峡迁徙是与巴卡鲁勇宫廷出现的一股复兴力量相辅相成的。一方面，在西苏门答腊省的米南加保人依靠着殖民势力战胜了亚齐人，夺回了该地的统治和商贸主权。另一方面，柔佛在与占碑的战争中遭受了很大的损失，削弱了它对臣民，尤其是对在马六甲周边地区居住的米南加保人的权威。荷兰人占领马六甲后，附近地区如林茂对柔佛的宗主权也越来越冷漠。② 1667 年，南宁、林茂和双溪乌绒地区集体请求他们的精神领袖米南加保人派遣代表将三地居民作为统一体加以统治。其中提及有 3700 名米南加保人追随该代表易卜拉欣酋长。③ 当时，森美兰州由 9 个地区组成，分别是双溪乌绒、林茂、柔河、日拉务、南宁、昔加末、乌鲁彭亨、日来和巴生。巴卡鲁勇国王应森美兰州的米南加保人要求派遣了三任国王来统治该地。他们分别是墨勒瓦尔王（Melewar，1773—1795 年）、黑当王（Hitam，1795—1808 年）和良冷王（Lenggeng，1808—1824 年）。当西苏门答腊地区爆发了巴德里（Padri）战争后，很多巴卡鲁勇的皇室成员被杀害，阿里芬苏丹（Sultan Arifin）不得不逃至占碑河，巴卡鲁勇王朝则处于颠沛流离的状态。在这种情况下，当森美兰州的良冷王去世后，他的儿子端古·拉丁王（Tuanku Raja Radin）继承了他的皇位。自此，森美兰州不再是巴卡鲁勇王朝的一个飞地，该州的皇室采用了长子继承的父系继承制度，当长子尚幼时，其叔叔担任国王。

① 芭芭拉·沃森·安达娅，伦纳德·安达娅. 马来西亚史 [M]. 黄秋迪，译. 北京：中国大百科全书出版社，2010：84.
② 芭芭拉·沃森·安达娅，伦纳德·安达娅. 马来西亚史 [M]. 黄秋迪，译. 北京：中国大百科全书出版社，2010：84.
③ 芭芭拉·沃森·安达娅，伦纳德·安达娅. 马来西亚史 [M]. 黄秋迪，译. 北京：中国大百科全书出版社，2010：85.

第三节　殖民期间两地的互动

由于苏门答腊岛上盛产黄金，荷兰人和英国人都努力与巴卡鲁勇建立良好的关系。荷兰人真正进入米南加保内陆地区是在巴德里战役（1815 年）爆发之后。印尼历史学家古斯迪·阿斯南表示，1821 年内陆地区有一群族长前往巴东向荷兰人求助，希望团结他们来抵抗代表宗教长老势力的白衣派。荷兰殖民者则通过干涉巴德里战争进入米南加保地区，并从 1819—1842 年对该地区进行殖民统治。直至 1905 年，荷兰人才掌控整个米南加保地区。有学者将荷兰殖民期间米南加保人的迁徙分为三个阶段。第一阶段，在巴德里战争期间，有一些前往马来半岛进行贸易、购买武器和疫苗的米南加保人。战败后，从内陆外逃的改革派和支持者从西海岸逃至东海岸，到达马来亚，他们的贸易伙伴从亚齐人变为控制马来半岛的英国人。这个时期迁徙到马来半岛的米南加保人中很多是巴德里的支持者，他们大多来自米南加保北部地区，比如劳（Rao）、罗凯和塔帕努里（Tapanuli）。[①] 在良令（Lenggeng）地区有一个叫拉旺村（Rawa）的村庄，村民们说他们是劳人，从口传历史来看，他们很可能就是从巴萨曼的劳（Rao）地区迁徙至此的米南加保族后代。

除了战乱外逃，还有很多米南加保人到马来半岛开矿。森美兰州有一条很重要的河流叫宁宜河，它介于森美兰州和马六甲之间的河口，乘

---

① AJISMAN, JUMHARI, ERRICSYAH, et al. Dinamika Hubungan Minangkabau dan Negeri Sembilan：dalam Perspektif Sejarah［M］. Padang：BPSNT Padang Press，2009：65.

小舢板沿河而上，须花费约四天时间，才能抵达芙蓉一带的河岸登陆。这条河不仅是运输锡米到内陆的主要河道，也是与外界联系的通路。陈嵩杰在记述早期华人矿工在双溪芙蓉开矿的内容时，引用了英国人纽博（Newbold）在1832年双溪芙蓉的人口统计，他表示当时马来人有3200人，其中大部分是米南加保人，另外有400名华裔矿工。① 这里的双溪芙蓉是指双溪乌绒，是森美兰州九州府之一，现在的芙蓉地区。可见，当时已有很多米南加保人在此生活。

　　第二阶段是1847—1908年，由于荷兰统治者制定了强制性咖啡种植制度，迫使不少米南加保人向森美兰州及马来半岛其他地区迁徙。该制度最早于1847年11月1日由西苏门答腊省总督米迦勒（Michealis）引入，即每户家庭必须要在自家的土地上种植和培育150株咖啡树。所有收割下来的咖啡必须统一兜售至荷兰殖民统治者掌管的咖啡仓库。这种强迫种植制度为殖民者带来了巨大的利润，却损害了当地人的利益。农民们上交给荷兰殖民者的咖啡必须是质量最上乘的，但是他们却得不到等值的回报。比如1847年，1担咖啡在内陆的仓库价格为5~7荷兰盾，但转到巴东市的主要咖啡仓库，其价格则变为8.7荷兰盾。1854年，在仓库收购咖啡的价格为6~8荷兰盾，但转卖到巴东后价格一跃成为25.23荷兰盾。1857年，咖啡贸易达到了巅峰，当时的咖啡产量达190，971担（见表2.1）。②因此，米南加保社会渐渐地出现了新的对抗形式，很多米南加保人开始积极从事走私咖啡的贸易活动。他们将质量上乘的咖啡通过东海岸走私到马来半岛，这种非武力的对抗形式打响

---

① 陈嵩杰. 森美兰州华人史话［M］. 森美兰：大将出版社，2003：25.
② AJISMAN, JUMHARI, ERRICSYAH, et al. Dinamika Hubungan Minangkabau dan Negeri Sembilan：dalam Perspektif Sejarah［M］. Padang：BPSNT Padang Press，2009：66.

了与荷兰殖民者的"贸易之战"。①

表 2.1 苏门答腊西海岸地区咖啡出口量（1847—1876 年）

年份	总量（担）	年份	总量（担）	年份	总量（担）
1847	58224	1857	190917	1867	157982
1848	56101	1858	129121	1868	142767
1849	52833	1859	120259	1869	141962
1850	71118	1860	150057	1870	182869
1851	84976	1861	150000	1871	155548
1852	122903	1862	144000	1872	90819
1853	137679	1863	131954	1873	108505
1854	131522	1864	187323	1874	145014
1855	127547	1865	124057	1875	102891
1856	128259	1866	165138	1876	175034

数据来源：GUSTI ASNAN. Dunia Maritim Pantai Barat Sumatera［M］. Jogjakarta：Penerbit Ombak，2007.

此外，伴随着米南加保人的贸易活动，他们的迁徙活动也仍在继续。尽管马六甲在 19 世纪经历了几次权力的交替，但对于米南加保商人而言，它仍然是一个极具吸引力的重要港口城市。因此，米南加保人还通过多样化种植和养殖，来满足马来半岛的市场需求，并换取其他商品。米南加保人出口的商品种类多样，有咖啡、樟脑、安息香、胡椒、大米、桂皮、甘蜜、椰子制品、橡胶及皮制品。进口的货物则以布料、盐和鸦片为主。从苏门答腊岛前往海峡地区有 6 条主要的河流，其中有

① AJISMAN, JUMHARI, ERRICSYAH, et al. Dinamika Hubungan Minangkabau dan Negeri Sembilan：dalam Perspektif Sejarah［M］. Padang：BPSNT Padang Press，2009：65-66.

3 条的上游在巴达克族区域，另三条的上游在米南加保地区，这三条河分别是关丹—英德拉吉利河（Kuantan-Indragiri）、甘巴河和锡亚克河（Siak）。一些报告显示，19 世纪 70 年代到 20 世纪初期，每年大约有 2000 艘船只在这三条河上通行，每年的商品贸易额在 3.5 万至 5 万荷兰盾。① 到了马六甲后，米南加保人又通过当地的河流进入内陆地区。陈嵩杰认为，在英国殖民政府入主双溪芙蓉时，森美兰州还处于九个分而治之的土邦阶段，当地执政主流米南加保人尚未整合这片疆土。② 1874 年，由于两个酋长争夺地盘，英国人才有机会插手干预双溪芙蓉，并获得贸易和政治利益。可见，在英国殖民统治前，当地的主要居民已是米南加保人，他们由酋长统治。大量的商品贸易促进了海上货运业的发展，也加速了货物和人口的流动，一大批米南加保新移民在 19 世纪末至 20 世纪初前往马来半岛。这个阶段的移民一部分是为了摆脱强制性种植制度迁至该地，一部分则从事各种贸易活动往返于两个地区。这些移民在当地形成固定的居住区，是当地的开拓者，而且通过长期定居形成了较为完善的政治社会制度。

第三个阶段是从 20 世纪初至荷兰殖民结束。在这个时期殖民统治者开始引进现代教育机构，一大批受到普世教育的米南加保人接受了西方的思维和行为方式。这些受教育的精英群体成了国民意识发展的推动力，他们对抗殖民主义，并利用政治社会机构和大众媒介来宣传被殖民民族的那种同命运、共担当的感受。各种思潮的政党在米南加保社会开始蓬勃地发展起来，它们对待荷兰统治者报以合作或不合作的态度。1927 年，在西隆岗（Silungkang）地区就爆发了人民起义。20 世纪 30

① GUSTI ASNAN. Dunia Maritim Pantai Barat Sumatera [M]. Jogjakarta：Penerbit Ombak，2007：316-317.
② 陈嵩杰. 森美兰州华人史话 [M]. 森美兰：大将出版社，2003：17.

年代，西苏门答腊省也没有逃过全球经济衰败导致的商品出口锐减。①
因此，这个时期迁徙至苏门答腊其他地区或马来半岛的移民主要是为了
摆脱政治、经济或社会压力。这些移民中不仅有商人，还有去种植园打
工的，也有一些人属于"政治难民"。数据显示，1921 年，在马来半岛
的马来人中有 50252 人出生于苏门答腊，其中大约有 40% 是米南加保
人，有 729 名亚齐人，854 名葛林芝人。1930 年的人口普查中约有
40100 名苏门答腊人，估计其中约有 14000 人为米南加保人。这些人中
有 8000 余人居住在雪兰莪州，有 2000 余人居住在霹雳州，在森美兰州
的则少于 2000 人。② 虽然很多移民来自苏门答腊岛地区，他们也带有
自己独特的风俗文化，但在统计时他们被简单地列为"其他马来人"，
所以有的统计数据也并不太精确。在一些地区，新来者——米南加保
人、罗沃人、曼特宁人、亚齐人和巴塔克人甚至超过了原有居民。③ 莫
赫达的研究显示，在印度尼西亚，外出迁徙人数最多的族群是爪哇族和
米南加保族。由于爪哇族人口基数较大，虽然移民很多，但移民比例仅
有 3.4%，被认为是低移民族群。相反，米南加保族移民占总人口的
11%，被列为高移民族群。④ 古力克表示，第二次世界大战前在吉隆坡
的商人绝大多数是米南加保人和爪哇人。1931 年的人口普查显示，在
森美兰州的米南加保人绝大多数为农民。但是，20 世纪 40 年代至独立

① AJISMAN, JUMHARI, ERRICSYAH, et al. Dinamika Hubungan Minangkabau dan
Negeri Sembilan：dalam Perspektif Sejarah［M］. Padang：BPSNT Padang Press，
2009：69.

② MOCHTAR NAIM. Merantau：Pola Migrasi Suku Minangkabau［M］. Yogyakarta：
Gadjah Mada University Press，1984：145.

③ 芭芭拉·沃森·安达娅，伦纳德·安达娅. 马来西亚史［M］. 黄秋迪，译. 北
京：中国大百科全书出版社，2010：216.

④ MOCHTAR NAIM. Merantau：Pola Migrasi Suku Minangkabau［M］. Yogyakarta：
Gadjah Mada University Press，1984：51-52.

前来到芙蓉的米南加保人则选择居住在城市，并且从事贸易行业。①

第四节　后殖民时期的米南加保族移民

1945 年 8 月 15 日，日本帝国主义宣告投降后，苏加诺和哈达共同签署了独立宣言，宣布成立印度尼西亚共和国。印尼人民纷纷起来解除日军武装，并在许多城市举行集会、游行示威，掀起了印尼八月革命。莫赫达认为，在 20 世纪 40 年代，长期的战争和革命使人们苦不堪言，迫使他们寻找独立和自由的方式。因此，十年间想要外出打拼的情绪和信念如今突然爆发，而印尼共和国大力推动首都和大城市的发展，也加速了移民的进程，但这个时期大多数米南加保人是在印尼内部迁徙的，如前往雅加达、棉兰、泗水、巨港、日惹等地。此外，仍有一些人迁徙至马来半岛。莫赫达在研究中提到，他在马来西亚采访到的这些移民绝大多数出生于西苏门答腊省，他们在印尼的八月革命后移民到当地，那时他们仅十几、二十岁，仅有 7% 的人是在当地出生的。数据显示，77% 的被访者在 1950 年之后第一次外出迁徙，剩下的人则是在此之前来到当地的。② 从三苏·巴赫林（Shamsul Bahrin）关于 1931 年和 1947 年的人口统计数据中（见表 2.2），可以看到迁徙至霹雳州、雪兰莪州、森美兰州和柔佛州的苏门答腊人最多，但是 1947 年迁徙至马来半岛的总人数减少了很多。可见，随着国家边界的逐渐形成，以前较容易实现

---

① MOCHTAR NAIM. Merantau：Pola Migrasi Suku Minangkabau［M］. Yogyakarta：Gadjah Mada University Press，1984：149.

② MOCHTAR NAIM. Merantau：Pola Migrasi Suku Minangkabau［M］. Yogyakarta：Gadjah Mada University Press，1984：147-150.

的迁徙活动也变得越来越困难。

表 2.2 1931—1947 年苏门答腊人迁徙至马来亚的数据（单位：人）

国家/州（Negeri）	1931 年	1947 年
新加坡（Singapore）	390	644
槟城（Penang）	175	289
马六甲（Melaka）	126	243
霹雳（Perak）	14681	6866
雪兰莪（Selangor）	14551	10094
森美兰（Negeri Sembilan）	2485	2688
彭亨（Pahang）	1746	1627
柔佛（Johor）	2975	1710
吉打（Kedah）	2482	1823
吉兰丹（Kelantan）	145	114
登嘉楼（Terengganu）	149	147
玻璃市（Perlis）	20	58
总数（Total）	40100	26303

数据来源：MOCHTAR NAIM. Merantau：Pola Migrasi Suku Minangkabau［M］. Yogyakarta：Gadjah Mada University Press，1984：164.

1949 年 12 月 27 日，印度尼西亚成立联邦共和国，成为一个独立的国家。1957 年 8 月 31 日，马来亚独立并改称为"马来亚联合邦"。1963 年，马来亚联合邦、沙巴、沙捞越和新加坡组成新的联邦制国家——马来西亚（1965 年 8 月 9 日新加坡退出）。印度尼西亚和马来西亚纷纷独立后，两国开始关注并管理新的移民，采用较为严格的移民法限制两国人口的流动，前往马来西亚的米南加保移民潮渐渐变缓。

加藤毅将后殖民时期的移民分为两个阶段，第一个阶段为 1942——

1961 年，第二个阶段为 1961 年之后。第一个阶段，在西苏门答腊省发生了影响较大的政治动荡，即 1958—1960 年的印尼共和国改革政府的暴乱。这次暴乱几乎涉及了整个西苏门答腊省的民众和地区精英们。由于 1955 年大选后，政治中心主义强化，导致爪哇岛外人民的失望和悲伤情绪蔓延。西苏门答腊省的米南加保人不断向中央施压，提出他们的诉求。然而这种行为被当局视为分裂印尼共和国的行为，因此大量的军队入驻西苏门答腊省，与当地的反叛人员发生了武装斗争。随着印尼共和国改革政府内部的矛盾增加和中央军队的施压，米南加保人谋求更多权利的斗争遭遇了滑铁卢。这对米南加保人而言是一次巨大的打击，在一定程度上摧毁了他们的族群自豪感，因此很多米南加保人在这次斗争失败后远走他乡。很多人外出的目的只是能生存下去。这次暴乱引发了大面积的移民，虽然其数量没有被精确地统计过，但粗略地估计涉及十几万人。其产生的影响就是一些大城市如雅加达、棉兰、巨港和北干巴鲁等的米南加保人急剧增长。雅加达的米南加保人数从暴动发生前的十几万一下子增长到几十万。虽然在 20 世纪 60 年代末期移民人数有所减少，但这种趋势一直在延续。[①] 迁徙至马来西亚的米南加保人也因此增加。莫赫达估计 1961 年在马来亚联合邦的米南加保移民人口比例为 31.6%，几乎比 20 世纪 30 年代翻了 2 倍。从印尼共和国改革政府到印马冲突这段时间，双方也经常就偷渡活动和政治逃犯的话题进行口诛笔伐。当时的印尼总统苏加诺曾抨击马来半岛给予印尼共和国改革政府叛乱者政治庇护，他表示，"作为一个一直反对印尼的人，东姑·阿卜杜勒·拉赫曼（Tunku Abdul Rahman）统治的地区，至今为止仍然藏匿一

---

① MOCHTAR NAIM. Merantau：Pola Migrasi Suku Minangkabau ［M］. Yogyakarta：Gadjah Mada University Press，1984：264.

大批在 1958 年反对我的叛乱者，并给予他们庇护和补贴"①。

1961 年以后，移民结构发生了一定的变化，其中以女性移民，特别是未婚女性移民数量的增多为显著变化。另外，白领的人数也有所增加。1969 年森美兰州的人口统计根据族群划分为四大类，米南加保后裔归入马来人的行列一并统计，所以无法得知具体的米南加保后裔数量（见表 2.3）。之后，1980 年（551442 人）、1991 年（692897 人）和 2000 年（859924 人）分别进行了人口普查，但只有森美兰州总人口数，并未按族群来分类。

表 2.3　1969 年森美兰州的人口普查数据（单位：人）

族群	男性	女性	总人口
马来人	115935	116561	232496
华人	112410	105839	218249
印度人	44134	38488	82622
其他	8449	4889	13338
总数	280928	265777	546705

数据来源：NURSYIRWAN E. Minangkabau dan Negeri Sembilan: Sistem Pasukuan di Nagari Pagaruyung dan Negeri Sembilan Darul Khusus Malaysia [M]. Padang: BPSNT Padang Press, 2009: 37.

莫赫达的研究表明，1971 年约有 240 万名南加保人迁徙至雅加达、婆罗洲、新加坡和马来西亚，而当时西苏门答腊省仅有 278 万多米南加

---

① AJISMAN, JUMHARI, ERRICSYAH, et al. Dinamika Hubungan Minangkabau dan Negeri Sembilan: dalam Perspektif Sejarah [M]. Padang: BPSNT Padang Press, 2009: 79.

保人。这意味着有一半的米南加保人在外迁徙。① 他在书中表示，在马来西亚期间，他接触到了很多米南加保新移民和已经马来化的米南加保后裔。2010 年的资料显示，目前在马来西亚的印尼劳工达 220 万人，每年为国家创汇 50 万亿盾，马来西亚成为印尼劳工首选目的国。② 张慧中在西苏门答腊省采访时得知，当今离开家乡前往马来西亚等国务工的印尼人中，很多都是米南加保人。③ 2013 年 4 月底，印尼驻马来西亚新山总领事馆的经济领事表示，该领事馆包含的柔佛、彭亨、森美兰和马六甲地区拥有 20 万至 30 万印尼合法劳工，此外还有约 30 万非法劳工。他们主要在种植园、工厂、餐馆、家政及其他非正式的岗位工作。每个月合法劳工可以向印尼寄回 20 亿盾。④

可见，虽然两国独立后有了较为严格的移民法，但移民现象依然存在。虽然没有明确的米南加保族移民数据，但是不论作为政治难民还是作为劳动力的输出，米南加保人迁徙至马来西亚有着得天独厚的地缘和人缘优势。目前，从米南加保国际机场坐飞机到马来西亚吉隆坡国际机场仅需要 50 分钟左右，亚航提供的廉价机票也方便了两地居民的互访。

第五节　当下的森美兰州马来人

目前，森美兰州的首府为芙蓉市，下辖 7 个县，分别为日拉务县、仁保县、芙蓉县、淡边县、瓜拉庇劳县、林茂县及波德申县。据 2017

①　MOCHTAR NAIM. Merantau：Pola Migrasi Suku Minangkabau［M］. Yogyakarta：Gadjah Mada University Press，1984：30-33.

②　印马关系再掀波澜［N］. 千岛日报，2010-09-02.

③　张慧中. 印尼米南加保人访问记［N］. 人民日报海外版，2010-08-26（2）.

④　TKI di Johor Kirim Rp 2 Miliar Setiap Bulan［N/OL］. Kompas，2013-04-29.

年的数据统计，森美兰州的面积为 6686 平方千米，人口达 111.7 万，其中土著（包括马来族及原住民）为 64.54 万，华人为 22.96 万，印度裔 15.44 万，其他族群 3700 人，另外还有非马来西亚公民 8.4 万人（Jabatan Perangkaan Malaysia，2017）。日拉务县、芙蓉县、瓜拉庇劳县和林茂县是实行母系制文化的地区，这四个县内的马来人大多数是米南加保族后裔。

大多数米南加保人喜欢居住在内陆，而不是沿海。这与他们的生活习惯和祖籍地的地理环境有关。他们祖祖辈辈与土地为伴，以种田为生。① 森美兰州的地理环境与西苏门答腊省相似，以平原为主，森美兰州中央是蒂迪旺沙山脉延伸段，适合农耕。除了进行农耕外，很多米南加保移民喜爱经商。莫赫达认为，第一代米南加保人坚守着传统的工作方式，即以小贩或零售的形式进行贸易。出生在异乡的第二代则逐渐融入当地文化，特别是被马来文化同化，形成与当地马来人相似的生活方式。仅有一些米南加保男性与来自其家乡的女性结婚，而大多数男性都与当地马来女性通婚。根据他们现在的平均年龄可以看出，30 年前爆发第二次世界大战时，他们正好到了结婚年龄，而战争阻隔了马来亚和苏门答腊岛之间的互通，那些滞留在马来亚的米南加保人只能在当地与马来女性通婚。有一部分男性则与米南加保混血儿结婚，这些混血儿的母亲是马来人，而父亲是米南加保人。当选择配偶时，他们倾向于在自己的亲属或来自同村的人中间进行选择。在第二次世界大战之前，从印尼移民到马来半岛还比较容易，要从同村人中找配偶相对容易。现在，严格的移民法使得越来越多的米南加保族后代只能选择与当地马来人

---

① MOCHTAR NAIM. Merantau：Pola Migrasi Suku Minangkabau［M］. Yogyakarta：Gadjah Mada University Press，1984：149.

结婚。①

经历了几百年的变迁，森美兰州人的身份认同发生了巨大的变化。国家的独立、对族群的划分以及宪法和相关政策对马来族的特权保护促使当地人对马来族这个身份认同的强化。首先，按照族群的划分，马来西亚的三大族群为马来族、华族和印度族，其中又以马来族人数居多，其他还有一些被称为"土著"的居民。宪法虽然提出"土著"的概念为马来半岛的本土居民，但实际上"土著"常常用来概括那些居住在沙巴州和沙捞越州的本地部族。马来亚宪法对"马来族"的定义为：信仰伊斯兰教，习惯于讲马来语，遵守马来习俗者，并且符合于独立日前在联邦或新加坡出生，或其父或母在联邦或新加坡出生，或在该日在联邦或新加坡定居，或上述的后代。对于长期生活在森美兰州的米南加保人而言，满足上述条件较为容易。因此，马来西亚独立后，米南加保人及其后裔基本上被视为遵循母系文化的马来族。独立后的人口普查中也并没有将森美兰州米南加保族的人数单独列出来，而是将其纳入马来族人口进行统计。

其次，《马来西亚宪法》中有些法令体现了对马来族的特权保护。《马来西亚宪法》规定，马来西亚的国语为马来语，国教为伊斯兰教。其中，第 153 条提到为马来族及沙巴州或沙捞越州土著保留服务、执照等的份额，法律规定最高元首负责保护马来族与沙巴州或沙捞越州土著的特殊地位，以及其他民族的合法权益。具体地说，最高元首可以按必要的方式执行宪法赋予的职权，确保在公共服务的职位（州的公共服务除外）、奖学金、助学金及联邦政府给予或提供的其他类似的教育训练

---

① MOCHTAR NAIM. Merantau：Pola Migrasi Suku Minangkabau［M］. Yogyakarta：Gadjah Mada University Press，1984：149.

特权或特别设施方面，为马来族和其他土著保留其认为合理的比例份额①。

　　马来人的特殊地位还体现在土地的所有权上。1913年和1930年殖民政府先后颁布了《马来人保留地法》和《土著土地保留法》，这两部法律规定马来人可世袭拥有土地，但不准租赁或出售给非马来人，非马来人也无权拥有土地。《马来西亚宪法》第六章第89条也提到"马来族保留地"一词，该词指专为马来人或保留地所在州的土著居民而保留的土地。

　　另外，从独立以来，马来西亚的政权长期由巫统、马华工会和印度人国大党组成的执政党联盟掌控着。这三个政党代表着各自的族群参加政治活动和政权组建。由于巫统占主导地位，该党的主席就自然成为国家首相。巫统的执政宗旨是维护苏丹和马来人的特权，促进马来人的经济发展，倡导一种以马来文化为主体的国家文化。因此，"马来人优先"的原则贯穿了马来西亚的政治、经济、社会生活等方方面面，族群和族群利益成为马来西亚政治生活的风向标。20世纪70年代至80年代的国家文化政策也强迫非马来人要与马来族群相融合。一系列的国家政策和通婚促使信仰伊斯兰教的米南加保人很快地融入马来族群。从内部环境来看，一方面，城乡的快速发展使得越来越多农村人口外迁至城市或其他州，森美兰州的米南加保裔马来人与其他州的马来人互动增加。另一方面，随着与其他州属马来人通婚的数量增加，森美兰州的米南加保后裔色彩淡化，马来人的身份认同增强，逐渐形成具有森美兰州特色的马来人。我们已经无法得知森美兰州到底有多少马来人是米南加保后裔。不论是认同理论中的情境论还是根基论都能解释米南加保后裔的这

---

① *Perlembagaan Persekutuan*，https：//www.jakess.gov.my/pdffile/ENAKMEN/Perlembagaan%20Persekutuan%20.pdf，2009：165~167.

种身份认同的改变。一开始，出于情境论的需要，米南加保人选择倾向
马来族认同，而宗教、语言和文化上的相似性使得米南加保后裔更容易
融入马来族的群体中去。随着时间的推移，长期生活在马来西亚的米南
加保裔马来族则会基于根基论对马来族产生强烈的认同感。

　　陈志明（2012）认为，一个族群文化向另一个族群文化变迁的过程，
是一个涵化的过程，是一个互动的过程，尽管这种互动通常意味着少数
族群在社会与文化方面更多地向主流群体的文化方向调适。森美兰州的
米南加保族后裔就正经历着这样的涵化过程，这种社会与文化变迁塑造
了新一代的森美兰州人，是与其他州文化不同的马来人。20 世纪 80 年代
的研究表明纯米南加保人的家庭与父亲是米南加保族、母亲是马来族的
异族通婚家庭相比，是有明显差异的。前者更遵循祖籍地的风俗习惯，
并与祖籍地亲属保持着密切的联系。他们经常回到家乡进行短暂的逗留。
虽然他们的孩子不可避免地受到马来文化的影响，但他们至少对自己祖
籍地的文化有所了解，他们会说米南加保方言，并且会效仿父母的行为。
后者则更凸显其马来文化，因为母亲不是米南加保族的，所以他们的亲
属都以马来文化为主，对其父亲的身份仅是略微有些了解。[①]

　　族群的"过去"通过经验及客观途径影响、形塑着族群的现在，
而族群本身又根据主观认知与现实境遇完成着对族群"过去"的重构
与再造，这也表现了主观认识与客观环境的互动以及认同策略的调适性
与能动性。基于此，我们更应将族群认同置于反映群体内部动态变化及
外部更大社会范畴之政治、经济、社会动因的族群形成之语境中加以探
究、考察（段颖，2012）。在调研期间，笔者发现森美兰州的米南加保
裔马来人也分为几种不同的情况，因此他们所形成的母系社会也较为不

---

　　① MOCHTAR NAIM. Merantau：Pola Migrasi Suku Minangkabau［M］. Yogyakarta：
Gadjah Mada University Press，1984：152.

同。第一种情况的马来人居住在米南加保族后裔聚集的村庄内。这些马来人实行村内婚较多，外出迁徙的情况不多，因此村庄内的房屋显得比较密集。村民们在西苏门答腊省都有亲戚，有时他们的亲戚就通过非法途径投靠他们，并在此工作和定居，其子女会获得马来西亚国籍，但对于米南加保族文化具有较强的认同感和自豪感，家中的交际语言一般都是米南加保族方言。

良令地区就是一个典型例子。据维基百科描述，良令地区的居民由马来人、华人和印度人组成，其中以马来人为主，他们大多是苏门答腊米南加保移民的第二代和第三代人。这些移民又大多数来自阿甘地区。来自阿甘地区的米南加保人定居在森美兰州和雪兰莪州的一些地方，如日拉务、良令、波德申、士毛月等地。一些知名人士如依萨莫哈末、拿督艾依沙（Dato'Aishah Ghani）、拿督莱士雅丁都是阿甘地区米南加保人后裔。达庆村（Daching）就是良令地区典型的由米南加保族后裔形成的村庄，该村村民主要讲米南加保语。除了早期因为历史遗留问题居住在那儿的印尼人外，该村还有一些新的印尼移民，他们主要是到这边投靠亲戚并在此工作的外籍劳工，属于没有工作证的工人。但是由于各种原因，他们长期生活在这个村庄里。他们可能与当地人结婚生子，或者本身就是夫妻俩到此生子，他们的孩子成了马来西亚公民，时间久了就形成了村庄现在的状况。

目前，马来西亚的身份证有两种类型：一种是蓝色的，即获得马来西亚公民身份的人；另一种是红色的，属于非马来西亚公民，但颁发给在马来西亚居住长达 30 年以上的人，该村有些人就持有这种红色的身份证。笔者通过当地警察了解到这些移民的迁入途径。由于东盟国家成员出入境任何一个东盟国家都不需要办理签证，所以有很多印尼人通过这个方法进入马来西亚后就在当地工作，他们一般长期居住在马来西亚，不轻易回国。也有通过非法中介或通过非法海运回国的，但存在着被捕的可能性。虽然马来西亚一直在加强海关和出入境的把关，但马来西亚的非法劳工问题一直存在，而且并没有好转的迹象。这些非法劳工一般就在工厂或种植园工作，平时很少外出。

与该村相邻的另一个米南加保族后裔的村庄叫米南加保旷野村（Kampung Sesapan Batu Minangkabau）。从村庄的名字就能看出其与米南加保地区具有一定的关系，这个村的村民也说米南加保语。但从行政区域划分来看，这个村庄属于雪兰莪州。离达庆村大约 15 分钟路程的拉旺村虽然也是米南加保后裔的村庄，但其情况却完全不同。这个村分为三个小村庄，共有 100 多间房屋，但在上游的村庄房屋密度高，那里的人结婚对象主要是村内的，而且外出迁徙的人不是那么多。与之相反的下游村庄则房屋密度低，房屋之间都隔得很远，还都有很大的庭院。村民们表示，该村有较多年轻人在结婚前就外出学习或工作了，很多人与村外人结婚，并在村外居住。这里大多数的村民不会说米南加保方言。民宿的叔叔虽然也是米南加保后裔，但他已经是第五代了，所以他听不懂米南加保方言，只会说当地的方言。他指着他儿子胡赛因说，他能听得懂米南加保语。原来胡赛因在峇玲珑（Beranang）附近的学校读书，他的同学中有人讲米南加保语，所以他会听，但不会说。他说班里有 34 名同学，其中有 8 个人讲米南加保语，而其他同学都说马来语。这 8 个人更常在一起玩，他们的爷爷辈来自印尼，父母都是本地出生的，主要来自达庆村。在拉旺村某小学任教的阿兹赞老师也表示，他们学校也有这样的小孩，父母是印尼人，但孩子是马来西亚国籍，可以在此上学，但学费会比父母是马来西亚籍的贵一些。这些村庄的老一辈人具有较强的米南加保族情结，对于米南加保族文化特别重视，只要有机会便常回西苏门答腊省见亲戚。年轻的一代，受到祖辈和村庄的文化熏陶，对于米南加保文化有一定的认识，但与西苏门答腊省的亲戚没有上几辈走得那么近。对他们而言，米南加保文化是家庭和村庄文化的一部分。虽然通过与其他马来西亚人的接触，使他们渐渐融入马来人的行列，但他们仍是受米南加保文化影响的马来人。

　　第二种情况的马来人居住在继承母系风俗的区域内，如林茂县、仁保县、瓜拉庇劳县和日拉务县等。这些县一直保持着母系制的风俗，并且从行政管理上实行两套统治体系。一套是现代的政府统治体系，一套是传统的风俗统治体系。前者偏向于经济和区域发展，后者倾向于风俗和宗教，虽然两个体系分别负责不同的领域，但两者之间也有一定的联系和重叠的部分，也需要合作共同管理。这些地区从村庄内部到整个县都有较完整的风俗统治体系，因此母系风俗对其影响较多。他们承认自己是米南加保族的后裔，特别是林茂县，作为米南加保人最初到达的一个区域，有些当地人还能说出米南加保人的迁徙路线。在林茂县，有一座山叫作拿督山（Gunung Datuk）。当地人认为最初拿督贝巴迪（Datuk Perpatih）就是在这座山的山顶挑选了迁徙区域并划分了四个县的势力范围。该村还保留着第一任酋长的坟墓，显示第一任酋长的执政时间为1540年。在林茂县还有好多间传统的长屋，展现了其与米南加保文化之间的关联。但经过几百年的变化，当地人的身份认同首先是马来人。在此身份认同的基础上，他们认为自己是与其他实践天猛公风俗的马来人不同的，他们是实践母系风俗的马来人。他们很少像米南加保人那样标榜自己是母系社会，他们只会在解释母系风俗时提到，该风俗是根据母系血统继承的。这些地区仍然保留着传统的氏族和同氏族禁止通婚的规定，孩子的氏族名通过母系继承，他们仍然拥有较多的祖产土地，并且依然仅由女性继承。在家族、氏族及村庄内部均有从下至上选举出来的长老，他们负责自己权力范围内村民与风俗相关的事宜，如婚丧嫁娶、土地问题、家庭琐事等。通过行政上的不断规范和强化，进一步传承该风俗体系。

第三种情况的马来人则是村庄里的年轻人和迁徙到大城市的森美兰州人。现在的年轻人受到的教育都是通识性教育，媒介语言均是马来语，他们了解的是整个马来西亚的概况和历史，森美兰州的历史只是其中的一小部分。当地的中小学都没有专门涉及米南加保文化方面的课程，因此米南加保文化和历史将渐渐淡出年轻人的视野，他们的身份认同则是森美兰州人。那些迁徙到大城市的森美兰州人更是快速地融入了大都市的文化。不论是生活方式还是风俗习惯，他们都更加现代化和简洁化。他们与其他州的通婚情况更为普遍，因此他们的后代首先将自己视为马来人，其次他们的身份认同呈现出更多的区域在地化，如将自己视为芙蓉人、吉隆坡人、柔佛人或雪兰莪人等。胡赛因有些表哥们出生在吉隆坡，他们对于米南加保文化的了解很少，对米南加保文化仅有的了解一方面来自一直在他们家做保姆的米南加保族阿姨，另一方面则是他们去西苏门答腊省旅游时留下的记忆。从他们客厅中悬挂着的那张巴卡鲁勇皇宫建筑群油画，能看出他们对米南加保文化的一丝喜爱。

总的来说，日拉务、林茂和瓜拉庇劳等地还是受到传统的米南加保文化影响的地区。这些地方仍然保留着一些类似于米南加保族祖屋的传统民居。一路上还有很多类似牛角屋屋檐的公交车站台，时不时让人感受到米南加保族的文化元素。赖斯·亚蒂姆认为，米南加保移民并不是全盘照搬西苏门答腊省的母系制文化，氏族长老、女管家（Bundo Kanduang）、一家之主（tungganai）等的概念以及祈祷室的功能并没有在森美兰州建立起来，但总的来说习俗中的大多数内容被接受和传承了下来。① 这

---

① RAIS YATIM. Adat：The Legacy of Minangkabau ［M］. Kuala Lumpur：Yayasan Warisan Negara，2015：292.

里的马来人依然延续着母系继承制度，拥有氏族名。地方上拥有两套管理体系，一套是现代的政府统治体系，一套是传统的风俗统治体系。传统的风俗统治体系则依照母系风俗习惯管理地方上婚丧嫁娶、财产继承、长老选举等事宜。酋长、氏族族长、家族长等均对当地母系文化和风俗的规范和完善发挥着重要的作用。虽然，他们的身份认同已经发生了变化，但母系风俗文化仍是当地人区别于其他州马来人的一个重要标志。

马来西亚有很多知名和成功人士也是米南加保族后裔，维基百科上的马来西亚米南加保裔名人列表中就有约 50 人，其中包括马来西亚第一任国家最高元首东姑·阿卜杜勒·拉赫曼（Tunku Abdul Rahman），森美兰州的几任最高统治者，马来西亚第四任总理马哈蒂尔的妻子和第六任总理纳吉布的妻子、马来西亚新闻、通信与文化部部长莱斯亚丁（Rais Yatim），大法官诺玛·亚库博（Norma Yaakob），首位宇航员谢赫·穆扎法尔·舒库尔（Sheikh Muszaphar Shukor），亚航董事长（Kamarudin Meranun）以及其他一些部长、议员、企业家、文学家和艺术家等。他们中很多人都为保护和传承米南加保母系文化做出了贡献。此外，森美兰州国家文化局也通过各种展览和实践活动对外宣传和推广该州的传统文化。森美兰州博物馆除了展出该州历史、文化、政治、经济等方面的图文和实物外，还开展了对森美兰州历史文化的深入研究。森美兰州博物馆的阿哈玛（Ahmad）先生表示①，从 2013 年起，他们开始撰写关于森美兰州人特征的报告和书籍，其中涵盖了饮食、服饰、民居、语言等文化元素，他们希望通过学术的途径重塑森美兰州文化，让更多人了解和重新认识该州文化。

---

① 2017 年 6 月 19 日笔者在森美兰州博物馆对阿哈玛进行采访。

第三章　母系家族的特征

　　母系社会是从母方来计算血缘关系的社会。根据亲属结构来看，社会中最大的概念是氏族（suku），同一个氏族内的所有成员都被视为源自同一个女性祖先。这是一个异族婚群体。与中国古代认为同姓的人之间具有血缘关系而不能通婚一样，在西苏门答腊省和森美兰州，拥有同一氏族名的人之间不能通婚。因此，氏族和氏族名代表着一个人在社会中的身份，暗示着他与其他人之间是否存在着亲属关系。氏族名通过女性成员代代相传，孩子的氏族名与其母亲的相同。封号是这两个社会中男性身份的标识，它也是按照母系继承代代相传的，一般由舅舅传给外甥。

　　母系社会最基本的政治和经济单元是母系家族，按照习俗来看，一个母系家族成员是由 5 代人组成的。他们一般居住在同一个房屋内，并且为了这个家庭的繁荣而共同劳动和生产。在不同的社会中，这样的母系家族有着不同的称呼，他们的民居也有不同的名字。严汝娴用"亲族"表示纳西族摩梭人的母系血亲，"衣杜"则是当地人用来称呼他们居住的单位——家户。① 对中国台湾地区的高山族阿美人而言，同一个母系家族应居住在一起，他们居住的传统家屋被称为 loma'。在印度卡

---

　　① 严汝娴. 摩梭母系制研究［M］. 昆明：云南人民出版社，2012：47-48.

西（Khasi）社会中，母系家族被称为 Kpoh，母系家庭被称为 iing，而母系家庭居住的房屋被称为 iing seng。在西苏门答腊省和森美兰州，这样的母系家族被称为 paruik 或 perut，直译为"肚子"。他们居住的单位被称为加当屋或习俗屋（Rumah Adat）。随着时代的变化，家庭结构发生了改变，从 5 代人的母系家族逐渐变为 2 至 3 代人的核心家庭或扩大型家庭。

除了氏族、封号和家庭结构外，婚后居住模式也是母系社会有别于父系社会较为明显的特征。在母系社会中，由于民居都归女性所有，所以一般婚后男性居住在妻子或妻子的母亲家中。当然，两个社会的这些母系社会特性随着时代的不同均发生了一定的变化，这些变化的差异性也反映了两地不同的发展状况。

第一节　母系传承的氏族名

对于米南加保人而言，其最重要的特征之一就是拥有氏族名。每个氏族有不同的氏族名，这个氏族名就类似于父系社会中的姓，只不过这个"姓"不体现在名字里，只是记在人们的脑子里。拥有同一氏族名的人被视为兄弟姐妹，他们都源自同一位女性祖先，是根据母系血统计算形成的亲属。氏族名是靠母亲传承下去的，每个人一生下来就成为其母亲氏族中的一员。据历史记载，米南加保族在受印度文化影响时期形成的村庄称为"纳格里"［nagari，从梵语 negara（城市）演变而来］。每一个纳格里都有四个氏族的成员，分别为布迪族（Bodi）、加尼亚格族（Caniago）、高朵族（Koto）和必亮族（Piliang），这四个氏族两两成

为一组，分别代表着两个不同的派系。① 最初，由拿督·格都芒贡
（Datuk Ketumanggungan）领导的高朵族—必亮族支系形成了维持等级差
异的政治传统，而由拿督·珀帕提·塞巴唐（Datuk Perpatih Nan Seba-
tang）领导的布迪族—加尼亚格族支系则讲究民主政治。据说这两名领
袖是同母异父的两兄弟。另外，拿督·珀帕提·塞巴唐的兄弟玛哈拉
惹·巴奈格奈格（Datuk Sri Maharajo Nan Banego-nego）不同意两个哥
哥的统治理念，于是自立一派，既不遵守等级差异，也不讲究民主政
治，可以说是两者的融合。米南加保地区的这三位领袖采取了包容的政
策，将其他族群也吸纳入米南加保族内，其中来自亚齐、爪哇和欧洲的
后裔被归入马来由族，华人的后裔被归入辛古昂族（Singkuang），巴达
族的后裔则成了曼达黑令族（Mandahiling）。

　　13 世纪，米南加保内陆地区已经存在 12 个氏族。随着人口的增
多，米南加保人逐渐开拓自己的疆域，氏族内部也在不断地分裂，并形
成新的氏族，渐渐地，这 12 个氏族演变成 96 个氏族。纳威斯（Navis）
在其书中列出了 40 多个氏族的名称，而根据韦斯特耐克（Westenek）
的统计，西苏门答腊省约有 100 个氏族。加藤毅认为，根据地理分布，
米南加保族的十大氏族分别是加尼亚格、马来尤（Malayu）、必亮、丹
戎（Tanjuang）、高朵、江巴（Jambak）、西昆邦（Sikumbang）、曼达黑
令、必托邦（Pitopang）和谷吉（Guci）。根据依斯干达的统计结果来
看，西苏门答腊省的 7 个区内共有 176 个氏族名。②

　　一般而言，至少要有来自 4 个最初氏族的成员才可以形成一个独立
的纳格里，所以一个纳格里拥有的氏族数大于 4 个。加藤毅表示，根据

①　H. SUARMAN, BUSTANU ARIFIN, SYAHRIAL CHAN. Adat Minangkabau Nan
　　Salingka Hiduik ［M］. Padang：Duta Utama, 2000：6.
②　ISKANDAR KEMAL. Pemerintahan Nagari Minangkabau & Perkembangannya：
　　Tinjauan tentang Kerapatan Adat ［M］. Bandung：Graha Ilmu, 2009：126.

其在西苏门答腊省的经验，一个纳格里包含的氏族数量有 2～25 个不等，但一般情况一个纳格里的氏族数量不会少于 4 个，也不会多于 10 个。随着时间的推移，一个纳格里的氏族数还会发生变化，会产生一些新的氏族。比如，吉纳里村最初仅有 6 个氏族，分别是马来尤族、丹戎族、高朵族、加尼亚格族、江巴族和谷吉族。后来随着人口的增多，氏族数量从 6 个发展至 8 个，其中，马来尤族分裂为马来尤族和巴奈族（Panai），而丹戎族分为丹戎族和西昆邦族。每个氏族有一个族长，有的氏族分裂后还由一个族长所领导，这样的两个氏族即使名字不同了，但仍属于同一氏族，内部成员依旧是不能通婚的。

　　森美兰州那些遵循母系制的社会中也存在着氏族名，这些拥有氏族名的人属于米南加保裔马来人。与西苏门答腊省不同的是，森美兰州官方记载的氏族仅为 12 个，分别是必都安德（Biduanda）、阿纳马六甲（Anak Melaka）、阿纳亚齐（Anak Aceh）、巴亚孔布（Payakumbuh）、瑟里勒玛（Seri Lemak）、蒙卡（Mungkal）、平原（Tanah Datar）、巴都博朗（Batuk Belang）、三石（Tiga Batu）、三外婆（Tiga Nenek）、瑟里么棱梗（Seri Melenggeng）和巴都杭巴（Batu Hampar）。第一个是与当地土著通婚后形成的氏族，第二个和第三个氏族的人分别来自马六甲和亚齐，最后的 9 个氏族均来自米南加保社会。这些来自米南加保社会的氏族主要来自西苏门答腊省的平原和五十城，这些氏族名与米南加保社会的氏族名不同，它们主要取自移民的祖籍地名。其中巴亚孔布、瑟里勒玛、蒙卡、巴都博朗、瑟里么棱梗和巴都杭巴都是五十城里一些县城或乡村的名称。平原、三石和三外婆这三个氏族则来自平原县。

　　在森美兰州，这些氏族也扩展出了一些小的亚氏族，并且产生了新的氏族名，如瑟里勒玛族就分为彭亨瑟里勒玛族和米南加保瑟里勒玛族，这两个氏族名也用来源地名区分这两个氏族。努尔哈林在文章中提到，在理想的习俗系统中，应该是有 12 个氏族，但林茂县的氏族在后期一分为二，所以变成了 24 个，后来又有新的移民，就逐渐变成 27 个。氏族的数量在不同的时期发生了变化，1910 年是 24 个氏族，1943 年有 28 个氏族，1963 年变为 27 个氏族。① 目前，森美兰州受母系文化影响的几个县均包含了 12 个氏族中的大部分，在每个县的村庄内，氏族分布也不太一样。林茂县的风俗统治机构中包含了 12 个氏族成员，其中有 5 个氏族的成员担任要职，包括必都安德、蒙卡、巴亚孔布、巴都杭巴和三外婆。日拉务县有 11 个氏族，其中的 5 个氏族形成了该地的风俗统治机构，包括必都安德、蒙卡、平原、巴都博朗和三石。双溪乌绒的风俗统治机构中包含了 5 个氏族，与日拉务县相同。柔河县有 7 个氏族，其中有必都安德、蒙卡、瑟里么棱梗、三石、巴亚孔布、彭亨瑟里勒玛和米南加保瑟里勒玛。此外，一些氏族在不同地区还有不同数量的分支，以必都安德族为例，在林茂县该族只有 2 个支系，但在日拉务县有 5 个支系，在双溪乌绒则有 7 个支系。

虽然基于人口增加和移民的因素，森美兰州的一些氏族名已经发生了变化，但森美兰州人始终认为该州的氏族就是之前提到的 12 个氏族，在官方资料中也并未看到相关的信息更新。由于氏族名并不像父系制中的"姓"会在姓名中体现，如果父母没有告诉孩子其氏族名，孩子就可能不知道自己的氏族名。有些地区与其他州马来人通婚较多，他们的后代几乎不知道自己的氏族名。但在风俗影响较强的区域，村民们大都知道自己母亲家族的氏族名。

从森美兰州长老和风俗统治机构成员的所属氏族名来看，有一些氏族拥有更多的权力，他们的成员在风俗统治机构中担任要职。其中，必

---

① NORHALIM IBRAHIM. Some Observations on Adat and Adat Leadership [J]. Southeast Asian Studies, 1988, 26 (2): 157.

都安德族是最有权势的一个氏族，只有这个氏族的后代才有资格担任酋长一职。英国殖民时期，英国总督分别与这几个酋长签署协议以获取各种贸易合作。马来西亚争取独立时，与英国人签署协议的代表均为各州苏丹。在与英国人签署协议时，其他各州仅有一名苏丹出席，而森美兰州则有 6 位代表出席，其中就包含了 4 位酋长，可见酋长在森美兰州的权力和地位可以与苏丹相提并论。即使现在，酋长仍是该地区传统风俗的领袖，他们作为副王（Co-Ruler）的身份是获得森美兰州宪法认可的。每月，这些酋长都会获得政府发放的固定收入，约 1.5 万马币。除此之外，他们还能够获得一部分旅游经费。

第二节　男性继承的封号

除了氏族名，每个氏族内的各个家族均有属于自己家族的封号。据说每一个家族内部有很多封号，当男性成员去世后，这个封号就会被封存在家族族谱内，等到有合适的人出现，再被继承下去。这些封号归男性所有，由舅舅传给外甥，每个男性在成年或结婚时会获得与其特点相符的封号。在米南加保社会中，对于男性的称呼一般会使用封号，可以说村民们对村里男性成员的封号了如指掌。在日常生活中，一个家族拥有的祖产土地也会用男性的封号来命名和划分界限，比如 A 家舅舅的封号为 Dt. Bandaro Hitam，那么他们家的土地就会用这个封号来表示，即 Dt. Bandaro Hitam 的土地。旁边的土地拥有者会表示他的土地与 Dt. Bandaro Hitam 的土地相邻。因为封号是在母系家族内代代相传的，所以只要土地没有被买卖，根据封号就知道这块土地属于哪个母系家族。拥有封号的男性参加婚宴时是会被邀请上座的，即坐在屋内。没有封号的男性可能不被邀请或者邀请后被安排坐在祖屋外面，不能参与传统婚俗仪式中的对答环节。

米南加保族的封号分为两类：一类是普通的封号，几乎所有成年男性都可以获得；另一类是代表氏族内四大职位的长老封号，这四个封号非常珍贵，并不是任何人都可以获得的。这些封号是一个大家族的祖产，不能传给其他家族，氏族内四个职位的封号只能在一个家族内部传承。当该家族没有男性子嗣或因特殊原因无法担任该职位时，可以暂时将该封号借给亲属关系最近的母系家族。当该家族有合适人选时，借封号的家族必须主动将此封号归还。它是一个家族的骄傲，代表着该家族的社会地位，所以人们对其十分重视。这四个职位分别是族长（Peng-hulu）、风俗长老（Manti）、宗教长老（Malin）和杜巴郎（Dubalang），他们分别在氏族内扮演不同的角色，负责氏族的发展。只有当拥有职位者去世或因年老无法继续担任时，长老职位和封号才传给合适的外甥。传承这些职位时，氏族内要举行隆重的继承仪式，这个仪式被称为"拿督就职仪式"（Batagak Gala Datuak），该家族成员一般是宰牛或羊来宴请村民，仪式的隆重程度与婚礼不相上下。很多人都表示，对于普通人而言，亲历氏族长老的继承仪式是十分难得的事，可能几十年才能亲身经历一次。根据习惯法，祖产土地不能买卖，但如果因举办此仪式而缺钱的情况下，祖产土地可以被典当，可见该仪式对于一个家族的重要性。每个纳格里对各氏族中这四个职位的情况都有详细记载，担任这四个职位的男性被称为四类舅舅（ninik mamak 4 jinih），他们对氏族内各种事宜具有决定权。

村里曾发生过一起土地纠纷。事情的起因是某个家庭要将家中逝者的遗体埋葬在另一个家庭的种植园内，而另一个家庭不同意。双方据理力争，但在氏族长老的同意下，遗体最终被埋葬在了那户家庭的种植园内。拥有种植园的一方有几个兄弟姐妹都是在巴东工作的知识分子，他们不断地向笔者诉苦，表示长老的这个决定是不明智的，一旦遗体埋葬了就不可能再迁移至别处，之后那个家族将会认定这块土地是他们家族所拥有的墓地，这种侵占将会愈演愈烈。由于这些土地都被视为氏族的土地，所以发生土地纠纷时应由氏族长老来做决定，氏族长老具有最终的话语权。认为处理不公的一方除了在事后向村长申诉和请求帮助外，几乎是束手无策，但村长和村干部对此也无法过多地干涉。这件事清晰地反映了氏族长老在村庄内的社会地位，他们对传统事务的决定代表了一切。

在森美兰州，封号并不是每个男性都可以拥有的头衔，只有在氏族中担任一定职位的人才会拥有。这个封号几乎会伴随他的一生，直到他去世后，封号才会传给他的继承者。这些职位分别是传统的统治阶层，即家族长（Buapak）、氏族长（Lembaga）、酋长（Undang）/酋长（Penghulu）、州最高领袖（Yang di-Pertuan Besar）。从传统上来讲，森美兰州有四个县是由酋长领导的，这四个县分别是芙蓉（之前的双溪乌绒）、日拉务、柔河和林茂，这些县也是传承母系风俗较好的地区。森美兰州的最高统治者严端（Yang di-Pertuan Besar）则是从这四个酋长中选举出来的。以林茂县的酋长为例，该地区的酋长是由两个具有皇室血统的家族轮流担任的。这两个家族都来自必都安德族，从风俗会厅的名册中能清晰地看到酋长在这两个家族之间的轮替。由于该地区实行母系制，所以，只有母亲是必都安德族的男性才有资格成为酋长的候选人。从行政管理图来看（见图 3.1），酋长下属还有 4 名大臣（Orang Besar，都是从必都安德族选出来的），8 名顾问（Tiang Balai）和 12 名氏族长老（Lembaga Suku）。

68

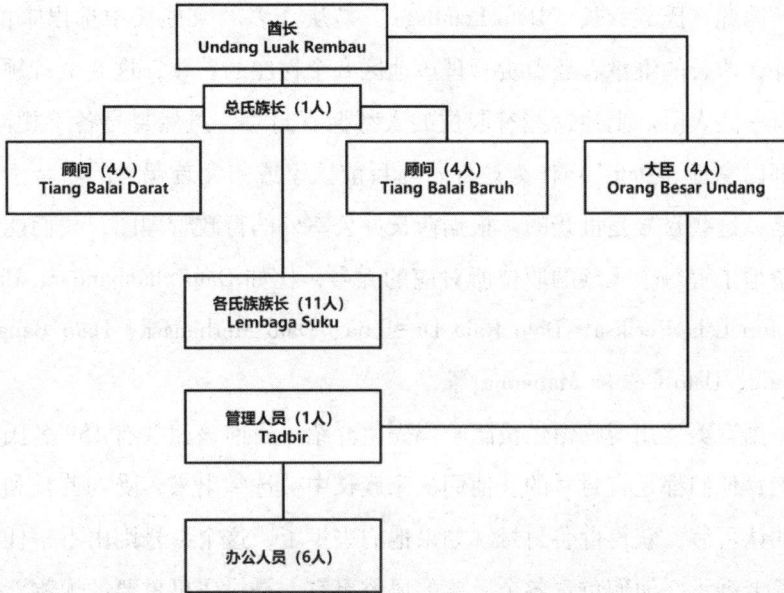

图 3.1　林茂县酋长行政管理图（基于摄于 2017-7-4 照片自制）

　　这 12 名氏族长老来自森美兰州存在的 12 个氏族，他们是林茂县某一氏族的首领。与西苏门答腊省的氏族族长相比，他们的权力更大，因为西苏门答腊省每个村庄的每个氏族都有族长，而他们则是从几个村庄的族长中挑选出来的总族长。森美兰州每个村庄的氏族内部也有阶梯式的等级差异，这个结构与西苏门答腊省类似，从上至下见图 3.2。

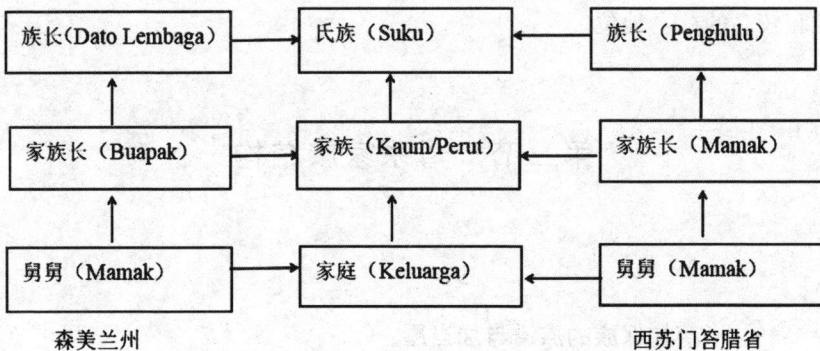

图 3.2　森美兰州和西苏门答腊省氏族内部等级结构图（笔者自制）

因此，氏族族长（Dato Lembaga）是从众多的家族长中选出来的。另外，酋长的继承者还负责管理该地区 8 个村庄的首领，这 8 个首领下各有一些大臣。上述这些有职位的人都拥有封号，虽然封号各不相同，但都以拿督（Dato'）作为尊称。与目前国家或州元首赐封的拿督不同的是，这些封号是世袭的。根据酋长办公室外的行政管理图，我们能够清楚地了解每个氏族的职位所对应的封号，比如 Dato Shahbandar、Dato Menteri Lela Periksa、Dato Raja Di-Raja、Dato Merbangsa、Dato Bangsa Balang、Dato Gempa Maharaja 等。

据森美兰州博物馆馆员阿哈玛先生介绍，目前该州共有 159 名氏族长老，他们都是有封号的。他们从家族长中被选举出来，受到酋长和政府的认可后，获得世袭封号。如果他们去世了，这个封号则由下一任氏族长老继承。他们负责各个氏族的风俗事宜，是村庄里重要的人物。之前他们每月仅领取 90 马币作为车马费，在博物馆研究员的争取下，他们从政府获得更多的补助。自 2000 年起，他们每月可以领取 200 马币的补贴。在林茂县，笔者了解到虽然这些长老们所承担的工作与其领取的补贴完全不成正比，但仍然有很多候选人积极争取担任这些职位。因为对他们而言，这个荣誉和社会地位并不能用金钱来衡量。因此，有封号的人是受到社会尊敬的，这些封号给个人乃至家族带来的是无比的崇敬和较高的社会地位。

第三节　母系家族结构

一、米南加保族的族谱与加当屋

一般而言，母系家族结构中包括了所有的女性及其兄弟和孩子，而女性的丈夫和其兄弟的孩子都属于别的母系家族。见图 3.3，1、2 和 3 属于同一个家族，4、5 和 6 属于同一个家族，这两个家族又属于两个不同的氏族。每个家族一般都有自己的家谱，用以追溯祖先和确认祖产。这些家谱中仅保留母系家族成员的姓名，即图中的黑色图标（1、2、3、7、8、9、14、15、18 和 19），女方的配偶和家族中男性的子嗣均不列入母系家谱。

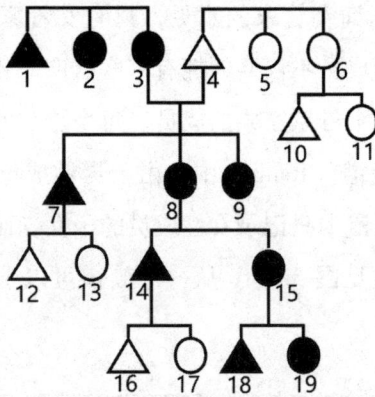

图 3.3 母系家族亲属关系图（笔者自制）

在传统的米南加保社会中，最小的独立政治单元被称为 separuik，与森美兰州家庭概念中的 seperut 一样，本意是指来自同一个肚子，这里指来自同一名女性祖先的家庭成员。艾德温表示这个单元内一般包括孩子，他们的母亲，母亲的兄弟姐妹、表兄妹，外婆、外婆的兄弟姐妹等，可以追溯到 5 代人。[1] 有些地区则用"家族"（kaum）这个词来替代 parui 的概念，他们表示同一个女性的后代形成的大家族称为 kaum，从个人来算，上数 2 代人，下数 2 代人。每个家族中，女性的兄弟被称为玛玛（mamak），即舅舅。一般从这些舅舅中选出一个最年长的舅舅

---

① LOEB EDWIN. Patrilineal and Matrilineal Organization in Sumatra［J］. American Anthropologist. 1933（35）：30.

成为大家族的领导者，最年长的女性则是家中的女管家（bundo kandu-ang）。"bundo kanduang" 一词的本意是亲生母亲，但在米南加保社会中，她被描绘成一名具有崇高地位的女性，她可以是家族中集智慧、能力和权力于一身的母亲，也可以是村庄里德高望重的老者。家族会用她的名字来命名，该家族名也经常用于命名祖屋和祖产。同一个母系家族共同拥有一些米仓，而米仓的钥匙均由女管家管理。氏族的事宜在四位长老决定后还需要征询女管家的意见，只有女管家同意才能进一步执行。一个母系家族的成员不仅共同拥有家庭财产，还共享一块墓地。这块墓地仅用于安葬这个母系家族的成员。每个母系家族成员，不论男女都会被记录在母系族谱（Ranji）中。由于男性成员的子女属于其妻子的母系家庭成员，族谱中只记录女性成员的子女。而族谱中并不记录家庭成员的配偶姓名（见图 3.4）。从一个族谱可以了解至少五代左右的母系家族成员情况。

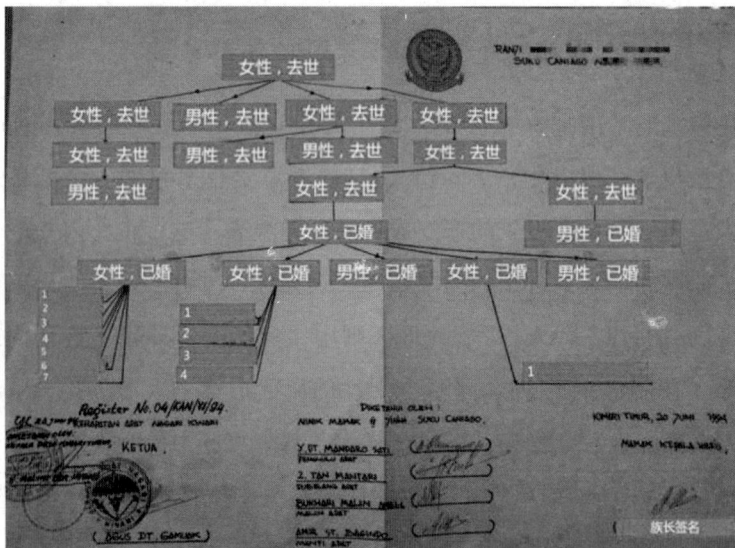

图 3.4　吉纳里一个家族的族谱（摄于 2017-03-21）

　　从该族谱中可以看到，第一代女性生育了三个女儿和一个儿子，其中她的两个女儿分别生育了一个女儿，另一个女儿生育了两个儿子。代际的传承靠女性延续，如果一位女性只生育了男孩，她孩子以后的后代就不属于母系家族成员，也就无法记录在族谱中了，比如第二代的男性和第三代的两位男性。因此，如果在母系社会中，一个家庭没有女孩，家庭的血脉就断了。该族谱由最后一支家庭延续了六代人，因为在每一代中都有女性成员的存在。

　　一般而言，每一个母系家族都有一座加当屋，房屋内主要居住家族的女性成员及其后代。此外，加当屋是家族成员举行各种重要仪式或聚会的场所。加当屋内每个房间居住一对已婚夫妇及他们的孩子，其他女性成员则根据家庭的安排居住在靠近末端的房间。这种米南加保人熟知的传统民居是母系家族世代相传的重要财产之一（见图3.5）。在《苏门答腊一瞥》中，作者描述道，"这种房屋也是用几根木柱做基础，从地面一直通至屋顶，每四根木柱间逐壁隔成一个小房代表一个小家庭。每一屋脊有四个屋角，最多的也有六角的。屋角和屋脊的两端常常装饰各种花样或锌片。墙壁上还刻着精细的花纹，漆着各种美丽的颜色，再嵌上一种小玻璃片"[①]。由于其独特的建筑风格，引起了国内外建筑学家的关注。它的屋角像长刀刃一样外卷，屋脊中间凹陷，远远看去像船，也像马鞍。出于对水牛的特殊喜爱，人们也把这种屋顶描绘成水牛角似的屋顶，因此，也有人称其为"牛角屋"。加当屋一般采用木质结构，属于干栏式建筑的一种，房基一般为长方形，屋内有多根粗的硬木柱来支撑。室内与地面距离大约有3米，屋下用来养鸡、鸭、羊、牛等家畜。传统的屋顶是由大片棕榈叶紧密有序地铺开的。根据早期的游记描述可以得知，早在20世纪初波纹式的锌片屋顶渐渐被居民用于民居

---

　　① 沈雷渔. 苏门答腊一瞥［M］. 南京：正中书局，1936：42-43.

73

的建造中。在西苏门答腊省，笔者发现有些房屋的周边会以雕刻精美的图案作装饰，一般以花卉、植物或几何图形为主。最后会漆上艳丽的颜色，以红色、黄色、绿色、黑色为主，整栋房屋看上去简直就是一件无与伦比的艺术品。当笔者问及加当屋的主人时，他们一般会说出一位女性的名字，可能是已去世的妈妈，也可能是目前家族中最年长的女性。

图 3.5　吉纳里村庄内的加当屋（摄于 2017-3-24）

　　房屋内部结构为"前堂后室"，即前部为待客空间、后部为卧室空间的布局。屋内由很多根梁柱支撑起来，这些梁柱与水平地面交叉，将内部空间划分为一个个小的单元格。从左往右横向隔开的部分被称为空间（ruang）。这些空间的功能是作为卧室，一般是单数，有 3~11 间不等。为了保持对称和美观性，则以 5 间、7 间及 9 间为理想的格局。从前至后纵向隔开的部分被称为段（lanjar），一般有 2~4 段（见图 3.6）。这个区域被称为主室（ruang tangah），几乎是一个开放的空间。由于该空间面积较大，其功能性较为多元化。它可以被当作客厅、餐厅、孩子们或客人睡觉的地方，也可以作为举行传统仪式或宗族会议的礼堂。在家举办婚礼时，新郎会在这儿进行尼卡哈（nikah）仪式，新人也会在此完成并坐礼，接受众人的祝福。

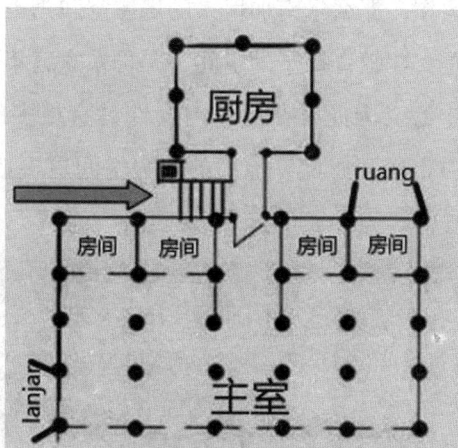

图 3.6 加当屋内部平面结构图（笔者自制）

毗连主室的一排小房间（bilik）是以木板、竹片及布隔开的空间，用来供家中已婚和适婚女子居住。这样的小房间有 2.5~3 米宽，3.5~4 米长。房间的多少根据家族的经济能力和生育程度来决定。除此之外，在屋子中间通过一个过道连接的空间是厨房。厨房一般为下沉式的，需要通过楼梯才能到达（见图 3.6）。

早期，每个大家族都有一个祈祷室。家中断奶后的小孩和大一点的女孩仍睡在加当屋的主室里，而年满 7 岁的男孩就需要离开母亲居住在祈祷室内。离婚或丧偶的男性也回到祈祷室居住。由于战争的爆发和 20 世纪的两场政治动荡，越来越多的家长不敢让年幼的男孩居住在祈祷室。现在，未婚的男性成员几乎都居住在加当屋内，一般睡在主厅内或厨房，没有固定的房间。已婚的男性成员则搬去妻子家住。已婚女性和其丈夫在家中拥有一个属于他们的小房间。新婚夫妻会居住在最末端的那个房间里。等其妹妹结婚后，她们就要往前挪一个房间，将最末端的房间空出来给新婚夫妻。当加当屋内的房间不够住时，家里就开始扩建祖屋（见图3.7、图3.8），或在旁边新建房屋。如果说房屋的空间代表着权力关系的运作，那么米南加保人的房屋空间则更多地展现了女性的权力。加当屋是女性教育孩子的空间，是母系家庭集会的场所，是妇女们共同劳作的中心。因此，在房屋内女性具有更多的主导权和控制权，而男性只是"寄居"于此，他们的权力空间更多地存在于祈祷室、咖啡店或议事厅。

图3.7　新添加一个木制房间的祖屋（摄于2017-3-25）

图3.8　新添加一个水泥房间的祖屋（摄于2017-3-25）

由于按照母系计算后嗣，所以同一个母亲生的孩子都被认为是亲兄弟姐妹。这是非常能凸显母系社会的一个特征。笔者曾碰到过两个情况都验证了这个特征。一次是发生在婚礼前，笔者在走访时遇到一个正在干农活的女性，她在田边与别人商量关于她妹妹婚礼礼金的事。按理来说，至亲肯定是要去帮忙的。但此时她却还在家里干农活，没有前去帮忙，很让人费解。后来笔者了解到，原来这个人是新娘同父异母的姐姐，所以对她而言，新娘虽然是她妹妹，但关系较远，她称其为继妹（adik tiri）。相比之下，笔者的一个朋友母亲再嫁，她有一个 5 岁大的弟弟。笔者问了相关的问题，"如果弟弟结婚，你需要去帮忙吗？"她毫不犹豫地表示，"等弟弟结婚了她肯定需要帮忙，因为是同一个母亲生的，被视为亲弟弟（adik kandung）"。一字之差，亲属关系差别很大，这个案例体现出当地人对亲属概念的区别，即虽然是再婚，如果同一母亲生的孩子被认为是近亲，是亲生的。如果是同父异母的情况，由于不同母亲所生的孩子属于不同的氏族，他们就被认为是远亲了，相互间也就没有太多的责任和义务。

另一个案例发生在一个葬礼上。一般而言，同一母系的家庭成员在去世后要在其母系祖屋内举行葬礼仪式，其遗体将被放置在祖屋内，进行沐浴和包裹。有一次，笔者前去一间祖屋采访，祖屋的主人不在家。旁边的邻居说她去参加哥哥的葬礼了。当时笔者很纳闷，为什么哥哥的葬礼不在这间祖屋举行呢？后来从邻居那儿得知，原来去世的是她同父异母的哥哥，因此她哥哥归属于另一个母系家族，并将在那个母系祖屋内举行仪式。这个案例再次加深了笔者对米南加保社会母系家族的认识。有时候即使是兄弟姐妹，由于是两个母亲所生，他们不仅不算亲兄弟姐妹，还分属于两个家族，去世后也分别归属于两个家族，在两个不同的祖屋举行葬礼，埋葬于不同的祖坟。有时候，同父异母的兄弟之间的关系可能还比不上氏族内部人之间的关系。

二、森美兰州的母系家庭和长屋

森美兰州也保留了类似米南加保族的母系社会结构，只是当地所使用的名称有所不同。在森美兰州，同一个女性祖先形成的大家族被称为perut，每个大家族由一个家族长领导，他也是家族中最年长的舅舅。家族中的女管家被称为"Ibu Soko"，一般由家中最年长的女性担任。她的权力和西苏门答腊省的女管家一样，负责所有与习俗相关的事宜。选举家族长或族长的过程中，最后都需要获得女管家的认可才有效。母系家族成员也共同拥有家族祖产。以前每个家族拥有各自家族的墓地，现在由政府统一规划一块土地来安葬遗体，所以所有的穆斯林都安葬在一个区域内，不再根据家族来划分。在村庄内，笔者看到了一些墓地区域，这些墓地属于村庄内的村民，只要是该村的村民都可以安葬于此，没有明确的母系家族区域的划分。笔者在隆奈村调研时，正好碰到一场葬礼。去世的女性是笔者房东阿姨的一个亲戚，她的家在阿姨家旁边，但她去世前一直跟着孩子住在附近的发展芭。笔者观察到，葬礼前，人们举行了念诵经文、沐浴和包裹遗体、与遗体告别等仪式。随后遗体被装在准备好的木棺材内，运至隆奈村的墓地埋葬。虽然，这些村民已经在新的村庄生活了很久，但对于原属村庄的归属感依然较强。

森美兰州人居住的传统房屋被称为"习俗屋"。这些习俗屋看上去与西苏门答腊省的加当屋很相似，造型上和其他马来民居有明显的差异，其中最明显的差异是两边向上翘起的长屋檐。但是两边上翘的幅度没有像加当屋的牛角式屋檐那么高，这可能是受到了廖内房屋建筑模式的影响，与早期移民迁徙的路径有关。在芙蓉市的森美兰州博物馆内，笔者见到了传统的祖屋模型和森美兰州第五世最高统治者的宫殿。这两个建筑与加当屋相比有四个明显的相似处：第一，两者均有长长的屋檐，前者一般有两层屋檐，屋檐角微微上翘，看上去更像船，而后者的屋角则像水牛角。第二，两者都是在建造过程中不使用钉子的木屋，房屋内只用榫卯结构进行固定。第三，两者的空间布置均是由狭长的公共区域、独立的房间和下沉式的厨房组成的，房屋呈横向延伸的状态。第四，都属于干栏式建筑，房屋下面用于饲养牲畜，但后者的空间并没有用竹片围起来，而是敞开的状态。因此，人们能清晰地看到立在地面的柱子数量。当然，两者也存在一定的差异性，比如，森美兰州传统祖屋内的房间数量与加当屋相比少很多，房间门也基本不朝向客厅开启（见图 3.9），入户的楼梯和门一般不建在房屋的正中间。另外，客厅的面积没有加当屋那么大（见图 3.10）。有的房屋正前方还有一间封闭的小房间，被称为凉台（serambi）。

图 3.9　森美兰州传统祖屋及其平面图（摄于 2015-7-19）

图 3.10 两个地区祖屋的公共空间（摄于 2017-06）

从芙蓉市前往仁保县和林茂县的路上，越远离城市，越多传统的民居映入眼帘。从这些民居中，笔者发现目前当地保留的传统房屋都是木制的。从其建筑风格和外形特点来看，主要分为三种类型。第一种是类似于森美兰州皇宫的木屋，第二种类似于马来传统木屋，第三种则是两种元素相结合的木屋。为了与加当屋有所区分，下文中将用"长屋"一词来指代森美兰州类似加当屋的传统祖屋。在隆奈村仍然保留了三四间长屋，但房屋拥有者并不知道房屋的历史，他们仅在开斋节时使用这个祖屋招待宾客，其他时候均居住在旁边新建的水泥屋内。村里召开关于风俗会议的议事厅和村庄内的标牌上还能看到牛角屋建筑的痕迹（见图 3.11）。离村庄不远的县风俗议事厅（balai adat）和文学家扎巴（Za'ba）故居（见图 3.12）也保留着这样的建筑风格。

图 3.11　隆奈村的议事厅和标牌（摄于 2015-7-26）

图 3.12　文学家扎巴的故居（摄于 2015-7-27）

在林茂地区，这样的长屋数量则更多，在高德村内就有十几间。其中有三间长屋据说是前几任酋长的家，其造型和陈列于州博物馆前的古代皇宫类似（见图 3.13）。还有一些长屋则是普通百姓居住，一些人已经不知道房子的历史，但据说这些房子建造的时候都没有使用钉子，具有一定的历史（见图 3.14）。在高德村附近的一条主路边上就有着这样一间长屋，每次路过那里，笔者总会被其吸引。整洁的庭院、宽敞的绿草坪和暗红色的屋子相得益彰，这种色彩的搭配使其看上去更显传统的韵味。一个偶然的机会使笔者有机会与长屋的主人见面，还仔细地品味了房子的每一处细节。长屋墙上有着这家人的谱系图，从第一代（女性出生于 1922 年，其丈夫出生于 1916 年）到第四代总共有 96 名成员。主人说，这个屋子之前建在别的地方，后来买了这块土地后，整个房子被搬到这里再重新组装。这个屋子是不用钉子的，用的榫卯结构。从最初建造到现在已有一百多年的历史了。房子里，前面有 4 个房间，后面有 3 个房间。他们的亲戚都去附近的芙蓉和雪兰莪工作，只剩下她和丈夫两人打理这间祖屋。他们承认祖上是从西苏门答腊省迁徙过来的，但他们是地地道道的森美兰州马来人。虽然传统祖屋的日常功能性渐渐消失，但其象征性和仪式功能性却依然明显，特别是在婚礼、葬礼和开斋节时，祖屋仍然是所有家族成员或亲朋好友聚会的空间。在母系风俗影响较强的地区，还时常能看到这种雕花和建筑样式都十分精美的长屋。

图 3.13　高德村前任酋长的长屋（摄于 2017-7-02）

图 3.14　高德村普通村民的长屋（摄于 2017-7-02）

　　就森美兰州的这三类木屋而言，从建筑年代和风格来看，体现了该地区传统民居建筑风格的变化，这种变化形成了几种不同类型的祖屋，即类似于加当屋的木屋、木屋正前方有凉台的木屋以及被称为尖塔屋（Rumah Limas）的高脚木屋。如果说米南加保风格的木屋是往横向进行延伸的，那么马来传统的高脚木屋就是朝纵向进行延伸的。前者正面看上去很长，屋后所占空间却并不大；后者正面看上去很精致，但屋后却延伸出很多不同功能性的空间。这些祖屋样式反映了马来文化对米南加保后裔的影响，村庄不同类型木屋的数量和比例能折射出某种文化的渗透性强弱。另外，通过了解现存的长屋所属的家族背景，笔者认为森美兰州长屋数量较少可能与建造长屋家族的身份有关。一般拥有长屋的家族为某地区最早的开辟者或贵族，如各县的酋长，他们在当地具有一定的威信和领导力。长屋的建造是对其身份和能力的认可，这是一种荣誉的象征。努·哈雅迪等学者对森美兰州 95 座长屋进行了分析研究，发现其中有 94 座祖屋是建造在祖传土地上的。从长屋的所属氏族来看，有 61.1%的长屋属于必都安德族，即森美兰州最早的氏族。①

当然，除了传统的木屋外，森美兰州人也越来越青睐于现代房屋。有的村民是在原有木屋的基础上进行相应的改造，保留了木制的窗户和原有的木屋造型，将高出地面的地板挪至地面。有的是在传统木屋旁添加了水泥屋，与传统祖屋连接起来，看上去是祖屋的一个延伸。有些家庭在祖屋附近建造新式的水泥屋，也有些家庭则在原先祖屋的地基上新建了房屋（见图 3.15、3.16）。在这样的现代屋内，一般以核心家庭为主。未婚的兄弟和已婚的姐妹也可以居住在同一座房子内，但很少有几个已婚姐妹住在一起的情况。已婚姐妹都分属于各自的小屋，母亲可以跟最小的女儿一起生活。

---

① NOOR HAYATI ISMAIL, SHAHRUL KAMIL YUNUS, MASTOR SURAT. Reka Bentuk Rumah Tradisional Negeri Sembilan Dipengaruhi Oleh Adat dan Kedaerahan ［J］. Journal of Arts Discourse, 2016 (15)：130.

图 3. 15 隆奈村的现代屋样式 1（摄于 2015-7-26）

图 3. 16 隆奈村的现代屋样式 2（摄于 2015-7-26）

第四节　婚后居住模式

人类学家认为继嗣规则的一个重要决定因素是婚后从居模式。婚后从居模式一般被分为 8 种类型，其中包括新居、双边居、两可居、从父居、从母居、从舅居、从妻居以及从夫居。① 人类学家认为，从母居、从舅居和从妻居主要出现在母系社会。林惠祥表示，行母系制的常行"女方居住"即男子住于妻家，只有少数行"男方居住"即妻居夫家。② 乔治·默多克（George P. Murdock）的抽样研究显示，遵守母系继嗣规则的 164 个社会中，有 53 个社会选择了从母居或从妻居，有 62 个社会选择了从舅居，有 30 个社会选择了从夫居，另外还有 19 个社会实行其他居住模式。③ 凯思林·高夫对 15 个母系社会的婚后居住模式进行了比较分析，并归纳出 5 个类型，分别为核心家庭或一夫多妻家庭、从母居、有男性首领的从母居、从舅居和亲属群。这里的亲属群可以被视为原居制，即男女双方均居住在自己的母系亲属群中，实行探访制。他认为，仅有赞比亚的汤加部落属于第一种类型，其他 14 个社会中，有 6 个社会实行从舅居，4 个社会实行从母居，2 个社会实行的是有男性首领的从母居，这里的男性一般是舅舅。剩下的 2 个社会实行原居制，其中包括米南加保族。④ 因此，可以说母系社会的居住模式并不拘泥于从母居一种模式，而是存在原居制、从母居、从妻居、从夫居、从舅居等

---

① 哈里斯. 文化人类学 ［M］. 李培茱，高地，译. 北京：东方出版社，1988：171.

② 林惠祥. 文化人类学 ［M］. 北京：商务印书馆，2011：220.

③ 哈里斯. 文化人类学 ［M］. 李培茱，高地，译. 北京：东方出版社，1988：183.

④ SCHNEIDER D M，GOUGH K. Matrilineal Kinship ［M］. Bekerley and Los Angeles：University of California Press，1961：549-550.

多种模式并存的现象。

学者认为当男性从事的战争、狩猎或贸易活动在时间上和距离上发生延长时，从母居比从父居更为便利。因为，从母居形成的家庭单位是以母亲、女儿、姐妹为持久不变的核心，她们是定居的，从小就在共同劳动的模式中受训练，属于同一个亲属群，她们会关心家庭的共有财产和利益。[①] 米南加保族是一个善于经商和崇尚外出闯荡的族群，随着外出周期的变长和外出范围的扩大，家庭中男性的缺失是该社会较为明显的一个特征。因此，以母系家族为单位的居住模式有利于减轻年轻母亲对于孩子的抚养压力，加强家庭中女性成员的凝聚力，并有效地维护和利用家族的共有财产。在印尼的西苏门答腊省和马来西亚的森美兰州社会都仍以从母居或从妻居为主，但随着时代的发展，这种居住模式也发生了一定的变化。

一、原居制和从母居

凯思林将米南加保族的居住模式归为原居制，这种分析和判断完全基于 20 世纪 50 年代以前的资料，如帕特克里和爱德温·罗布（Edwin Loeb）的研究。因此，一定程度上反映了米南加保族早期的居住模式。早期的学者将米南加保人婚后的居住模式定义为双方居住（duolocal），在民族学上也称为原居制或望门居，这是一种探访制。丈夫被称为"苏曼多"（Sumando），此词来源于一个方言动词"抵押"，这就等于把丈夫视为被他家抵押给妻家的人。他在妻家的作用就是为其传宗接代，往往暮宿朝离妻家。[②] 很多文献中也这样叙述（P. E. de Josselin, 1960; Istutiah Gunawan, 1969; Nancy, 1982），结婚后，丈夫晚上居住在妻子

---

① 哈里斯. 文化人类学 [M]. 李培茱, 高地, 译. 北京: 东方出版社, 1988: 179–180.
② 俞亚克. 印尼米南卡保族母系制社会探析 [J]. 东南亚, 1988 (314): 51–57.

家中，天一亮，他就回到自己的母亲家中干活，等到天黑他再回到妻子家中休息。因此，他将更多的精力倾注于自己的母系家庭。从文献的描述中可以发现，过去丈夫不属于妻子的家人，他属于"外人"，人们经常将丈夫在妻子家的状况比喻成一缕青烟，随风吹散，显得无足轻重。他对妻子和孩子拥有极少的经济权力，同样也不需要承担很多的责任。他更多的责任和义务是作为自己母系家族中的舅舅，照顾自己姐妹们的孩子们。

之后，有学者提出了入赘制（uxorilocal）和从母居（matrilocal）的居住模式。入赘制的出现是因为不论从居住地还是从经济活动来看，越来越多男性都呈现出对其妻子母系家庭的依赖。与此同时，从母居则更强调女性在婚后不需要搬家，仍居住在其母亲或母系的家中。黄昆章在描写米南加保人婚后的居住情况时这么写道，"男女结婚后，一段时间内夫妻分开居住，丈夫经常到妻子家去访问，这种风俗还在一些地方保留下来"。① 《西苏门答腊省地区婚俗和仪式》中提到，男女结婚后，丈夫一般会晚上回到妻子家中居住，早上吃过饭后再回到自己母亲家中。这种情况一直持续到第一个孩子出生。当孩子出生后，丈夫就开始固定地住在妻子家中。② 因此，黄昆章所指的一段时间内夫妻分开居住可能是指女方生孩子前的状况。当有了孩子之后，居住模式逐渐从之前的走访制慢慢变成从母居。当地的传统民居由于其建筑庞大而被称为加当屋，这些房屋是代代相传的，因此在本书中也称其为"祖屋"。早期，一个祖屋内可能居住着年长的女性及其配偶、他们的未婚孩子、已婚女儿及她们的配偶，以及他们的孙辈。威林克（Willinck）的研究显示，

---

① 黄昆章. 一个以妇女为中心的社会——印尼米南加保族的历史传说与风俗习尚 [J]. 东南亚研究资料，1980（2）：66.

② AZAMI, REFAI ABU. Adat dan Upacara Perkawinan Daerah Sumatera Barat [M]. Jakarta：Departemen Pendidikan dan Kebudayaan RI, 1997：109.

19世纪在高原地区有时候一个加当屋内可以容纳七八十个来自同一女性祖先的成员（Loeb，1933）①。穆哈玛·拉迦（Muhammad Radjab）的自传中提到，童年时（约1910年），他家的祖屋约16米长、8米宽，地板与地面距离为2.5米，里面共有7个房间，每个房间居住着一位已婚妇女，当时总共约有40人居住在祖屋内②。在吉纳里目前仍保留着146座祖屋，这些祖屋均属于母系家族。其中有几座据说已有百年历史，有明确时间记载的2座祖屋分别建于1913年和1917年。

虽然从母居后夫妻俩共处的时间比原居制更多，但丈夫在妻子家的地位并没有明显的提升。他仍然属于该家族的外人，虽受到尊重，但没有话语权。在妻子家中，他显得有些约束，与其他人的关系都是互相尊敬，并保持一定距离的。当某人丈夫在家中时，大家需要小声说话，避免开玩笑，特别是那些适婚年龄的女孩。当家里有重要事情要商量时，丈夫只是倾听，不能表达任何意见，更不能参与决策。他的一言一行都会受到妻子家族亲戚们的评判，如果他做了什么让丈母娘不满意的事，丈母娘会假装赶鸡或趁他来的时候扫地，暗示其对女婿的不满，甚至是对他的一种驱逐。男性处于这种边缘化的家庭地位使得婚姻关系变得很脆弱。同住在一个屋檐下的几个女婿，因个人的能力和对家庭的贡献不同也会受到其妻子母系家族的评论，他们之间可能无形中就产生了竞争和攀比，甚至会因为一些小事产生摩擦，破坏大家庭的安定与团结。目前，吉纳里还留有被隔成两间甚至三间独立房屋的祖屋。虽然远看仍是一个祖屋，却有两个或者三个入口。原本通畅的祖屋内用木板阻隔成两个部分。据村民说，早期大家都是居住在一个祖屋内的，几个姐妹如果

① LOEB E. Patrilineal and Matrilineal Organization in Sumatra［J］. American Anthropologist，1934：31.
② MUHAMMAD RADJAB. Semasa Ketjil Dikampung（1913—1928）：Autobiografi Seorang Anak Minangkabau［M］. Djakarta：Balai Pustaka，1950：4-5.

都结婚了，就各占一个房间。祖屋不能分家，实在住不下了，才在祖屋旁搭建新的房屋。但有的家庭关系不和就只能这样了。祖屋内部根据两家人的协商进行房间的分配，然后在中间用木板隔出了一堵墙，将姐妹两家划分开来，形成独立的家庭。这可谓是典型的同一个屋檐下的两家人。

二、从母居到从妻居的变化

随着家庭人口的增加，一个祖屋里可能住不下那么多家庭成员。这时家族成员会根据需要去扩建祖屋或在祖屋旁重建新房子。数代同堂的母系大家庭渐渐分成若干个核心家庭或扩大家庭。最初提出建新房子的一般都是舅舅，丈夫只是顺从地帮忙，并不起主导作用。新房一般会建在女方的家族土地上，以祖屋为中心，建于其周围。但随着时代的发展，丈夫或父亲在建房屋的过程中逐渐扮演着越来越重要的角色，越来越多房屋是由丈夫或夫妻共同出资建成的。布莱克伍德认为，与20世纪20年代至30年代出生的女性相比，印尼独立后出生的女性更多地选择离开母亲的祖屋，建造自己的房子。① 村庄里1945年后出生的已婚女性中，有46%的人居住在母亲家中，另有26%的人居住在新建的家中，有1%的人居住在其他女性亲属家中。② 可见，20世纪60年代至70年代在祖屋旁边新建房屋用以居住的核心母系家庭的情况增多。这里所谓的核心母系家庭是指从妻居的核心家庭，包括夫妻和他们的孩子。村民告诉笔者，现在大家都喜欢自己住，不愿意住在一起，所以有能力就自己盖房子。当笔者问及为什么不愿意一起住时，他们总会说

① BLACKWOOD E. Webs of Power：Women, Kin and Community in a Sumatran Village [M]. Lanham. MD：Rowman and Littlefield, 2000：83-85.
② BLACKWOOD E. Webs of Power：Women, Kin and Community in a Sumatran Village [M]. Lanham. MD：Rowman and Littlefield, 2000：95.

"不合适"（enggak cocok）。就连白天和女儿一起住的末大妈也表示，晚上她更愿意回旁边的小屋自己睡，而不睡在女儿家里。

　　笔者在西苏门答腊省调研时发现，现在的米南加保人主要实行从妻居，不论是居住在加当屋还是现代房，男性在婚后均居住在妻子家中。即使在巴东市，由夫妻共同购买的房屋，也属于妻子所有。在吉纳里进行家庭亲属关系调查时，笔者发现几乎所有已婚男性都居住在妻子家中。一般而言，家中最小的女儿负责照顾父母，因此小女儿一家会和父母居住在一起，形成扩大家庭。经济条件好的家庭则会给父母也单独建一间房子，既具有私密性，又方便照顾老人。当然，米南加保社会中也存在着少量的从夫居模式。布莱克伍德的研究显示，村庄里1945年后出生的已婚女性中，有18%的人是从夫居的。从夫居的原因有两个，一种是女方家庭贫困，另一种是男方家没有女儿。① 在别的村庄，笔者曾遇到过与母亲一起居住的儿子一家。该母亲只生了3个儿子，所以小儿子就带着老婆和孩子与母亲一起居住。在吉纳里，几乎没有听过这样的情况。村里有一户人家生了5个男孩，但没有一个人回母系居住的。据笔者了解，老人的4个孩子都在外地工作，只有一个孩子在村里，但居住在妻子家。村里的孩子曾表示想让母亲和他们一起生活，但母亲不愿意，于是就独自居住在祖屋旁的现代屋内。她儿子每天会抽空去看望母亲。目前，老人的另一个孩子已经退休了，每周3天回村里照顾她，3天回城里照顾自己家。村里仅有两个案例是妻子住在丈夫家的。这两个案例有个共同点，即男方的父母已去世，其姐妹都在外地工作，家里的祖屋需要人来打理。虽然他们的妻子也是本村人，也有房子，但为了照顾和打理祖屋，留在村里的男方就带着妻子住在他家的母系祖屋里。他

---

　　① BLACKWOOD E. Webs of Power：Women，Kin and Community in a Sumatran Village ［M］. Lanham. MD：Rowman and Littlefield，2000：95.

们住在祖屋旁边或后面的现代屋中，以便于打理和照料自家祖屋。当然，这种情况相对而言较少，村里人很看不起那些带妻子回家住的男性，认为这是不符合风俗的。即使是娶了外地女子的男性，他们回村生活的话也只能暂时在家里借住一下，然后在村里租房子住。因此，在吉纳里从夫居的情况较少，从妻居是主流的婚后居住模式。

村庄内虽然仍有很多祖屋，但目前大多数村民都居住在现代屋内，因为这类房屋拥有更完善的家用设施，居住起来更方便，打扫起来也比祖屋更容易。绝大多数祖屋仅作为各种风俗仪式或开斋节家庭成员团聚的场所。有些没有资金或土地新建房屋的家庭仍居住在祖屋内，也有些人是为了传承和保护祖屋而选择继续居住在祖屋内，他们还会定期翻新祖屋。那些仍然居住在祖屋内的人中有一部分选择居住在厨房的空间或祖屋下面的空间。由于祖屋的厕所和厨房位于楼下，上了年纪的老人上下楼不方便，因此，他们往往会直接搬到厨房后面居住。也有不少家庭在祖屋的厨房旁搭建新的住所。

居住在新建房屋内使夫妻之间拥有更多的私密空间和亲密感，但丈夫们仍是作为家族的"外人"存在。根据当地的习俗，这个房子之后也会成为他妻子和女儿的祖产，归女方家庭所有。所以，建房的出资也可以视为丈夫对这个家庭的经济贡献。在饶饶村，刚独立时，绝大多数新房都是由舅舅来建的。从 20 世纪 60 年代开始，绝大多数房屋是由丈夫或父亲建的，当然还有一些仍由舅舅出资。到了 20 世纪 70 年代，由丈夫或父亲出资建房子已经成为一种常规。① 在加藤毅的研究中，也同样发现了建屋出资情况的变化。他表示，20 世纪 60 年代前 90% 的房屋

---

① REENEN J V. Central Pillars of the House: Sister, Wives and Mothers in A Rural Community in Minangkabau, West Sumatra [M]. Leiden: Research School CNWS, 1996: 204.

建造时是由女性成员或舅舅出资的，而近 10 年（20 世纪 60 年代后）建的房屋中则有 84% 是由夫妻共同出资的。[1] 这些数据反映了从 20 世纪 60 年代开始，建造新房的出资情况发生了巨大的变化，丈夫出资建屋的比例高于了母系家庭出资建屋。20 世纪 60 年代以后丈夫在建屋过程中占有主导地位，由其出资建造的房屋比例极高。在吉纳里，新建的现代屋都是以核心家庭为单位的，因此，出资建造的不是丈夫就是夫妻双方。因此，从建房这个角度来看，男性对于姻亲关系和核心家庭的贡献逐渐提升。

从家庭居住人口来看，从 20 世纪 60 年代开始，出现了以核心家庭与扩大家庭为主、母系大家庭为辅的时期。加藤毅研究显示，20 世纪 70 年代村庄内平均一间房屋内居住的人口为 6.7 人，395 间房屋中有 54% 的房屋内居住了 6 人或少于 6 人，仅有 15% 的房屋内居住者超过 10 人。最多的一家住了 25 个人。[2] 卡恩表示，20 世纪 70 年代初期，靠近布吉丁宜的布阿河（Sungai Puar），平均一间房屋内的人口为 6 人左右。[3] 即便是热衷于建造加当屋的阿佰村，其实际用于居住的房屋也从 20 世纪 50 年代开始趋于小型化。村民们更愿意居住在一些规模小并具有现代样式的房屋里（rumah kecil），这些房屋内一般居住着核心家庭或扩大家庭。到了 20 世纪 90 年代，建造小房屋在当地几乎成为潮流。[4] 吉纳里的情况也很类似。21 世纪初期，该村庄的母系大家庭结构几乎

---

① KATO T. Nasab Ibu dan Merantau: tradisi Minangkabau yang berterusan di Indonesia [M]. Kuala Lumpur: Dewan Bahasa dan Pustaka, 1989: 169.

② KATO T. Nasab Ibu dan Merantau: tradisi Minangkabau yang berterusan di Indonesia [M]. Kuala Lumpur: Dewan Bahasa dan Pustaka, 1989: 170.

③ KAHN J. Tradition, Matriliny and Change among the Minangkabau of Indonesia [J]. Bijdragen tot de Taal- Land- en Volkenkunde, 1976, 132（1）: 78.

④ VELLINGA M. Constituting Unity and Difference: Vernacular Architecture in A Minangkabau Village [M]. Leiden : KITLV Press, 2004: 50.

已经消失了。2015 年，吉纳里的平均房屋人口为 4.4 人，核心家庭为 79.14％，扩大家庭占 13.43％，另有单亲家庭和独户分别占 5.71％ 和 1.14％，母系大家庭仅占 0.58％。虽然仍有少数已婚姐妹的家庭成员居住在一座祖屋内，但这种情况的主要原因是其中一人为离婚或丧偶的已女性。极少数由于经济条件限制而不得不居住在一起的已婚姐妹们也努力希望摆脱共同居住在一个屋檐下的状况，一般更有能力的一家会选择建造新房，然后搬出去。总体而言，该地区的家庭结构以核心家庭和扩大家庭为主，其中又以核心家庭居多。

三、村庄外的新居制

随着祖屋规模的缩小以及核心家庭的增加，女性大家长的权力渐渐地被弱化。人们对大家庭式的生活观念也发生了改变，一些女婿希望建立单独的房屋或迁去别的城市居住，增加私密性和舒适性的同时，也迎合了印度尼西亚现代房屋风格影响下的当地流行趋势。

20 世纪 70 年代末，逐渐出现了已婚男子带着妻子外出打工的现象。虽然男性外出打工是米南加保族自古以来的风俗，但以前跟随丈夫一起外出的女性极少。她们婚后多数生活在母系大家庭中，承担抚养孩子、照顾老人及照料农田等事务。随着教育的普及和经济发展，女性外出的数量和频率增多。很多女性在婚后跟随丈夫离开家乡，在附近或距离较远的城市谋生。他们一般选择在外租房或自己建房，这种居住模式被称为新居制（neolocal），但这些房子一般属于妻子。当他们回到村庄时，他们仍需依照习俗，去妻子家居住。新居制的模式不仅反映了家庭居住模式和建房风格的变化，也凸显了丈夫对家庭（妻子和孩子）关注度的提升及舅舅角色在母系家庭中作用的式微。

四、森美兰州的居住模式

在森美兰州的文献中，不论是 20 世纪初殖民学者的观察，还是独立后马来西亚学者的研究，对于婚后的居住模式都形成了一致的看法，即婚后实行从母居，男性居住在妻子的母系家族内。随着新建房屋的出现，从妻居才逐渐产生。一些已婚夫妇逐渐从母系祖屋内搬出，在附近搭建自己的小屋。当然，最小的女儿还是留在祖屋内，因此，小女儿一家一直与父母居住在一起。① 一些需要新建房屋的家庭则需要选择在妻子的母系土地上建造，即使是丈夫提出要建新房也需如此。他们为此投资了财力和体力，但这些房屋都属于妻子的母系家庭所有。玛利亚（Malia Stiven，1996）的研究表明，直至 20 世纪 80 年代，村庄里的稻田、果园和住所都是属于女性的财产，这些财产作为祖产由母系家庭的女性继承。可见，在传统的实行母系制的地区，婚后居住模式仍以从母居或从妻居为主。

随着马来西亚的独立，政府积极干预国内农业、农村和土地的发展。1956 年成立的联邦土地发展局（The Federal Land Development Authority，FELDA）为了解决贫困乡村人口的住房问题，开辟了一些相对偏僻的新开发区来安置贫困人口，并希望将其创建为"具有便利的设施和高质量生活的现代发展社区"。无地的居民可以获得一块住房用地以及用于种植经济作物的土地，这些在偏远地区开发的新社区被称为"发展芭"。森美兰州于 20 世纪 60 年代开始实施这个项目，但真正大面积地建立发展芭区域则是 20 世纪 70 年代中后期，这些项目主要位于仁保县，另有少数项目位于淡边县、日拉务县和瓜拉庇劳县。一些家庭贫困

---

① PARR C W C, MACKRARY W H. Rembau, One of the Nine States: Its History, Constitution and Custom [J]. Journal SBRA Society, 1910 (56): 68.

或缺乏土地的男性愿意申请参与这个项目。由于只有男性户主可以提出申请，土地和所建房屋的所有权也归男性所有，这种居住模式被视为从夫居。发展芭的出现改变了森美兰州以往土地所有者以女性为主的状况。

1985 年，森美兰州已有 14，932 人居住在发展芭地区。截至 2014 年，马来西亚共有 321 个发展芭项目，其中，森美兰州就有 52 个发展芭。2016 年，森美兰州的发展芭地区面积达 90，396 公顷。居住在发展芭的居民在还清土地和房屋的债务后可以申请获得土地所有权证，周期在 10 年至 35 年之间。大多数居民都在 30 年之后才申请获得土地证，之前仅有居住权和使用权。截至 2016 年，森美兰州已有 14，141 户获得了土地所有权证。① 从夫居的居住模式逐渐增多。因为男性被视作土地所有者，所以颁发的土地证上一般只有丈夫的姓名。彭亨州于 2006 年开始在颁发的土地证上印上夫妻双方姓名，用来肯定妻子的贡献，这是马来西亚第一个实施这项新政策的州。② 如果这项政策得到推广，发展芭的土地和财产将会被视为夫妻共有财产。

1971—1990 年，马来西亚实行了为期 20 年的"新经济政策"，提出"农业为基础，工业为主导，经济多元化"的战略指导。"新经济政策"一方面通过固打制增加了马来人和其他土著接受高等教育的机会，另一方面加速了马来人的城市化进程。马来人的经济地位继续得以提升，马来人与非马来人的经济差距逐渐缩小。马来人的就业结构也发生明显变化，大量马来人从农业领域转移到了制造业、服务业以及其他非

---

① HAMIDAH MD DRUS. 508 Peneroka Felda Raja Alias 4, Dapat Surat Hak Milik [N]. Malaysiaaktif, 2016-10-31.
② Geran Tanah Felda atas Nama Suami Isteri [N]. Utusan Online, 2006-06-18.

农业就业领域。① 森美兰州靠近吉隆坡和马六甲，村庄里的中青年男性均外出打工挣钱。从村庄闲置的土地可以看出劳动力的缺乏。玛利亚在林茂做研究时发现，1976 年，有 24% 的土地是闲置状态，1982 年则有大多数稻田都被闲置，到 1988 年这些土地仍然保持闲置状态。从 1990 年开始，发展芭不再接受新的居民，从事非农业的农村人口数量攀升。1990—2010 年，森美兰州的农业占州生产总值的比例从 23% 降至 8.1%，而制造业和服务业所占的比例逐步提升，2010 年，这两个行业占州 GDP 的 90.3%。② 2011 年，森美兰州从事农业和渔业的人数占所有工作人数的 12.3%，这个比例还在逐年递减。③ 外出打工一方面增加了森美兰州人与其他州马来人通婚的概率，另一方面也促使夫妻双方在外地买房或建房的概率增加，20 世纪 70 年代至 80 年代新居制的模式在森美兰州开始盛行。由于新居制均出现在其他地区，这些房子被视为夫妻共有财产，而不是女性的祖产。

通过调研，笔者了解到村庄里老一辈的人较多地选择从妻居，但也存在已婚男性与妻儿一起居住在母系祖产内的情况，笔者遇到的民宿老板家就属于这种情况。他的妻子是柔佛州人，他们有一家公司，但由于想念村庄的宁静生活，决定回到村庄生活。正巧，他的姐妹们都在城里工作，家里祖屋和土地没人照料，与姐妹协商并获得同意后他们一家居住在此并经营起了民宿生意。他表示目前民宿做得不错，家里人也很支持他干这件事。虽然居住在此，但土地和房屋的所有权仍属于姐妹们。相比之下，年轻人的婚后居住模式则更为现实，他们会根据现实情况来

---

① 林勇. 马来西亚华人与马来人经济地位变化比较研究：1957—2005［M］. 厦门：厦门大学出版社，2008：226.

② NSIC. Introduction Negeri Sembilan in Brief［OL］. 2017-06-20.

③ Data Sosiaekonomi Negeri Sembilan tahun 2015［R/OL］. Jabatan Perangkaan Malaysia，2017-12-14.

选择，很多家庭没有特别地规定要住在妻子家，居住模式比较自由。随着越来越多的女性参加工作，夫妻们在选择居住地点时主要看哪儿更适合他们的发展。当夫妻双方都有合适的住房时，他们会选择离工作单位较近的一方居住。如果夫妻双方的家都不合适，他们则会在工作单位附近租房或买房。

从家庭居住人口来看，自 20 世纪 60 年代以来，核心家庭和扩大家庭的比例超过 60%。阿卜杜·卡哈尔（Abdul Kahar）1963 年的研究显示，瓜拉庇劳地区的核心家庭占 31.2%，扩大家庭占 29.2%。阿齐扎·卡西姆 1969 年的研究显示，瓜拉庇劳地区的核心家庭占 52.1%，扩大家庭占 32.9%。1971 年，阿布·哈山（Abu Hassan）的研究显示，林茂的瑟叻玛地区的核心家庭占 56%，扩大家庭占 40%。①

马来西亚人口普查数据显示，核心家庭的数量在 20 世纪 80 年代至 90 年代已经过半，其他家庭结构比例为百分之十几。② 森美兰州的家庭平均人口数也呈下降趋势，1980 年的数据是 5.24，1991 年则减少到 4.8，2000 年为 4.47，而 2010 年的数据则为 4.2。③ 可见，森美兰州母系大家庭的结构越来越少。

目前来看，森美兰州的婚后居住模式从单一的从妻居发展为更加自由的居住模式。有些村庄还沿袭着丈夫居住在妻子家中的风俗，但年轻的一代则根据自己的工作地点来选择居住在妻子家、丈夫家或租住别处。对他们而言，现代生活的快节奏使得他们需要改变风俗来适应生

---

① FATIMAH ABDULLAH. Keluarga dan Permodenan di Malaysia［M］. Kuala Lumpur：PTS Publications & Distributors Sdn Bhd. , 2016：29-31.

② FATIMAH ABDULLAH. Keluarga dan Permodenan di Malaysia［M］. Kuala Lumpur：PTS Publications & Distributors Sdn Bhd. , 2016：34.

③ Banci Penduduk dan Perumahan Malaysia 2010［R/OL］. Jabatan Perangkaan Malaysia, 2010-10-15.

活，当然如果两家离工作地点距离差不多，他们也会首选住在妻子家
中。因此，森美兰州的居住模式呈现出从妻居、从夫居和新居制三者并
存的状态。家庭结构以核心家庭为主，扩大家庭为辅。随着核心家庭的
增加，每个家庭内部的房间数量也足够满足自己孩子的需求，因此大多
数孩子都拥有自己独立的房间，不像以前睡在一个房间里或睡在客厅
里。另外，由于大部分年轻人外出学习或打工，一些村庄有不少空巢老
人或带着孙辈的空巢老人。笔者认为，居住在村庄内的村民基本上还会
保留从妻居的模式。但是在发展芭和城市里，随着伊斯兰教对男性户主
身份的强化、核心家庭的增多，从夫居将会逐渐成为主流模式。

第五节　两地的异同及成因

　　通过比较，可以发现两地的母系社会都具有母系家族特征的文化因
素，如氏族名、封号、母系家庭结构、传统母系祖屋以及婚后从妻居
等。但两地的这些母系特征仍存在着一定的差异。这些异同与文化传播
过程中文化因素发生的变化有着密切的联系。文化传播也是文化扩散，
指人类文化由文化源地向外辐射传播或由一个社会群体向另一群体的散
布过程，其中有直接传播和间接传播两种方式。[①] 从地理空间看，文化
传播是由文化中心区向四周扩散，根据传播途中信息递减的一般规律，
离文化中心区越远的地方，越不能保持文化元素的原形。当一种文化元
素传播到另一个地区以后，它已不是原来的形态和含义了。在这个传播
的过程中，文化元素会出现遗失、创新和融合等现象。魏峻认为，虽然

---

① 罗杰斯. 传播学史：一种传记式的方法 [M]. 殷晓蓉，译. 上海：上海译文出
　版社，2005：137.

不同的迁徙方式都会对人口移入地区的文化造成一定程度的冲击，但其结果概莫能外于文化置换、文化吸纳和文化融合三种。文化置换表现为移入文化全面取代土著文化，该文化是一种能够在其他地方找到其祖籍或起源地点的文化。① 从族源上说，马来西亚森美兰州的马来人与印尼西苏门答腊省的米南加保人具有密切的联系。当米南加保人迁徙到森美兰州时，一部分土著主动融入该族文化，另一部分土著则迁徙至其他区域。因此，森美兰州的马来人文化在早期应属于文化置换，它的起源是西苏门答腊省的米南加保文化，在迁徙的过程中由于特定的地理和社会环境，促使某些文化元素被遗失或创新。随着社会的发展，该文化又与其他地区的马来文化接触，形成了一定的文化融合。

　　族群组织经常强调共同的继嗣和血缘，通过共同的祖先、历史和文化渊源能够较容易地形成凝聚力强的群体。因此，作为移民的米南加保人在迁徙过程中会更加强调其共同的继嗣和血缘，以此来强化移民群体的凝聚力。这个强化的过程促进了族群认同，通过对一些符号，如语言、表现文化、宗教、民族英雄、服饰、节日、宗教与姓氏等，以及饮食传统、边界过程等的保留，有效地维持了族群的边界，并以此分出了局内人和局外人。② 笔者发现，该族群核心的文化符号、社会结构和风俗文化保留了下来，一些概念如氏族、封号、女家长、母系继嗣、传统祖屋、从妻居均在两个族群中有明显的体现。但有些文化特征在森美兰州发生了遗失，如普通封号。在西苏门答腊省，封号可以被视为米南加保族男性成人的标志。每个已婚男性都会获得一个普通封号，而担任氏族特殊职务的长老则有职务封号，男性去世后封号会传给其他合适的男

---

① 魏峻. 文化传播与文化变迁［J］. 华夏考古，2003（2）：105–112.

② 周大鸣. 多元与共融——族群研究的理论与实践［M］. 北京：商务印书馆，2011：210.

性或封存在家谱中。然而，马来西亚却只保留了世袭的职务封号。仅有
担任风俗职务的男性才有封号。这种文化的遗失与早期的移民群体和结
构有关，移民中大多数人是未婚男性，他们还没有获得封号。即使是已
婚男性，他们在早期外出时，也很少整个家系一同迁徙，所以属于家系
中的普通封号仍保留在原来的家谱中。与此同时，一些拥有封号的移民
由于其本身在群体中就享有较高的社会地位，当形成一定的社区后，他
们自然而然成为社区中的领袖。因此，他们的封号就作为身份的象征，
通过母系继嗣传承下去，该封号也就成了现在的职务封号。

当然，不论是印尼还是马来西亚，世袭的职务封号都给人带来了一
定的社会地位和权力。这些世袭的职务封号一般只在某一个家族内传
承，这个传承均按母系后嗣来计算，即舅舅传给外甥。只有当舅舅去世
或因年老无法继续担任时，才由外甥来继承。这些封号的继承都需要举
行一定的风俗仪式，在印尼以宰牛羊来宴请村民，而马来西亚则是宰羊
来宴请村民。因此，即使在收入和付出不平衡的情况下，人们也愿意获
得职务封号，获得氏族成员乃至村民的尊重。但是，印尼这些拥有世袭
职务封号的长老数量较多，他们的权力范围较小，仅限于一个村庄的某
个氏族内。马来西亚的这个职务封号则作用于一个县内（林茂县包含 8
个自然村），其权力范围较大。除此之外，根据 4 人、8 人和 12 人的金
字塔结构形成了较为明显的权力结构。根据水陆两派的氏族划分，一些
氏族长老比另一些氏族长老更有权力。相比之下，印尼一个村庄里不同
氏族的长老间没有等级差异。每个氏族内部的四位长老由于分管这个氏
族的不同领域，除了族长外，其他三位长老权力相同。吉纳里的 8 个氏
族共有 32 名长老，他们的社会地位几乎相同。村庄内讨论重大事宜时，
他们都会被邀请参加。但随着城市经济的快速发展，印尼的一些村庄出
现了因外出打工挣钱而放弃长老职位的现象，这种现象还在日益增多。

但在森美兰州由于世袭职位数量有限，并且这些职位受到宪法的认可，村庄内愿意担任世袭职务的人仍然很多。他们作为风俗统治机构中的一员，在风俗政治中扮演着重要角色。在解决相关风俗的事宜时，这些长老们是调解者和裁决者。在森美兰州，人们根据职务封号所赋予的权力差异，从下至上地申报和解决问题。一般问题到氏族长老那儿基本能被解决。如果问题还无法解决，则由酋长来解决。而酋长会在酋长议事厅（Balai Undang）内的习俗法庭召开审判（见图3.17），酋长给出的判决则是最终判决，其效力等同于终审法院的判决，原告不能再上诉。

图3.17　酋长议事厅内的习俗法庭（摄于2017-7-3）

　　有些文化特征在迁徙的过程中发生了创新和融合，如氏族名、建筑、饮食、服饰、语言等。氏族名作为米南加保族区分母系氏族的重要标志，随着米南加保移民迁徙至森美兰州后发生了一定的变化。加藤毅认为，米南加保人是通过三条主要河流途经关丹地区，然后才到达马来半岛的。在这个迁徙的过程中，氏族名就在发生变化。在关丹地区，当地的米南加保族仅保留了一部分氏族名。到了森美兰州后，米南加保移民直接采用原祖籍地名作为氏族名。由于米南加保移民在迁徙至森美兰州的过程中是分批分时间的，每一批移民的人数并不多，氏族较为分散，到达森美兰州后，这些氏族名无法使移民形成一个具有共识的强大群体。于是，为了团结统一，他们摒弃了血缘认同的模式，而选择了地缘认同，并以此形成了新的氏族名。另外，印尼和马来西亚的母系社会结构类似，只是指代的名称略有不同。

　　建筑作为地区文化的载体，最能体现地区特色、时代特点和文化差异。地方民居的形成不仅与当地的地理生态环境有着密切的联系，也反映了当地社会的文化内涵。米南加保族的标志性建筑就是被称为牛角屋的传统民居。森美兰州的民居以受米南加保文化影响的长屋和受马来文化影响的木屋两种类型为代表。森美兰州的现代建筑如森美兰州博物馆、林茂博物馆、芙蓉公园的湖心舞台、公交车站台等融合了米南加保族牛角屋的特点。传统长屋和加当屋都是榫卯结构，不用钉子进行固定。两者的房屋结构类似，从前往后依次是公共区域、卧室、过道和厨房。房屋往横向进行延伸，与加当屋相比，长屋的公共区域会稍窄一些，房间少一些。不论是传统长屋还是位于森美兰州博物馆前的两个皇宫建筑，它们的屋檐都没有那么明显的上翘，与加当屋的牛角型相比，森美兰州皇宫和传统民居的屋顶更像船形，与廖内的马来木屋更相像。即使是由西苏门答腊省米南加保族工匠建造的森美兰州皇宫也没有使用明显的牛角屋檐。屋顶的变化可能出于三个原因，第一，西苏门答腊省位于地震活跃地带，牛角屋顶有一定的平衡和稳定作用，有利于应对地震对房屋的破坏。而廖内和森美兰州很少发生地震，因此，出于实用性考虑，人们将制造工艺复杂的牛角屋顶简化了。第二，由于外出迁徙的主要交通工具为船，所以移民对于船这个文化元素更有亲近感。第三，随着人口迁徙，掌握加当屋建造工艺的人逐渐变少。移民在与当地马来人交流和通婚的过程中，建筑技术和风格也发生了一定的融合。森美兰州现存的几种不同时期建造的民居样式体现了米南加保文化和马来文化在该地区的相互影响和融合过程。

两地早期均以母系大家庭为主要家庭结构，母系家庭都居住在以母亲为核心的传统民居内，居住模式以从母居和从妻居为主。虽然米南加保族的居住模式从术语上看发生了一系列变化，但其实质的变化并不明显。从古至今，米南加保人婚后的居住模式还是以在女方家居住为主。即使出现了新居制，在传统文化的影响下，这些房屋大多数还是在妻子的名下，属于妻子的财产，经过女儿的继承后就成了母系家族的财产。因此，理论上讲丈夫还是居住在妻子家中。相比之下，森美兰州的婚后居住模式则发生了较大的变化，呈现出从妻居、从夫居和新居制三者并存的状态。除此之外，两地的村庄都出现了很多新建的现代屋，传统祖屋的功能性更多地体现在一些重要仪式或节日中。虽然吉纳里村对于祖屋的保护和传承做出了较多的努力，但建造现代屋还是一个主流的趋势。这种趋势强化了核心家庭的形成，进一步加快了扩大家庭的瓦解。一些研究者表明，从 20 世纪 80 年代开始，核心家庭就逐渐成为森美兰州社会的基本单位，核心家庭的模式增强了父亲和孩子之间的亲情和纽带关系，加强了夫妻之间的情感，弱化了舅舅在母系家庭中的作用。

通过在地图上标识村庄祖屋的位置可以发现，吉纳里村庄内部形成了一些以家族和氏族的血亲关系为主的居住群体。走访一些村庄也发现，米南加保人村庄仍然是以血缘亲属关系为主的居住模式，由于存在祖产土地和祖坟，同一女性祖先的后代居住在同一个区域内。即使在巴东这样的大城市，仍有一些地区保留了这样的习俗。森美兰州的村庄内分为两种情况，一种是外出迁徙人数较少，同村通婚情况较多的村庄，他们的聚集地以家族和氏族的血缘亲属关系为主。另一种是外出迁徙人数较多，或者与外村通婚较多的村庄，村庄人数并不太多，主要是以地缘因素为主形成了与周边邻居较为密切的关系群。

上述由于文化的创新和融合而形成的文化异同体现了文化传播者与文化接受地的一种互动。首先，在移民的过程中，作为文化传播者的米南加保移民，他们长期不间断地前往森美兰州的这种迁徙活动为文化的传播奠定了基础。通过这种文化的积累，将大多数米南加保文化元素保留了下来。其次，米南加保族的移民过程存在着时间长、距离远和阶段性三个特征，文化元素难免在传播途中因为一些客观或主观的因素而发生变化。比如移民群体的身份特征和移民的方式使得他们只保留了职务封号，文化接受地的地理环境和实用性需求使得民居样式被简化。民居的样式和功能性的变化受到了当地马来文化的影响。再次，在经济发展，工业化、城市化以及全球化的冲击下，两地均作为文化的接受地受到了外来文化的影响，并逐渐形成以核心家庭为主的家庭结构和以现代房屋为主的民居建筑。传统的母系家族特征的保留受到了一定的挑战。最后，文化传播的过程也是文化传播者在文化接受地进行了自我调适和自主选择，最后形成新的文化，这是为了适应新的地区环境而采取的方式。这种自我调适最终仍是为了保持族群边界，使得移民们在新的地区形成更具共识的族群认同。出于对本族群文化的认同和自豪感，他们迫切需要形成具有凝聚力的群体。于是他们采用了情境论所提及的"最小的共同认同"来增加彼此最大的凝聚。他们舍弃了原有文化中的氏族名，而用祖籍地作为新的氏族名来产生新的认同感。

第四章　母系社会的婚俗变化

西苏门答腊省的米南加保族和森美兰州马来人的婚俗都包括婚礼前、婚礼和婚礼后三个主要环节。婚礼前主要包括物色对象、提亲订婚和选择结婚日期。婚礼则包括尼卡哈仪式和婚宴两个部分。婚礼后还要进行夜归和拜访婆家的仪式。虽然每个村庄内都会有一些细节或名称的差异，但大体上来说，两地的婚礼都贯穿了这些仪式和活动。相比之下，西苏门答腊省的婚俗步骤更加烦琐，婚宴上充满了浓重的米南加保元素和特征，而森美兰州则更趋向马来化。

从择偶权的角度看，在母系家族中最年长的女性和其兄弟是家中最有权势的人，他们负责整个家族成员的婚丧嫁娶，组织和参与相关的仪式和活动。当母系家族内有未婚的适龄女孩时，舅舅就需要根据风俗习惯帮忙物色合适的对象。从择偶观来说，两地的母系社会均实行"异族婚"，一方面为了避免近亲繁殖带来的不良后果，另一方面提高了双方家族团体的人口数量和生产能力。由于地域的限制和交通的不便，两个社会内较多出现同村婚或同个地区通婚的现象。另外，两地对于理想对象的定义也几近相似，血统、社会地位、经济能力、宗教虔诚度和影响力、教育程度以及个人工作能力等均在考量的范围内。只是在不同的时期，人们对于这些标准的偏重和认可度存在一定的变化。

随着现代化进程的不断加快，城乡发展对这种母系社会文化产生了一定的冲击，核心家庭的出现也使得母系家庭结构瓦解和弱化。一方面，择偶权在几个时间点出现了明显的转变，即20世纪60年代前、60至80年代以及90年代后。这些阶段能够看到择偶权的一个转变，从母亲和舅舅手中转移到了父母手中，继而又逐渐转移到孩子自己手中。这个转变也凸显了对于家庭事务的决断权从母系家族转向核心家庭的一个趋势。另一方面，婚配原则和对理想对象的定义也均发生了变化。

第一节　择偶权的变化

择偶是社会成员一生中最重要的抉择之一，因此选择与谁相伴终身并不完全取决于个人的喜好和意志。择偶在很大程度上还受到了家庭观念、社会价值和风俗习惯的影响。在西苏门答腊省和森美兰州的母系社会中，母系家族中的舅舅在物色对象中一直扮演着至关重要的角色。不论是早期的包办婚姻，还是后来的自由恋爱，舅舅始终在其中起到决定性的作用。虽然有时舅舅们的决定显得有些武断，但体现了舅舅对于母系家庭的责任和义务。

从20世纪80年代开始，年轻人的择偶权有大幅提升，他们对自己的终身大事有了更多的话语权，但他们的婚事仍需要获得舅舅的认可。虽然舅舅在择偶这件事情上，从实质的决定性作用渐渐转变为象征性的认可，但获得他的认可并且需由他出席或主持婚俗相关的仪式仍然凸显了舅舅作为母系家庭中重要成员的特点。通过文献梳理和采访，笔者发现两地的择偶权变化过程和时间点几乎相仿，择偶权从包办婚姻时较为独断的方式逐渐向着自由恋爱时期更为开放和包容的方式进行转变。这些转变也均展现了当地母系社会家庭结构和年轻女性地位的潜在变化。

一、包办婚姻

20 世纪 30 年代，印度尼西亚文坛中涌现出一大批米南加保作家的作品，这些作品均以"逼婚""逃婚""理想婚姻"等主题反映了西苏门答腊地区的这种现实。布莱克伍德在丹戎巴当村（Tanjung Batang）的调查显示，20 世纪 20 年代至 30 年代出生的女性都由父母为其选择结婚对象，不管她们是否喜欢，她们都要遵从母亲的意愿。甚至有些人在婚前都不曾见过另一半。其中有一位长者表示，如果当时拒绝父母的选择，她就得离开家，离开村庄，可能也就分不到任何稻田。[1] 瑞内表示，20 世纪 50 年代之前，饶饶村（Rao-Rao）的女孩们并没有自己选择配偶的权利，配偶的挑选会由女孩母亲和舅舅们共同商定，但最后的决定权还是落在舅舅身上。[2] 很多文献都提到舅舅为外甥/女去说媒，了解合适的配偶情况，去上门提亲等，舅舅在物色对象上的参与度极高，因为如果家中有未出嫁的适婚女孩，舅舅会十分没有面子。村里人会认为这家的舅舅没有尽到义务和责任。吉纳里的采访者中，所有七八十岁的老人和一部分五六十岁的中年人均表示，当年她们结婚时，对象全是舅舅们选的，这个决定也代表着一个母系家族的决定，她们完全无力抗拒。即使对方是盲人、聋哑人，或者是身体上存在其他残疾的，她们也只能默默接受。但大多数人认为舅舅会为她们和家族考虑，为她们选择合适的对象。另外，她们还表示，"如果谁家有大龄女性（25 岁以

---

① BLACKWOOD E. Webs of Power: Women, Kin and Community in a Sumatran Village [M]. Lanham MD: Rowman and Littlefield, 2000: 87.

② REENEN J V. Central Pillars of the House: Sister, Wives and Mothers in A Rural Community in Minangkabau, West Sumatra [M]. Leiden: Research School CNWS, 1996: 176.

上），她的舅舅就该着急了。村民在聊天时就会问，'这家姑娘怎么还不结婚，她家舅舅是谁？'没有人会问她父母是谁，都问舅舅"。在村庄这样一个熟人社会中，舅舅很容易因为适婚年龄的外甥女迟迟未嫁而感到羞愧。因此，20世纪60年代前，米南加保族的女性并没有自己择偶的权利，择偶权在母亲和舅舅们手中，其中舅舅们的决定至关重要。

这种现象的存在与当时的社会结构和制度有着密不可分的关系。由于祖屋属于女性所有，男孩们在六七岁后就得从祖屋搬出，前往属于每个大家族的祈祷室（Surau）生活。他们白天在那里学习，晚上也睡在那里。男孩在祈祷室中还会遇到外出归来的兄长，听他们讲外出打拼的故事。一般来说，米南加保族男孩子在青春期（十三四岁）时就要离开家乡，外出学习或谋生，挣到钱后才有资本回家结婚，婚后居住在妻子家中。女孩在7岁之后则留在家中帮母亲做家务，并在母亲及其他女性亲属的教导下学习如何成为一名优秀的女性。当女孩到了适婚年龄时，家人们对她的看管会更加严格，她不能单独出门，更不能在公共场合长时间逗留，家人们生怕自家孩子的行为会被别人耻笑或找不到好的对象。在日据时期、反抗荷兰殖民斗争期间以及20世纪50年代末的国内政治动乱期间，很多家长对女孩采取了隔离措施，以防止她们被士兵或不良分子玷污。因此，从空间上女性被隔离开，家庭的严格管教也使她们缺乏与异性接触的机会，只能由其母亲、舅舅或其他母系家族成员代替当事人决定其婚配对象。

二、自由恋爱

20世纪60年代，随着印尼国家政权的稳定，家人们对女孩采取的隔离措施渐渐放松。男女青年之间有了接触的机会和空间。男生开始偷偷地给心仪的女生传纸条或情书。这种传情的方式并不像男女歌会上对唱情歌那么直白，而是需要找一个中间人来完成。一般，男孩会找自己比较信任的朋友或亲戚帮忙传纸条。从女孩的回信中，男孩可以判断她是否愿意接受他。如果是肯定的答案，男孩则开始通过正式的渠道，让自己的亲人去提亲。如果女方家庭不反对，那么在征得女孩的同意后，两人可以结婚。当然，在当时两个相爱的人能通过这样的方式走到一起的情况还是不多。

20 世纪 60 年代末，随着同村婚的规则被取消，一个新的词汇应运而生，即 Pacaran。"Pacar" 这个词的本义是爱人、情人，而 Pacaran 是指约会或谈情说爱的方式。男女生均可以称自己的约会对象为 Pacar。这种约会往往发生在那些上高中或大学的男女生之间。当然，当时两人单独的约会是不被允许的。因此，男孩一般是在朋友的陪伴下前往心仪女孩的家中，然后一群人一起聊天和玩耍。① 通过这样的方式，两个互相倾慕的人可以增进了解。当女孩想要与自己的男朋友结婚时，她会先告诉妈妈。当然如果一个男孩经常来家中玩，细心的妈妈也会主动询问自己女儿的意向。然后，母亲会先和父亲商量，达成共识后再去找舅舅以及男孩家人讨论。如果双方都同意了，男方则会向女方家正式提亲。在商量的过程中，如果女方家族内有人不同意，孩子的妈妈一般会去说服他，她总是扮演着一个润滑剂的角色。

在吉纳里，20 世纪 60 年代就出现自由恋爱的现象了，大多发生在一起上中学的村民中，但如果最后要结婚仍需要男方的舅舅去女方家提亲。村长和其爱人就是中学同学，由于当年上中学要去县城，同村能够上中学的人又不多，他们自然而然地互相帮助，从同学变成了夫妻。虽

---

① REENEN J V. Central Pillars of the House: Sister, Wives and Mothers in A Rural Community in Minangkabau, West Sumatra [M]. Leiden: Research School CNWS, 1996: 181-182.

然村庄里已经出现了自由恋爱的情况，但大多数人的爱情最终还需要获得母亲和舅舅的支持。事实上，当两个互相爱慕的男女决定结婚的时候，母亲总是在这个过程中扮演着积极正面的角色。她们一般都会尊重孩子的选择并有效地促成这段姻缘。由于舅舅在家中是一种权威的象征，很多女孩都比较害怕舅舅，所以她们更愿意将自己的心事告诉母亲。基于女儿对母亲的信任，母亲在择偶问题上越来越有话语权。另外，一部分母亲曾经有过被逼婚的悲惨经历，她们不愿意让自己的女儿重蹈覆辙，并真心地希望自己女儿的婚姻能够长久。因此，一些母亲愿意把这个选择权留给孩子们，当然，如果以后婚姻不幸福，她们也需要由自己来承担这个后果。虽然男女自由恋爱的比例逐渐增加，但与其他族群相比，家长特别是母亲和舅舅对家族中孩子们的婚事还是起着决定性作用。当地人聊起自己的结婚经历时，都表示那个年代的舅舅对外甥辈有较强的责任感，这种责任感呈惯性延续。艾拉阿姨的舅舅就属于这一类舅舅，80岁的他经常来找艾拉阿姨商量她小儿子的婚事，他希望能在有生之年看到外甥孙结婚，并由他来主持各项结婚事宜。① 但是他也有顺应时代变化的一面，即不强求给孙辈的外甥介绍对象，希望他能自己找到心仪的对象。从舅舅对外甥孙婚事的操心状态能窥探到那一代人对母系家庭的关心和照顾，他们是真正实践"抱着孩子，指导外甥"（Anak dipangku，kemenakan dibimbing）理念的人。对男性成员都如此操心，可以想象如果家中有未婚女性，舅舅的心态会是如何。

三、现代女性的择偶权

布莱克伍德在其研究中发现，20世纪70年代至80年代结婚的女性已经表达出现代个人主义的思想，即个人的幸福比服从上一代的风俗更

---

① 2018年8月，艾拉阿姨的小儿子在村庄举办了婚礼，老人的心愿终于得以完成。

为重要。对她们而言，爱情的浪漫是很重要的，阶级地位也不再是衡量配偶的唯一标准。一个有上进心、肯努力工作的人才是合适的配偶人选。当然女性本身也会全面地考量一段姻缘对家族未来的影响，所以很多女孩会尊重家人的选择，并在村庄内选择配偶。①

虽然男女自由恋爱的比例增加，但与其他族群相比，家长特别是母亲和舅舅对家族中孩子们的婚事还是起着决定性作用。20 世纪 80 年代的调查显示，与其他族群相比，米南加保人自己选择对象的比例非常少，绝大多数由父母决定或经当事人同意后父母决定。② 随着米南加保人周期性或长期的外出情况增多，越来越多人尝试融入大城市，并在那儿定居。于是，男性们不再独自外出打工，而是带着妻子和孩子一起外出。随着迁徙定居人数增加、核心家庭的出现、夫妻间关系的日益紧密及受教育程度的提高，越来越多的父亲开始在家庭中扮演更重要的角色。原本属于舅舅的责任和义务更多地转移到了父亲的身上。对孩子的未来和婚姻操心更多的是父母，而不是舅舅了。虽然，对于一门婚事而言，舅舅仍然具有一定的话语权，家里人都需要与舅舅商量，征得舅舅的同意。在婚礼过程中，舅舅也是极其受到尊重的角色。但实际上，很多时候，舅舅不再定夺一门婚事，而是更多地尊重外甥父母的安排。因此，父亲角色的加强和舅舅角色的弱化是不置可否的，这种趋势从 20 世纪五六十年代开始一直延续至今。

当然，现在村里结婚的新人大多数是通过自由恋爱结合的，有些是同学，有些是一起在外打工认识的，有些是邻居，有些是朋友。如果家中有大龄女性，一般着急的是父母，而不是舅舅。但如果确定双方有结

---

① BLACKWOOD E. Webs of Power：Women, Kin and Community in a Sumatran Village ［M］. Lanham MD：Rowman and Littlefield, 2000：87-88.

② TAN M G, BUDI SURAJI. Ethnicity and Fertility in Indonesia ［M］. Singapore：Institute of Southeast Asian Studies, 1986：107.

婚的意愿，双方家庭就需要求助舅舅来帮助完成这门婚事。从提亲到定亲，从尼卡哈仪式到婚礼，舅舅是这些环节中很重要的人物，他是负责与对方舅舅对话、博弈和商量婚事的核心人物，他是为母系家庭成员争取更多权益的人，他是邀请和招待氏族长老的人，他是组织并协调整个婚事的人。一门婚事如果没有舅舅的同意，几乎不能进行。在婚前甚至还有一个专门针对婚事的讨论会，已婚的舅舅们要聚集在一起商量是否接受这门婚事。村民们告诉笔者这是向舅舅征得同意的仪式，主要是舅舅们对准新郎的一些嘱咐。笔者曾参加过这样的仪式，由于只有男性可以参加，笔者与朋友以及家庭其他女性成员在一旁的房间等候。朋友告诉笔者这个仪式后第二天举行婚礼，这么看来，其实大家都已经安排好了整个婚礼行程，之前家里人应该都已经同意了这桩婚事。这个仪式只是一个形式而已。即便如此，传统的仪式依然进行了 3 个小时，从 8 点一直到 11 点多，之后，新郎从舅舅们那屋出来，走到笔者所在的房间与每个人握手或致问候礼，表示获得家庭女性成员的同意。

虽然，在大城市中米南加保人受到了周边文化的影响，接触到很多其他族群的人，也有了更多的选择，但他们仍然非常在乎长辈们的决定，特别是父母的决定。乌斯曼在 20 世纪 80 年代对生活在棉兰的米南加保人进行调查（50 个样本），其调查结果显示，在选择配偶这件事情上，有 21% 的人认为必须要获得舅舅和村长的认可，有 63% 的人认为父母的决定是最重要的，这些人中有 25% 的人认为只要父母同意了，舅舅和村长一般也都会认同。[①] 2016 年，笔者对安达拉斯大学女生的调查显示（见附录 A），有 82.79% 的女生表示自己来决定另一半，有 15.57% 的女生表示由父母来决定，另有 1.64% 的女生选择了亲属决定

---

① USMAN P. Urbanisasi dan Adaptasi: Peranan Misi Budaya Minangkabau dan Mandailing [M]. Jakarta: Pustaka LP3ES Indonesia, 1994: 254.

自己的另一半。选择由父母来决定的这部分女生中有些人开始选择自己决定，当笔者追问到如果父母不同意，该怎么选择时，她们选择了认同父母的决定。有几个女孩表示，如果父母不同意那就不能结婚了，因为父母比她们更有经验，父母的选择对她们的未来更好。选择自己决定的女生中，绝大多数女生表示父母都会尊重自己的选择，如果父母真的不同意，她们会尽可能地说服父母，证明自己的选择是对的，所以她们坚持表示选择另一半是由自己决定的。选择了亲属决定自己的另一半的女生表示自己的另一半需要整个家庭商量同意了才行。在调查中，没有人选择舅舅这个选项，当笔者问及是否需要获得舅舅的同意时，大多数人表示结婚前要征得舅舅的同意，但基本上是一个形式。因为舅舅基本上不会干涉，都会尊重父母的意见，送上祝福。

第二节　两地的婚配原则

一、异族婚的坚守

从文献中不难发现这两个母系社会的婚姻都遵守着异族婚（clan exogamy）。这里的异族不是指非米南加保族或非马来族，而是指米南加保族或马来族内的不同氏族。因此，传统的米南加保人和森美兰州马来人应该从同个村庄的另一个氏族中选择配偶。米南加保族拥有很多小的氏族，例如高朵族、布迪族、加尼亚格族、必亮族、西昆邦族、马来尤族、江巴族、毕桑族、岗拜族及丹戎族等。以高朵族为例，他们可以与必亮族、毕桑族或其他氏族的人通婚，却不能和高朵族人通婚。森美兰州也同样如此，12个氏族的内部成员不能通婚，需要与其他氏族成员通婚。

随着氏族成员的不断增加，村庄里的氏族进一步分裂形成了新的亚氏族。以阿甘区哥多丁宜村（Koto Tinggi）的氏族为例，马来尤族有 4 个分支，分别是马来尤·古昂安·阿么（Malayu Kuangan Ameh）、马来尤·当阿（Malayu Tangah）、马来尤·槟榔·巴利利（Malayu Pinang Baririk）及马来尤·迪拉苏昂（Malayu Dilasuang），而加尼亚格族则存在着 7 个亚氏族，如加尼亚格·奥阿（Caniago Aua）、加尼亚格·迪迪汉（Caniago Titihan）、加尼亚格·巴达伽（Caniago Batagak）、加尼亚格·哥巴（Caniago Gobah）、加尼亚格·巴达炯（Caniago Batajun）、加尼亚格·达瑙（Caniago Danau）及加尼亚格·巴利安（Caniago Balian）。19 世纪末期，在该村，加尼亚格族和毕桑族已经将这种氏族的定义缩小至亚氏族的范围，并且确定了一些能通婚的亚氏族，如加尼亚格·奥阿族与加尼亚格·哥巴族内部可以互相通婚，而加尼亚格·迪迪汉族和加尼亚格·达瑙族内部可以互相通婚。[①] 但他们与其他未被认可的亚氏族之间仍然不能通婚。该村的马来尤族虽然也分裂出 4 个亚氏族，却仍保持族内禁止通婚的习俗，没有将"氏族"的定义缩小至亚氏族。

目前，吉纳里共有 8 个氏族，分别是加尼亚格族、高朵族、古基-巴由巴达族、江巴-古迪阿聂族、马来尤族、巴奈族、丹戎族和西昆邦族。这些氏族之间可以通婚，但是氏族内部不能通婚。其实这里有 4 个氏族均有分支，只不过其中有两个氏族分裂完后依然由一个族长管理，如古基-巴由巴达族和江巴-古迪阿聂族。另两个氏族分裂完后分别选

---

① JULIUS DT. Mambangkik Batang Tarandam dalam Upaya Mewariskan dan Melestarikan Adat Minangkabau Menghadapi Modernisasi Kehidupan Bangsa [M]. Bandung：Citra Umbara，2004：64.

出了各自的族长，形成了 4 个不同的氏族，即马来尤族、巴奈族、丹戎族和西昆邦族。属于古基-巴由巴达族的村民有的自称古基族，有的自称巴由巴达族，虽然氏族名不同，但由于这两个氏族由一个族长负责，所以两个氏族的村民不能通婚。相反，马来尤族和巴奈族原来也属于一个氏族，即马来尤族。后来，居住在巴奈地区的马来尤族希望分出来单成一个氏族，并由另一个族长领导，因此分出来的这个氏族被称为巴奈族。由于有两个不同的族长领导，这两个氏族可以通婚。所以，在吉纳里的氏族通婚禁忌局限于同一族长领导下的氏族成员。

近年来，一些论文讨论了一些村庄出现的同氏族通婚情况，如阿瑞卡（2009）对阿甘区玛都村（Nagari Matur）5 例通婚案例的分析、梅拉（2015）对阿甘区的迪谷村（Nagari Tiku）的调查以及奈拉（2015）对梭罗克的苏利特河村的调查等。这些研究表明，当地习俗和宗教长老对该问题的态度和意见会对同氏族通婚产生影响。由于没有相关的惩罚，苏利特河村同氏族通婚的情况也越来越多，目前有记载的就有 29 对同氏族通婚的案例。有些村庄虽然没有将同氏族婚姻禁忌写在村规中，但村里人一直延续这个风俗，违反这个风俗的主要是一些外出的年轻人。总体而言，违反同氏族结婚的案例并不太多。如果违反该通婚禁忌，大多数地方还会将违禁的新人驱逐出村庄，也有一些地方会对新人进行惩罚，如需通过宴请或现金赔偿的方式来请求村里人的原谅。

在森美兰州的一些地区，同氏族不能通婚的规则已经改为同一个家系或家族的人不能通婚。有些氏族被分成小的分支后，两个小分支之间可以通婚。以林茂县的两个氏族为例，迦昆派必都安德（Biduanda Jakun）的成员可以和达刚派必都安德（Biduanda Dagang）或爪哇派必都安德（Biduanda Jawa）的成员通婚，陆地蒙卡（Mungkal Darat）内部的布吉（Bukit）家族和德巴（Tebat）家族可以通婚，却不能和格林

（Keling）家族通婚。① 努尔哈林的研究显示，20 世纪 70 年代末，森美兰州实际的婚俗已经发生了很大的变化，他们不再遵守母系制度和异族婚的规则。很多人甚至不知道自己属于哪个氏族，有些人由于母亲来自其他州而没有氏族。② 虽然，马来西亚的官方报道、相关书籍和风俗专家的解释仍强调森美兰州母系婚俗不允许同氏族通婚，如果同氏族通婚，夫妻俩将会受到村庄的惩罚。但是，同氏族通婚的情况偶有发生，多数村民对此现象表示不理解和反感，他们认为这些现象的出现源于年轻人缺乏习惯法知识。网络上也出现一些未婚夫妻询问同氏族是否能结婚以及如果结婚需要办理哪些手续的帖子。一方面，很多年轻人外出读书打工，不了解该族有同氏族不能通婚的传统，有些年轻人甚至在婚前不会去了解另一半的氏族。另一方面，受到伊斯兰教和现代社会发展的影响，年轻人对传统风俗抱有负面的情绪，认为这些规定是不符合时代发展的、陈旧的习俗。

笔者在高德村时曾就这个问题咨询过村里的风俗专家，他表示同氏族不能结婚。但正巧那天来串门的一个阿姨和他聊起了村里一个同氏族结婚的事。阿姨以询问的语气打听道，"那两家人是一个氏族的，按理不能结婚吧，但是他们结婚了"。叔叔一边听一边摇头说，"这样是不行的，违反了风俗传统，他们不懂风俗"。他还表示这样通婚只有两个解决方式：一个是被赶出村庄，另一个则是办宴席来请求氏族长老和村民的原谅。他补充，同氏族不能通婚也是考虑到后代基因问题，因为之前出现过同氏族夫妻生下有缺陷的孩子的情况，所以大家以此来预防，避免此类事情再发生。当然，如果同一氏族成员是由两名族长（adat

---

① NORHALIM IBRAHIM. Sistem Perkahwinan Adat di Negeri Sembilan ［C/OL］. Seminar Budaya，1997-04-30（6-7）.

② NORHALIM IBRAHIM. Social Change in Rembau ［J］. Journal of the Malaysian Branch of the Royal Asiatic Society，1977，50（232）：145.

lembaga）分别管理的，则这两个分支之间可以通婚。最小的禁忌单位是家族，这个家族一般是 5 代人形成的母系家庭单位。可见，不管是西苏门答腊，还是森美兰州，"异族婚"中的"氏族"概念在不同的村庄、不同的氏族内都会存在差异。加藤毅在其书中也表示，按理来说不论在村里或村外，两个来自同一氏族的男女不应该通婚。但实际上不同的地区有不同的情况。基本上，根据他个人经验，尽管有同氏族通婚的情况出现，但如果是同一家系（payung）的就必须禁止。如果有这样的通婚情况，就会被驱逐出村庄。① 但是随着时间的推移，在森美兰州内，"异族婚"的规则也不是一成不变的。受到伊斯兰教文化的影响，年轻人对于"异族婚"所规定的同氏族禁忌通婚的原因产生怀疑，他们认为这一规则与伊斯兰教规定的禁止结婚对象是相违背的。有的年轻人为了能与同氏族的人结婚，则会强调宗教在生活中的重要性，一定程度上也反映了伊斯兰教与传统习俗的博弈。另外，现代生物科技的发展也让人们对于近亲有了进一步的了解，从生物学角度对近亲进行划分使人们重新审视甚至改变习俗中的规则和条例。

二、同村婚的变化

很多文献显示，米南加保人除了遵守异族婚，还遵循村内婚（village endogamy）的结婚原则。"村内婚"指每个人必须在自己村庄内寻找合适的对象结婚，不能找外村人。以前，这个规则在米南加保的核心地区（darek）盛行，这个"村庄"的概念可以是纳格里（nagari），也可以是更小的村庄。为了保证血统的纯正，女性被规定不能与外村人结婚。有几个村的人特别遵守"村内婚"的禁忌，如阿甘区的哥达伽

---

① KATO T. Adat Minangkabau dan Merantau dalam Perspektif Sejarah [M]. Jakarta：Balai Pustaka，2005：33.

当人（Kota Gadang）、梭罗克的苏利特河人（Sulit Air）和久巴人（Cu-pak）。他们在西苏门答腊省小有名气，这三个地方的人哪怕迁徙到很远的地方，在选择婚姻伴侣时也仅选择同村人。[1]

如果一个女孩与外村人结婚，她将被家庭、氏族乃至整个村庄永远驱逐，除非她与丈夫离婚或她丈夫去世，她才有可能再次回归村庄。当然，她需要付出一定的代价来赎罪，如宰杀一头水牛来宴请所有村民，这样她才可能被村里人再次接纳。在哥达伽当村曾发生过这样的事，村里有一个女孩未经舅舅和母亲的同意就私自与一名爪哇族男孩结婚，并去了德宾丁宜（Tebing Tinggi）。事发后，村里的长老们、氏族族长们及年长的舅舅们聚集在一起商讨这个事，并做出决定驱逐这个女孩，取消其作为该村村民的资格和身份，不允许其再回到该村。如果她回来了，她的舅舅或亲戚不能招待她或接纳她，任何人如果违反了规定，就将与她一样被村庄驱逐。这份写于1920年的商议记录这样描述道，"D姓的女孩由于违反了哥达伽当村的传统习俗，不再是村里24个氏族族长的子民，村民不再与其同荣共辱、同甘共苦、同习俗共家产"。[2]

"同村婚"禁忌的存在有其合理性。首先，传统的农村生活限制了人们的活动半径，很多人生下来一辈子就在其村庄内活动，也就不太有可能接触到外村的人，更不用提结婚一事。虽然米南加保族的男性有外出迁徙的习俗，但不是每个地方都这样。对于女性而言，长大成人后想要单独外出的机会是极少的。马塞尔研究的阿佰村就不是一个热衷于外出迁徙的村庄，虽然该村没有"村内婚"的禁忌，但村里绝大多数人的人生轨迹都局限在村庄内或在村庄边界徘徊，他们都是在村里找对

---

① AZAMI, REFAI ABU. Adat dan Upacara Perkawinan Daerah Sumatera Barat［M］. Ja-karta：Departemen Pendidikan dan Kebudayaan RI, 1997：32.

② H. SUARDI MAHYUDDIN. Dinamika Sistem Hukum Adat Minangkabau dalam Yuris-prudensi Mahkamah Agung［M］. Jakarta：Candi Cipta Paramuda, 2009：89-90.

象，并一辈子生活在那儿。直到 20 世纪 90 年代初，棕榈油产业的兴起使得一大批村民迁移到新开辟的地区，这才导致该村村民与外村人结婚的现象增多，很多村民有在外工作或生活的亲戚。即使这样，村里绝大多数女性和老人最多一年离开村庄一至两次，而这样的外出一般是到邻村走亲戚或赶集。①

从 20 世纪 50 年代开始，人们已经渐渐不在意这个规约了。但是饶饶村属于少数几个非常严格遵守该规则的村庄，直到 20 世纪 70 年代，此规约才渐渐被解除。虽然 20 世纪 50 年代开始村内婚的规则已经受到动摇，越来越多人开始讨论村外婚的可能性，但是习俗的惯性使得村外婚的实践并不太普遍。20 世纪 70 年代至 80 年代，村外婚的现象才逐渐增多，但这种现象在各个地区和村庄也存在着差异性。对于村外的定义也包含了几个不同的维度，如外村的米南加保人、外村的非米南加保人（穆斯林）、外村的非米南加保人（非穆斯林）等。在选择时，有些地方优先考虑外村的米南加保人，有些地方则认为只要是穆斯林即可。还有一些地方的人则认为只要愿意皈依伊斯兰教的人就可以成为配偶候选。

吉纳里是一个热衷于外出迁徙的村庄，但通过浏览吉纳里村民的户口簿，笔者发现该村绝大多数村民还是实践村内婚。为了方便统计，笔者只将出生地均为吉纳里的夫妻视为村内婚。基于这个原则，2013 年的数据显示，1181 户家庭中，有 671 对夫妻是村内婚，有 282 对夫妻是非村内婚，70 对夫妻原出生地均不在该村，另有 158 人丧偶。这样来看，至少有一半以上的夫妻是遵循村内婚原则的。虽然这个数据不太准

---

① VELLINGA M. Constituting Unity and Difference：Vernacular Architecture in a Minangkabau Village ［M］. United States：University of Washington Press, 2004：61-62.

确，因为有些人虽然出生地在异地，但可能后来回到村内才结婚，因此非村内婚的夫妻中有一部分也可能属于村内婚。大多数村民认为，如果有好的姑娘或小伙，最好是与村里人结婚，这样可以有利于村庄的发展，传承好的基因和品德。有些村民也表示，以前是不允许当地村民和外村人结婚的，谁要是和外村人结婚了，村民会向他们的屋子扔石头。后来如果想和外村人结婚，可以向舅舅们申请，虽然很难被同意。再后来，可以通过支付一定数量的罚金与外村人结婚。在访谈中，很多村民也表示结婚对象的首选是村内的人，因为更了解，接触也更多。其次是梭罗克市的人，如邻近的姆阿拉巴纳斯（Muara Panas）、迪朗（Dilam）、高朵阿瑙（Koto Anau）、梭罗克等地村民。一般由于教育或工作原因迁徙到外地的村民选择与外地人结婚的比例较高。所以外出打拼使村民开始实践村外婚，但如果一直生活在该村庄的人则更多地选择同村人。当然也有很多人受到宗教因素的影响，他们认为另一半是真主来决定的，所以你也不知道真主给你怎样的选择。

在吉纳里，与外村人通婚依然需要支付罚金给氏族的四位长老。一般这个罚金被称为 uang pagar，即"越过围栏的钱"。罚金的数额根据每个氏族的约定而不同，拉希达是丹戎族的，她女儿 2015 年 12 月和巴东人结婚，当时在祖屋举办的婚礼，宰了一头牛。婚礼共办了三天，但是女婿当时没有认舅舅，只是向四位舅舅支付了罚金（1/2 至 1 克黄金）。在马来尤氏族，和外村人结婚的罚金为半克黄金。西昆邦族的族长后代表示这样的情况并不多，已经很久没有人交过罚款，罚金约 30 万卢比。加尼亚格族族长表示以前对村外婚的确有规定，要罚半克黄金。但现在一般按照对方的经济状况来决定，有十万、三十万甚至五十万卢比，每对新人都不一样。他表示，两个人谈恋爱都谈了那么久，如果由于订的罚金太高而坏了这桩婚事，岂不是更糟糕。所以，在他的氏族内没有明文规定村外婚的罚金金额，而是依据具体情况来协商决定。

2016年8月，笔者在安达拉斯大学就配偶选择进行的一个问卷调查（共122份）显示，仅有1.64%的女生选择同村人，有37.7的女生选择找米南加保人，22.95%的女生选择找西苏门答腊省人，另有27.05%的女生选择苏门答腊岛外人，有6.56%的女生选择苏门答腊人，还有4.1%的女生选择外国人。当被问及选择苏门答腊岛外人会选择哪儿的人时，大多数女生选择了爪哇人。可见，对于95后上大学的女生而言，生活轨迹变大后，选择同村人的可能性非常小。在问及为什么不选择同村人时，她们大都表示，村庄里风俗非常多，各种传统程序非常烦琐，如果同个村庄要完全按照村里的习俗办的话，结婚花销非常多。如果不是一个村庄的，就不用完全遵守传统，这样花销少一些，程序上也比较简单。所以，这不仅是人们生活圈子的扩大引起的选择多样化，还由于现代生活节奏的加快，人们为了避免过于繁缛的礼节而选择了简约的生活方式。

相反，在森美兰州没有明确的"同村婚"原则。波冈（Bogang）的案例显示村民更倾向于找当地人通婚，但不一定局限于同一个村庄的范围。调查显示，20世纪60年代以前，与村庄内女性结婚的100名已婚男性中有25人来自波冈，61人来自林茂县，4人来自森美兰州其他县，另有10人为非森美兰州人。1960年至1969年，37名已婚男性中有8名来自波冈，24名来自林茂县，1名来自森美兰州，4名为非森美兰州人。1970年至1979年，35名已婚男性中有7人来自波冈，13人来自林茂县，5人来自森美兰州，10人来自其他州。另外，该村男性的妻子也大多数为森美兰州人，但比例略少于前者。从这些数据可以看出，20世纪80年代以前，该村村民与同村人结婚的比例平均仅为25.2%，但与同县人结婚的平均比例高达74.8%，早期与森美兰州人通婚的比例更是高达 89.9%。① 但是这个比例在逐渐下降，20 世纪 70 年代末，该村与非森美兰州人结婚的比例达 30.1%。森美兰州的经济迅速发展，城市化进程较为明显。由于地缘优势，前往吉隆坡和马六甲学习和工作的年轻人越来越多，选择与其他州马来人通婚的情况也越来越多。在笔者调研期间就碰到多个与其他州结婚的家庭，男方、女方都有。当然，当地人最理想的还是能找森美兰州人，甚至是同县的人为伴侣。

总的来说，随着经济的发展和教育水平的提高，越来越多年轻人走出村庄来到城市。他们接触到更多来自不同地区的人，也对婚姻对象的选择有了更多的考量。村外婚的实践也使婚姻配偶的选择从地域、族群和宗教层面呈现出较大的开放性和包容性。

三、"门当户对"的等级制度

除了异族婚和村内婚，村庄内不同等级的人一般不能通婚，特别是上层阶级的女性不能嫁给比她等级低的男性。在每个村庄都存在着两个代表不同社会地位或等级的概念，即"当地人"（asli）和"外来者"（pendatang）。米南加保人认为"当地人/土著"是指那些最早开辟一块领地并生活在此的人，这些最早的氏族一般是有族长（penghulu）的氏族，他们在这块领域拥有至高的社会地位。与此相对应的则是"外来者"，外来者到达此地的时间晚于前者，根据"外来者"到达的时间和目的，他们被分为不同的等级。这种区分不仅在氏族间存在，在氏族内也同样存在，因为后来者一般会选择当地同一氏族或相似氏族认亲，但在每个氏族内当地人后代的地位仍然比外来者后代的地位高。

在米南加保社会中，氏族内的亲属有血缘关系的（bertali darah）、

---

① PELETZ M G. A Share of the Harvest: Kinship, Property and Social History among the Malays of Rembau [M]. Berkeley: University of California Press, 1992: 241.

有传统关系（bertali adat）的、有恩情关系的（bertali budi）及有金钱关系的（bertali emas）。血缘关系是指家户（paruik）到家族（jurai）间有关系的亲属。传统关系一般指在某一地区的某一氏族内部的亲属关系，比如梭罗克地区不同村庄之间有亲属关系的高德族成员属于传统关系。有恩情的亲属是不同地区的相同氏族的成员相互融合形成的亲属，比如在阿甘地区的高城村（Nagari Koto Tinggi）有加尼亚格氏族，而另一村庄或地区有一户加尼亚格氏族的成员迁徙至该村后，为了更好地融入这个村庄或获得更多的社会资源，这户人家可以通过仪式加入该村加尼亚格氏族，成为其成员之一。虽然这户人家本来就属于加尼亚格氏族，但他们在该村并没有自己的土地和祖产，成为该村同氏族的成员后，他们就属于有恩情的亲属（kemenakan bertali budi），并有可能获得该氏族土地的耕种权。有金钱关系的亲属也属于外来者，他们可能不是米南加保人，比如爪哇人、华人等。基于某种特殊原因，如婚姻，使得他们不得不生活在米南加保人的社会中。因此，他们在皈依了伊斯兰教后，通过正式的认亲仪式成为某一氏族的成员。在这种仪式中，他们需要花钱宴请村民，比如宰牛、宰羊等，有时甚至是直接采用现金形式。因此，这种亲属被称为有金钱关系的。他们拥有氏族名，却不能继承该氏族的任何财产。[①]

对于当地人而言，他们将亲属关系按亲疏远近分为三个类别，分别是下巴下的亲戚（kemenakan di bawah dagu）、肚脐下的亲戚（kemenakan di bawah pusat）及膝盖下的亲戚（kemenakan di bawah lutut）。第二类是

---

① H. JULIUS DT Malako Nan Putiah. Mambangkik Batang Tarandam dalam Upaya Me-wariskan dan Melestarikan Adat Minangkabau Menghadapi Modernisasi Kehidupan Bangsa [M]. Bandung：Citra Umbara, 2004：71.

上述提到的有恩情关系的亲戚，第三类则是有金钱关系的亲戚。①巴克迪亚于 1962 年在达朗村（Taram）调研时发现，该村的 3800 名村民中约有 21% 的人属于精英阶层，即族长及其真正的亲属，他们属于第一类的亲属。② 阿卜杜拉认为，很久以前，第三类亲属是那些没钱还债的人、战争的俘虏或被买来的孩子。因此，他们的地位较低，他们不能在村庄建加当屋，不能穿特定类型的服饰，甚至只能在同等地位的人之间通婚。③ 马塞尔认为在阿佰村也存在着明显的等级，这些等级是依据经济和政治的差异性而产生的，这些等级可以从其建造的房屋区分出来。这个村庄内的家庭分成了三户皇室家庭和 14 户平民家庭，而这 14 户平民还分为三个不同的等级。虽然印尼政府取消了等级制度，但在传统习惯中，大部分村民还是服从于这种等级差异。④

　　吉纳里也有明显的当地人和外来者的区别，当地人一般拥有较多的祖传土地、盖有一座或多座加当屋，共享一块祖坟地，而外来者则没有。他们主要在当地人的土地种田，借住或租住在当地人或亲戚闲置的房子中。2016 年统计数据显示，村庄里共有 1172 户家庭，其中贫困家庭数量为 371 户。从贫困家庭数据统计表来看，这些家庭的月收入均在 180 万卢比（约 900 元人民币）以下，其中还有一部分月收入低于 80 万卢比。这些家庭大多数没有可以建造房子的土地。从 73 份已收集的

---

① H. JULIUS DT Malako Nan Putiah. Mambangkik Batang Tarandam dalam Upaya Mewariskan dan Melestarikan Adat Minangkabau Menghadapi Modernisasi Kehidupan Bangsa［M］. Bandung：Citra Umbara，2004：72.

② BACHTIAR H. Negeri Taram：a Minangkabau Village Community［M］. Village in Indonesia，New York：Cornell University Press，1967：378-379.

③ KATO T. Adat Minangkabau dan Merantau dalam Perspektif Sejarah［M］. Jakarta：Balai Pustaka，2005：51-52.

④ VELLINGA M. Constituting Unity and Difference：Vernacular Architecture in a Minangkabau Village［M］. United States：University of Washington Press，2004：72-73.

表格来看，其中有 70 人没有可以建房子的土地。可见，很多贫困家庭可能是该村的外来者，由于没有自己的土地，他们主要租借别人的土地进行耕种或为别人干活。据村民们说，花香村那儿的大部分居民均属于外来者，但只要肯干活就能有收获，一些外来者通过自己的努力购买了属于自己的土地，并在此建造了房屋。也有村民表示现在本地人也不与外来者通婚，因为他们没有传统的服装，两个群体在地位上是不相同的。就如当地谚语所言，"站着不一样高，坐着不一样矮"。从其居住分布来看，当地人集中在村庄的中心区域，外来者则在村庄的边缘地区居住，并形成一个新区。

虽然，人们都希望嫁给社会地位高的人，但实际上，想要通过联姻实现阶层的越级是非常困难的。母系社会中，联姻等级的限制对于女性更为严苛。在"村内婚"的原则下，"当地人"一般只愿意找"当地人"，除非"外来者"拥有一定的声望和财力，才有可能成为"当地人"的候选人。在"当地人"中，他们更多选择相同社会地位的亲属。一般而言，女性只能和比自己地位高或同级的人结婚，不能下嫁，特别是那些属于贵族或当地人后代的女性。与之相反，男性则可以与自己同级或比自己地位低的女性结婚。因此，"当地"女性在村庄内选择"外来者"的可能性很低，一般她们只在特定的几个氏族内找对象。而外来者的女性后代选择配偶的范围则较广，不仅可以选择同村的男性，还可以找邻村的男性。

如果说，选择"门当户对"的婚姻是为了保证血统的纯正性，维持或提升家族在当地的地位，那么村内婚则出于两个原因的考虑，第一，所有人的社会地位和封号只局限于某个特定的村庄或纳格里，出了某个特定的地理区域后，其原有的社会地位则不复存在。哪怕这个人是出自族长家族，到了另一个村也会被视为普通平民，所以一个人在自己村庄能找到同等或者更高一级地位的配偶，却在别的村庄因被视为"外来者"而只能找比他/她社会地位低的配偶。相比之下，人们更愿意在村内寻找配偶。第二，父母们和女孩自己喜欢找同村的男生是出于对家庭的照顾和家族联盟的考虑。由于绝大多数男性在婚后要外出打工，妻子和孩子就需要母系家族来照顾。如果在同一个村庄，其丈夫的母系家族成员也会照顾她，这样她和孩子会更有保障。但如果是嫁给外村人，她和孩子可能并不会被其丈夫的家人所重视。对于女方家族而言，路途的遥远造成了远水救不了近火的状况。另外，同一个村庄的婚姻结盟不仅拉近了这两个家族的关系，还会加强两家人在村庄内的势力。有的村庄还会存在固定氏族的联姻，以期增强两个氏族间的联盟势力。这种情况在森美兰州也同样存在，由于森美兰州保留了风俗长老的职位，这些职位只由一些固定氏族家庭成员来承担，并且根据母系继嗣进行继承。所以这些家族在村庄内拥有更高的社会地位和权力，他们会受到更多的青睐。这些家族内也会强强联合扩大家族的势力范围。

第三节 理想对象的变化

首先，在提到理想的婚姻形式时，米南加保人有一句俗语，"嫁到舅舅家，嫁到姑姑家"（pulang ke anak mamak, pulang ke anak bako），这句话形象地展现了姑舅表婚的模式，即与舅舅家的孩子或与姑姑家的孩子结婚。因为传统的母系社会中，舅舅在母系家庭中扮演着重要的角色。当婚后居住模式以流动的母系居住为主时，舅舅在家中几乎代替了父亲这一角色，因此，这种联姻形式不仅被认为是亲上加亲，而且还便于男性同时兼顾舅舅和父亲两种身份，公平地照顾到两个家庭中的孩子。当然，随着人们对伊斯兰教法的实践，逐渐对这种婚配方式的认识加深，对其后代产生的不良影响有所了解后，姑舅表婚逐渐减少。但很多研究显示（Reenen，1996；Blackwood，1999；Marcel，2004；Kato，2005 等），远亲的姑舅表婚仍然存在，并且是很多家族的首选。

其次，米南加保人的理想婚姻是与同族人结婚，即与米南加保人结婚。米娜表示，20 世纪 70 年代当地的习惯法影响仍然很深，人们除了要求要与穆斯林结婚外，更偏向于和米南加保人结婚。她通过观察发现，与非米南加保人结婚会产生两个主要问题：一是宗教问题，二是孩子的身份认同问题。① 大多数情况下，与其他族群的人结婚前，米南加保人会要求对方先皈依伊斯兰教，再举行婚礼。21 世纪初，米南加保社会中的伊斯兰化趋势逐渐加强。为了避免米南加保族的基督教化，米南加保社会对女性的跨宗教婚姻采取了严格的限制。但也有少数米南加保人为了结婚而转教，这种转教基本上是隐秘的。因为，转教会使他们不被社区成员认可而被边缘化，"不是穆斯林，就不再是米南加保人"成为绝大多数米南加保人的共识。米娜通过研究发现那些跨宗教婚姻中，米南加保人为了获得文化上的认同，他们重新构建了传统习惯法，由此也重新构建了米南加保人的身份和家庭。② 除了个人的身份认同问题外，子女的身份认同则更加复杂。如果男性米南加保人与外族人结婚，其孩子则失去了氏族，没有了归宿。虽然根据习俗，外族人在结婚

---

① MINA ELFIRA. "Not Muslim, Not Minangkabau"：Interreligious Marriage and its Cultural Impact in Minangkabau Society［M］//JONES G W, CHEE H L, MAZNAH MOHAMAD. Muslim-Non-Muslim Marriage：Political and Cultural Contestations in Southeast Asia. Singapore：Institute of Southeast Asian Studies, 2009：175.

② MINA ELFIRA. "Not Muslim, Not Minangkabau"：Interreligious Marriage and its Cultural Impact in Minangkabau Society［M］//JONES G W, CHEE H L, MAZNAH MOHAMAD. Muslim-Non-Muslim Marriage：Political and Cultural Contestations in Southeast Asia. Singapore：Institute of Southeast Asian Studies, 2009：172-182.

前可以在村庄里通过仪式被一个其他氏族的家庭收养，成为该氏族家庭成员，拥有氏族名。这样，他的孩子就有氏族了，但考虑到自身的身份认同，现在并不是很多人选择这种方式。他们的子女，特别是女孩，因为没有氏族，很难与米南加保人通婚，于是她们大多会选择与其他族群的男性通婚。与之相反的是，如果米南加保族女性嫁给了外族人，因其母系继嗣，其子女既可以拥有氏族名，还可以拥有父亲那方的家族姓氏，对其而言则是双重身份的选择。因此，为了延续米南加保人的身份，一般会优先考虑米南加保人。当然笔者进行的调查问卷显示也有很多女生希望与外岛人甚至外国人结婚。但实际上，米南加保人之间通婚的比例仍然较高，在吉纳里，与爪哇人结婚的数量大约有 15 例，与外国人结婚的有 2 例，其他均是米南加保人之间通婚。

在森美兰州，优先考虑本地人的情况也存在，但这并不是绝对的。马来西亚的马来人信仰伊斯兰教，森美兰州的米南加保裔马来人与其他州马来人通婚并不会存在因宗教差异而产生的矛盾和问题。加之外出人口的增加，与其他州马来人通婚的情况越来越多。由于他们的身份认同首先是马来人，然后才会区分是哪个州的马来人，所以即使与其他州的马来女性结婚，也并不会出现身份认同缺失的情况。

最后，理想的婚姻对象是根据一个人的社会地位而定的。一个理想的男性应该能给他的妻子家族带去好的"血统"、地位和财富。人们愿意将女儿嫁给尊贵的人（orang terpandang），简称为 OT，即被看得起的人。有些地方将最初开辟并定居在这块土地的人称为初民（orang asal），这些人也是该地区最受尊重、最有权力、享有最高社会地位的人群（Josselin de Jong，Junus，1971；Westenenk，1969）。在卡芒（Kamang）地区，这些初民被称为流淌着白色血液的人（urang badarah putih）。这些氏族拥有特殊的封号，在一个社区中很容易被辨识出来。在巴里亚曼（Pariaman），皇室或贵族的后裔被称为尊贵的人，他们的封号一般为西迪（Sidi）、巴金达（Bagindo）或玛拉（Marah）。在巴东，贵族后裔的封号则是苏丹（Sultan）或玛拉（Marah）①。在这些群体中，族长又可谓是人上之人，他们是最富有、最有知识、最有权力并且最有权威的人。族长能够拥有额外的经济来源，他可以向那些想开辟新区域、开垦新农田、砍伐森林树木或淘金的人收税。他还有权力使用特殊的田地，作为他职位的俸禄。② 族长经常是村里十分抢手的对象，有时即使他已有婚配，仍有不少女方家庭会投来橄榄枝，想将女儿嫁给他。朴玉连的研究中表明，在比阿罗（Biaro）村目前仍存在着三个比较明显的阶层，第一个阶层为皇室的后裔，这些氏族是整个村庄最富有的群体，占有村庄约 20%的稻田。第二个阶层也被称为中等阶级，这个阶层中有不少人从事宗教事业，并取得了一定的职位，如阿訇（Imam）和回教法官（Kadi）。第三个阶层就是平民，他们大多属于"膝盖以下的亲戚"这个群体。③ 在吉纳里，传统上最受尊重的是氏族的四位长老，即族长、风俗长老、宗教长老和杜巴郎。据村民说，四位长老的后代一般会选择和另一氏族的长老后代结婚，这是为了维护长老家族的声誉。除此之外，拥有较多祖产的家族也是十分受青睐的。琳达曾告诉笔者，她的爷爷之前特别富有，曾经一共娶过 13 个妻子，她父亲是她爷爷与其中一任妻子所生，她的家族拥有氏族宗教长老的职务封号，目前是她

---

① IRMA SETYOWATI SOEMITRO. Beberapa Aspek Kewarisan pada Kekerabatan Matri-lineal：Suatu Tinjauan pada Masyarakat Adat Minangkabau［M］. Semarang：Badan Penerbit Universitas Diponegoro，1994：34-35.

② KATO T. Adat Minangkabau dan Merantau dalam Perspektif Sejarah［M］. Jakarta：Balai Pustaka，2005：53.

③ PAK O Y. Resourceful without Resources：The Life History of a Landless Minangkabau Village Woman［J］. Southeast Asian Journal of Social Science，1996，24（1）：97-111.

的堂哥担任这一职务。艾拉的舅舅曾经娶过5个妻子，因为她家拥有很多祖产和土地，所以很多人上门说亲。

当然，两地对于理想的男性标准随着时代的变迁也发生了一定的改变。曾经一度最理想的男性是早期定居于此的宗族，特别是那些可能继承祖传封号和成为母系氏族领袖的人，这些男人最可能一夫多妻。之后，随着伊斯兰教的影响不断扩大和加深，宗教的重要性得以凸显，宗教教师和长老的卓越性得以体现，他们的社会地位也逐渐提升。宗教长老成为家长们心中不错的候选人，他们大多会得到很多人的青睐并会有几个妻子。除此之外，富有的商人因为有能力去麦加朝觐，并因此获得宗教领域的特定地位，也被认为是很好的结婚对象。这些男人在他们的人生中总会得到很多人的提亲。因此，年轻女子经常嫁给中年男子。南希在20世纪六七十年代的研究显示，当时成功的商人被认为是理想的对象，他们经常有不止一个妻子。伊斯兰教教师和领袖也仍旧很受欢迎。一个人尽管没有担任氏族的职务，但如果他拥有传统的封号也依然是一个优势。但是现在最理想的是那些拥有新的称号的人，如学士、硕士或博士。这些称号让他们获得了较高的社会地位和收入较高的工作，如高校教授或银行职员。[1] 布莱克伍德表示，20世纪90年代在村庄里，村民仍然很看重封号和社会等级；但在城市，女性则更看重丈夫的能力和收入水平。[2]

目前，在巴东的婚礼请帖上也能看出，人们愿意将新人和父母的头衔标注在上面，其中主要是代表学历的称号，如文科副学士（A. MD）、经济学学士（S. E.）、管理学学士（S. Mn）、法学学士（S. H.）、自然

---

① TANNER N. The Nuclear Family in Minangkabau Matriliny: The Mirror of Disputes [J]. Bijdragen tot de Taal-, Land-en Volkenkunde, Deel, 1982, 138 (14): 137.
② BLACKWOOD E. Webs of Power: Women, Kin and Community in a Sumatran Village [M]. Lanham MD: Rowman and Littlefield, 2000: 15.

科学硕士（M. Sc.）、公证学硕士（M. Kn.）和博士等，也有表示职称或职务的，如教授、医生、注册工程师（Ir.）和传统封号的，如苏丹·邦利玛（St. Panglimo）。一位讲授米南加保民族志的老师在提到择偶标准变化时，打趣道，"现在两个人要谈恋爱，父母问的第一句话不是'哪个氏族'，而是'哪儿工作的'"。这说明现在的家长更关心孩子对象的工作和收入情况，更在意其另一半是否有能力供养家庭。丈夫的角色和家庭的结构已经发生了巨大的变化。以前丈夫属于另一个母系家庭，他对妻子没有太多的责任和义务，他更多的时候在自己母系家族的田地里工作，如果有时间他也可以帮助妻子家干农活，但这并不是必需的。以前大家都生活在一个公有制大家庭里，互相之间都有照应，互帮互助。现在越来越多的核心家庭出现，家庭的发展主要依靠夫妻两人。所以，现在的男性作为丈夫，成为家庭的主要经济支柱，他将提供生活开支，抚养妻子和孩子。根据笔者的经验，目前在巴东地区，最理想的配偶是医生，因为医生工作稳定而且收入可观，社会地位高。可见，理想对象的标准已从传统意义上的贵族后裔转变为现实生活中的成功人士。在森美兰州，人们对于理想对象的标准也发生了同样的变化，其轨迹与西苏门答腊省的变化轨迹相似。

第四节　尼卡哈仪式

从传统风俗层面而言，双方交换信物则表示两人已经正式确立了关系。然而，从宗教层面而言，双方必须通过尼卡哈仪式才成为夫妻，确立婚姻关系。尼卡哈（Nikah），来自阿拉伯语，是指穆斯林的婚礼。它是宗教层面对新人结合的一种认可。在印尼，完成尼卡哈仪式后，新人可以获得结婚证，也被称为尼卡哈本（Buku Nikah）。印尼的结婚证类似于中国的结婚证，唯一区别是颜色不同，男性的结婚证封面是红色，女性的结婚证则是绿色。马来西亚则采用尼卡哈证书（Sijil Nikah）和结婚证（Kad Nikah）两种形式。前者有双方详细的个人信息、见证人信息、经办人信息、举办时间和地点以及签名，后者则是类似于身份证一样的卡片，方便随身携带，卡上印有双方姓名和照片。

印尼法律规定新人需要进行尼卡哈仪式来确定夫妻关系。1946年22号法律规定如果与某一女子结婚后，没有向婚姻登记官登记，丈夫要交罚款50卢比。1975年第9号政府法令第45条规定结婚后没有向婚姻登记官登记的人要被罚款7500卢比。根据2000年政府法令，从2000年开始尼卡哈登记缴费3万卢比。2007年的法律则规定没有在婚姻登记局登记的人将会被处以最高600万卢比罚款或最多拘留6个月。① 根据1984年《伊斯兰家庭法》规定，马来西亚未婚双方也需要登记申请尼卡哈仪式，经过一定程序获得批准后，才被视为合法夫妻。但该法律对不进行尼卡哈仪式的新人并没有具体的惩罚条例，人们主要从宗教层面上进行自我约束。2004年《沙巴州伊斯兰家庭法修订案》中提到如果没有获得合法的尼卡哈，将会被处以罚款1000马币或监禁6个月，或者两者并罚。②

对于穆斯林而言，只有完成这个仪式，新人才被视为合法夫妻。特别是最后登记官说出"合法"之后，这个婚礼才完美。虽然它是新人结合的一个过渡仪式，使他们从单身男女成为合法夫妻，但传统上来说尼卡哈的实际参与者是新郎和新娘的监护人，如父亲或兄弟。有时新娘

---

① ANGGI TRIANDANI. Peran Pegawai Pencatat Nikah dan Rujuk sebagai Pejabat Pencatat Perkawinan di Kota Padang［D］. Padang：Universitas Andalas，2014：49.

② ERAKITA. Kahwin Tanpa Kebenaran：Satu Jenayah Syariah［OL］. 2012-04-11.

是等在屋内或躲在不被人看见的角落聆听这个过程的，现在较多新娘则在一旁见证整个过程。尼卡哈仪式并不是新人双方的一种承诺，而是新郎向新娘监护人许下的一份承诺。仪式中除了新人外，还有女方的父亲或监护人及两名见证人。一般由女方的父亲或监护人握着男方的手进行。在仪式举行前，宗教局官员先问女方是否准备好了，女方表示准备好了，然后新人们随着官员念诵古兰经，之后官员会将仪式中需要说的话预先陈述一遍，新郎和新娘的父亲则复述一遍。对话如下：

新娘父亲/监护人：×××（新郎姓名）。

新郎：是的，爸爸。

新娘父亲/监护人：我将我女儿×××（新娘姓名）嫁给你，你要支付聘金××元。

新郎：我愿意支付聘金××元，娶您的女儿×××（新娘姓名）。

因为这段对话被认为是十分神圣的，所以只有整段对话非常清晰和连贯，没有停顿、没有说错，这个尼卡哈才被认为是合法的。大家会跟着主持仪式的官员一起说合法（sah），双方就被认定为合法夫妻了。以前在印尼是由结婚离婚登记处官员（Pegawai Pencatat Perkawinan Nikah，Talak dan Rujuk，P3NTR）主持并见证这个仪式的，现在则由各地区的宗教局官员主持，并将此记录在宗教局的尼卡哈记录簿上留存下来。马来西亚则由各州的地区宗教办公室负责审核申请和组织仪式。

一、西苏门答腊省的尼卡哈仪式

米南加保人的尼卡哈仪式可以在清真寺、女方家里或宗教局办公室举行。很多调研文献（Dra. Ernatip，2004；Verwati，2011；Zein，2012；Raphel，2013；Prima，2013；Isra，2015 等）显示，在村庄里大多数人选择在清真寺或女方家举行，很少有人选择在宗教局（KUA）举行。

比如在五十城的邦嘎兰（Pangkalan），当地村民认为在清真寺举行是最好的。他们从古至今都在清真寺举行尼卡哈仪式，因此很少有人在家里或宗教局办公室举行尼卡哈。当地一般只有寡妇、鳏夫或遇到不幸的人才会在这两个地方举行尼卡哈。① 城里人比较多在女方家里举行，也有在清真寺、宗教局甚至酒店举行仪式的。但现在很多人表示，越来越多人选择在宗教局举行尼卡哈仪式。这种趋势的出现基于两个原因，首先，现代社会促进人们对法律知识的认识，对于结婚证赋予夫妻合法性的意识也不断提升，年轻的一代比上一代人更在乎结婚证。在宗教局举行尼卡哈仪式可以直接领取结婚证，但如果在其他地方举行尼卡哈，结婚证有时会被拖延。有些村庄的村民甚至表示举行完尼卡哈仪式很久也没拿到结婚证。其次，2014 年前在宗教局或宗教局外举行仪式都仅需支付 3 万卢比（约合人民币 15 元），但 2014 年 7 月开始，根据 2014 年第 48 号法令，如果工作时间在宗教局举行婚礼是免费的，但如果在宗教局以外，如女方家或清真寺，或者在非工作时间举行婚礼则需要向国家支付 60 万卢比的费用（约合人民币 300 元）。这 60 万卢比的费用属于非税收类的国家收入，新人直接支付到指定的银行账号。所以考虑到费用问题，越来越多人选择了宗教局。

有的地区有迎接新郎的仪式，即迎接新郎去女方家或宗教场所进行尼卡哈仪式。笔者在巴东参加的尼卡哈仪式就有请新郎的仪式。早上 8 点多，女方家有 10 个人带着礼物来到男方家，他们坐在一边。礼物包括两套衣服（其中一套是结婚礼服）和一个完整的槟榔盒。新娘的舅舅先发表了一段讲话，然后他们把槟榔盒从男宾客这边传到女方的舅舅

---

① DRA. ERNATIP. Peranan Kaum Kerabat dalam Upacara Perkawinan di Nagari Pangkalan Koto Baru Kabupaten 50 Kota［M］. Padang：Balai Kajian Sejarah dan Nilai Tradisional Padang，2004：30.

手中，舅舅先打开看一看，取出蒌叶咀嚼，一共有 2 个舅舅吃了蒌叶，然后大家开始吃饭。男方的近亲都坐在外面与女方迎亲队一起吃饭，其他女性都在厨房里吃饭。吃完饭后，男方在亲属的陪伴下一起前往女方家进行尼卡哈仪式。在吉纳里则没有这个仪式，男女双方按照约定的时间各自前往清真寺或宗教局。如果在女方家，男方则在亲戚的陪伴下前往。

位于姆阿拉巴纳斯的布吉宋迪区宗教局负责该区 5 个村庄村民的结婚仪式和结婚证颁发。宗教局局长在采访中表示，不论在宗教局内还是宗教局外举行尼卡哈仪式，都能保证当场领取结婚证，因为该区有完整的申请步骤和执行程序，他们会在尼卡哈仪式前准备好结婚证，并安排每一天的尼卡哈仪式。采访当天，该区有 16 对新人要结婚，因此局长将几对新人安排在一起进行尼卡哈仪式。他表示，结婚人数不多时都是一对一对进行的，但由于今天人数太多了，只能安排三对新人一起举行尼卡哈仪式。但从仪式过程来看，其实还是一对一对进行的。[①] 从该局的数据来看，2017 年 1 月至 3 月，该区共有 61 对新人结婚，其中选择在宗教局举行尼卡哈仪式的有 44 对（72.13%）。就吉纳里而言，2016年结婚的 42 对新人中有 29 对（69.05%）在宗教局举行尼卡哈，可见现在选择在宗教局举行尼卡哈的人数更多，并且将成为一个趋势。

但也有人表示更愿意花钱在宗教局外举行，因为习惯上亲朋好友要在仪式结束后聚餐。如果在宗教局，一般只是举行尼卡哈仪式，整个仪式比较快，仪式结束后仅有 10 分钟时间来合影，没有空间和时间供众人聚餐。另外，由于空间的限制，参加仪式的亲属主要是近亲，不是所有亲属都可以见证这个有意义的瞬间。如果在女方家或清真寺举行，就有更多的亲属可以参与其中，也便于仪式后的聚餐。如果在清真寺举行

---

① 2017 年 4 月 21 日笔者在布吉宋迪区宗教局对局长的采访。

婚礼，有些家庭会带着食物去清真寺，但之后需支付一定的清扫费用。所以，相比之下，在家里或清真寺举行仪式虽然需要承担额外的费用，但氛围更轻松，亲属们更加悠闲，也不用担心赶时间。

　　一般而言，村庄里的聘金只是一个象征性的礼物，可以是一套祈祷服或一本《古兰经》。赠送的祈祷服一般被折叠成漂亮的形状装在透明的塑料盒内。虽然现在有些地方也开始用钱币制作成一些传统房屋的模型作为聘金，但其金额总计并不太多。城里的聘礼则要丰富很多，除了给新娘的聘金外，还有衣服、鞋子、化妆品和手提包等。这些聘礼的多少和档次一定程度上体现了男方的经济实力。

　　整个西苏门答腊省，仅有巴里亚曼地区与众不同，因为该地区是由女方给男方送聘礼。聘礼是一个家庭社会地位和财富的象征，也表达了对男方家庭的尊重和敬意，维护了男方舅舅们的尊严。这种聘礼分为两类：一类被称为聘金（uang jemputan），一类被称为不退的钱（uang hilang），这两类均由女方家承担。最初聘金只是给有封号的家庭，因为他们属于贵族的后代，所以女方给男方聘金表示尊重。聘金的形式是黄金，被称为卢比金和林吉特金。（一卢比金为 16.6 克金，一林吉特金为 33 克金）。之后，渐渐发展为金戒指、金项链和金手镯。金饰品的数量也不太一样，从 5 克到 50 克[1]不等，根据双方的协商和女方的能力来决定。[2] 以金饰品为主的聘礼可以作为新娘的装饰，虽说是聘礼，但更像是嫁妆，是女方老人对女儿和女婿的一种馈赠。婚礼过后，当新人拜访公婆时，婆家会赠送与聘金等值的首饰、日常用品或现金。如果男方家赠予的礼品价值低于聘金是很丢面子的。现在几乎所有男方都会要求女

---

① 在西苏门答腊省，不管是 18k、20k 还是 24k 的黄金，1 emas 代表 2.5 克黄金。

② MAIHASNI, TITIK SUMARTI, EKAWATI SRI WAHYUNI, et al. Bentuk－bentuk Perubahan Pertukaran dalam Perkawinan Bajapuik［J］. Transdisiplin Sosiologi, Komunikasi, dan Ekologi Manusia, 2010, 4（2）：174.

方给聘金，而男方回赠的礼品和金额有时是等额的，有时则会少于女方的聘金。以前，决定聘金多少的主要是男方的出身和社会地位，现在，聘金的多少则主要看男方的学历、工作和职位等条件。聘金的形式也发生了一定的变化，除了金饰品，女方的聘礼中还出现了摩托车、小轿车甚至房屋。城市里直接用现金来代替，金额数量也较高。聘礼的数额越高代表越尊重，也代表男方在社会中享有较高的地位。2011 年，文拉瓦迪在调研中发现，巴东巴里亚曼的聘金在 500 万至 1500 万卢比之间。① 楠榜省的巴东巴里亚曼家族协会会长西罗在接受采访时，更是详细地列出了不同职业男性可以获得的聘金，如普通人一般为 500 万卢比，一个硕士生、老师或医生，聘金金额在 3500 万至 5000 万卢比之间。如果拥有西迪、巴金达或玛拉的封号，聘金则更高。②

　　而第二类不退的聘金属于女方对男方的一个补偿，主要用于一些特殊的家庭，比如家中女儿岁数已大、孩子有一定的生理缺陷或女儿已经不是处女等情况。为了尽快将女儿嫁出去或避免蒙羞，由女方家出钱办婚礼。这笔钱也被称为消失的钱，原因有两个，首先，这是用于办婚礼的钱，是不会被退回来的。其次，这笔钱是在婚前给男方家的，即使男方悔婚了，这笔钱也是不予退还的。现在很多人将这两者混为一谈，很多地方收了聘金，但男方并不赠予等值的礼物，只是有象征性的礼物。所以，很多人觉得女方在结婚时损失了很多钱，也就渐渐地将这个聘金称为消失的钱。当然，这个地区有些村庄既有聘金，又有消失的钱，而且这些聘礼金额日益增加，高昂的聘礼费用逐渐成为女方家庭的负担，

---

① VERWATI. Fungsi Bajiluang dalam Upacara Perkawinan（Studi Kasus：dalam Masyarakat Nagari Pauh Kamba Kecamatan Nan Sabaris Kabupaten Padang Pariaman）[D]. Padang：Universitas Andalas，2011：38.

② SHIROU. Tradisi Pemberian Uang Japuik dalam Adat Perkawinan Padang Pariaman [EB/OL]. 2016-07-03.

对其社会产生了一系列影响。阿兹瓦表示，有些女方家庭由于付不出高昂的聘礼而不得不抵押或卖掉她们的土地。武达玛则发现，在这个地区出现了女性找外地配偶的趋势，即与巴东巴里亚曼县以外地区的男性结婚。迦德拉提出，高昂的聘金导致该地区未婚配的女性数量增加。这些现象都使人们对这种婚姻形式产生了负面的印象。① 其实，早在 1980 年，地方长官阿纳斯（Anas）就呼吁巴里亚曼社会摒弃这个风俗。1990 年 1 月 25 日，地方长官、习俗理事会和宗教理事会共同发文表示要消除这个风俗。然而至今，这个婚姻风俗仍然存在于该地区。

针对非同村人或非米南加保人而言，在进行尼卡哈仪式之前，他们需要进行一个入氏族的仪式，这个仪式被称为"认舅舅"。由于米南加保人讲究迎新郎的传统，所以如果是外村的男性，女方无法去很远的地方迎亲，男方需要在女方村庄找一户人家认亲，然后那儿就成为新郎的家，女方则去那儿迎亲。一般他们会尽量找女方的亲戚，如果能找到与男方同氏族的则最为理想，如果非同一氏族，男方也需要接受。对于非米南加保族而言更是如此，特别是非米南加保族的女性，由于她们没有氏族，所以会先在村庄找一户人家，通过"认舅舅"的仪式成为该家族的成员，并拥有该家族的氏族名，属于第三类亲属，即膝盖下的亲属，没有继承财产的权利。在吉纳里，如果是与外村男性结婚，从古至今都延续着"认舅舅"的仪式，但对于当地人而言，如果女性与外村人结婚就意味着她们家没有亲家（bako），所以"认舅舅"可以使她们有一个村内的亲家。如果没有进行"认舅舅"的仪式则需要支付一定的罚金给氏族的长老，作为"违反规定"的惩罚。

---

① MAIHASNI, TITIK SUMARTI, EKAWATI SRI WAHYUNI, et al. Bentuk - bentuk Perubahan Pertukaran dalam Perkawinan Bajapuik ［J］. Transdisiplin Sosiologi, Komunikasi, dan Ekologi Manusia, 2010, 4 (2): 169.

二、森美兰州的尼卡哈仪式

森美兰州的马来人在结婚前也必须完成尼卡哈仪式。对于他们而言，这是婚礼中很重要的一个环节。在马来西亚，如果要举行尼卡哈仪式，需要向各州的地区伊斯兰事务局（PAID）提交申请。通过审核批准后才能举行该仪式。除了要参加 12 小时的婚前课程、提交相关的材料和确定好女方的主婚人外，男女双方均需提供公立医院或诊所的体检报告，其中特别包括 HIV 的检查。2017 年 1 月 16 日起，森美兰州、马六甲、玻璃市、吉打州和霹雳州均可以通过网上提交结婚申请。不论申请者是否来自这些州，只要尼卡哈仪式在其中一个州内举行，就可通过网上办理申请。从网上和村民提供的婚礼视频中可以发现尼卡哈仪式是视频中重要的部分，视频中均记录了在宗教事务官员见证下，新郎与女方主婚人之间的承诺，承诺的话语与印尼的一样，尼卡哈仪式举行的地点一般为女方家或清真寺。尼卡哈仪式结束后，该官员会将临时的尼卡哈证书发给新人，新人需要前往女方所在地区的宗教办公室办理尼卡哈证书，办理证书需要缴纳 20 马币（约合人民币 30 元）。从这一点也能看出，马来西亚的尼卡哈仪式理论上应在女方家进行。制作结婚证还需要另付 40 马币。其形状类似身份证，便于携带。男女双方获得的证件没有差别。

在森美兰州，男方也需要支付聘金。网上的数据显示，森美兰州的聘金分为四类，首先分为初婚女性和再婚女性，然后分为普通人和世袭者。其中普通的初婚女性为 24 马币，世袭的初婚女性为 48 马币；而普通的再婚女性为 12 马币，世袭的再婚女性为 24 马币。每个县对聘金有额度的限定，不同级别的人支付的聘金也不一样。1910 年出版的英文著作《林茂，九州之一：历史、习惯法及风俗》的马来文版本中列举了林茂地区不同氏族内拥有不同封号的女性应该获得的聘金数额。这些聘金也分为初婚和再婚两类，当时的货币单位采用卢比，一卢比等于35分。最多的聘金为30卢比，最少的聘金为12卢比。① 2007年仁保县酋长就聘金的数量进行了明确的规定，其中普通的初婚女性为200马币，世袭的初婚女性为220马币；普通的再婚女性为100马币，世袭的再婚女性为120马币②。这里的聘金数额一般是最低支付标准，每个家庭根据各自的情况会支付不同的聘金。此外，男女双方均要互赠一定数量的聘礼，其中包括服饰、鞋包、首饰、化妆品、高科技产品及食物等。

关于"认舅舅"的仪式，早期在森美兰州也一直存在，当地人称为"认亲"（berkadim）。一般村民与外村或其他州的人结婚时，没有氏族的一方可以在村内找一户人家认亲，成为该户家庭的成员。但随着人口的增多，为了避免将祖产土地分给外人，人们开始拒绝"认亲"的做法。

第五节　婚宴仪式

不论是西苏门答腊省还是森美兰州的婚俗介绍中都对婚宴的级别进行了一定的描述。婚宴隆重程度根据举办人的身份地位、举办的时间长短、宴请的菜肴及宾客的人数被分为三类。第一类是大型婚宴，一般是村里地位较高的家庭，时间在七天左右，宴请时采用牛肉，邀请村庄内

---

① PARR C W C, MACKRARY W H. Rembau, One of the Nine States: Its History, Constitution and Custom [J]. Journal SBRA Society, 1910 (56): 82-101.

② HAJI MOHD ZAIN. Jejak Adat Perpatih Luak Jempol [M]. Seremban: Lembaga Muzium Negeri Sembilan, 2009: 124.

外的人参加。第二类是中型婚宴，一般是村里的普通家庭，时间在三天左右，宴请时采用羊肉，邀请村内人参加。第三类是小型婚宴，一般是村里的穷人，时间在一天左右，宴请时用鸡肉，邀请村内的亲属参加。目前，村庄里的婚礼基本维持在三天左右，其中一天举行尼卡哈仪式，一天在女方家宴请，一天在男方家宴请。有时仅在女方家宴请宾客。城市的婚礼，特别是在酒店或礼堂举办的婚礼，一般仅有半天的时间。但是婚宴的场所和布置、提供的菜品、邀请的宾客及歌舞表演等都是一个家庭展示其经济实力和社会地位的机会，通过婚宴也可以使其树立在村庄中的威信。

首先是宴请的宾客数量和级别，数量可以从婚宴场所摆放的圆桌数量或人流量体现出来。在村庄里，传统婚宴是在祖屋的公共空间举行的，从早到晚都有人前来就餐（见图 4.1）。近几年也有人选择在庭院搭建帐篷，摆放圆桌进行就餐，从 10 桌到 15 桌不等。在酒店或礼堂举行的婚宴则更加隆重，一般在 10 桌至 30 桌不等。有一次笔者参加了梭罗克县副县长儿子的婚礼，婚礼是在县政府举行的，当时搭建的帐篷里摆放着 80 多张圆桌，有来自 7 个不同的自助餐公司负责餐饮，听说婚宴要举行四天，可见其接待的宾客之多。一场婚宴的人流量多少还能从拍照的队伍长短和就餐时是否有空座看出来。有时，等待祝福新人的亲朋好友能排起长队，一些没有座位的宾客甚至站着享受美食（见图 4.2）。

图 4.1 村庄里的婚宴（摄于 2017-3-5）

图 4.2 等待祝福新人和拍照的宾客（摄于 2016-8-7）

在城市里，人们有赠送花牌的习惯，这些用假花装饰的大牌子上面有新人的姓名和祝福的话语。从花牌的数量和赠送者的身份也能反映出举办婚礼家庭的身份和地位。普通婚宴的花牌数量在十块左右，有些身份显赫的人士则会获得更多的花牌。比如巴东市市长女儿结婚时，官邸门口的花牌几乎摆满了一条街的两侧，每一侧还摆放了两排或三排。布吉丁宜的一场婚礼上，笔者不仅见到了出席婚礼的市长及夫人，还看到了沿路布满的花牌（见图4.3）。

图4.3　婚礼场地外布满的花牌（摄于2016-9-18）

　　森美兰州的婚宴也类似，村庄里的婚宴一般都在自家的庭院内举行（见图4.4），以搭建帐篷和摆放圆桌为主，偶尔也用长条的桌子，提供更多的座位。也有人租用专门的婚庆场所。宾客的多少显示了主人在当地的人脉和社会地位。从早上到晚上，宾客们从各地纷至沓来，因为采用流水席的模式，现场倒没有拥挤不堪的感觉。有的时候，一些人缘较广的家庭的婚宴会持续几天。几乎没有人在祖屋内招待宾客，也没有赠送花牌和上台合影的内容。宾客们多以红包或礼物的形式送上祝福。

图 4.4　森美兰州村庄的婚宴（摄于 2015-7-26）

　　其次是婚宴的菜品。西苏门答腊省的村庄内仍采用传统的互助模式，由村庄内的妇女准备食物进行烹饪。如果谁家采用了餐饮公司，那么他们会受到村里人的鄙视。吉纳里的婚宴菜肴均是村里妇女一起烹饪的。一个被称为"厨师长"的妇女为前来帮忙的妇女们安排工作和统筹整个婚宴菜品的准备工作。相比之下，在城市里的一些婚礼，特别是在大礼堂或酒店举办的婚礼则采用餐饮配送服务（Catering）。巴东市的餐饮配送服务于 20 世纪 90 年代开始起步，到 2005 年总共仅有 7 家餐饮公司，到 2007 年增加至 43 家。就婚宴上的菜品种类和质量而言，每个家庭和地区各不相同，简单的有一荤一素的搭配，高档的有四荤两素加甜品的搭配（见图 4.5 和图 4.6）。一般而言，一荤两素或者两荤两素是大多数婚宴的选择。荤菜的肉类品种也取决于家庭的经济条件，经济条件好的会使用牛肉制作特色菜肴仁当牛肉，经济水平一般的家庭则选择羊肉或鸡肉。

图 4.5 西苏门答腊省城市的婚宴菜品
（摄于 2016-8-20）

图 4.6 西苏门答腊省村庄的婚宴菜品
（摄于 2017-4-23）

森美兰州的村庄从 20 世纪 80 年代初开始使用餐饮配送服务，目前绝大多数家庭采用餐饮配送服务。那种邻里之间相互合作、一起烹饪的场景已成了回忆。拉旺村的叔叔告诉笔者，20 世纪 70 年代时还是用相互合作的传统办婚礼。婚礼举行一个月前，大家都开始准备起来。婚宴一般是由妇女们一起烹饪的。相比传统的婚礼模式，餐饮配送并不一定便宜，但方便、快捷和省心是适应了生活快节奏的人们青睐于餐饮公司的主要原因。相比而言，森美兰州婚宴的菜品普遍更多一些，基本在两荤两素以上，也以当地出名的仁当牛肉/羊肉为主菜。

　　除此之外，音乐和舞蹈也是婚礼中几乎不可缺少的元素。西苏门答腊省的传统乐器叫达兰蓬（Talempong）①。除了达兰蓬，萨鲁昂（Saluang）、班斯笛（Bansi）②、三弦琴（Rabab）③、甘当鼓（Gandang）、牛角号（Pupuik Tanduak）也是米南加保族传统的乐器，这些乐器受到了阿拉伯、印度、波斯等文化的影响。如果说"甘美兰"是爪哇敲击乐团的代名词，那么米南加保人则以"达兰蓬"命名了他们的传统敲击乐团。传统的达兰蓬乐团最核心的还是达兰蓬这种乐器，其材质分为石质的和铜质的，以铜质为主。根据其用途可以分为手持的和摆放的，其中手持的被称为达兰蓬巴基（Talempong Pacik），一个乐手根据需要可以手持一个或两个。这些铜鼓经常在一些庆典活动中扮演重要角色，如村长就职仪式、婚礼、迎宾等。在村庄里，迎新郎的队伍或新人在村庄

① 达兰蓬（Talempong）是米南加保族传统的乐器之一，由两排圆罐形且中间凸起的中空金属锣组成，这些大小各异的金属锣平行地放置在有格子的木架子上。其演奏方式以木棒敲击为主。演奏者双手各持一个缠着呢绒线的木棒，敲击锣中心凸起处。在马来西亚和爪哇，类似的乐器被称为波囊（Bonang），是甘美兰乐器中的主要乐器之一。在森美兰州，米南加保裔的马来人保留和传承了这种传统乐器，并称为 Cak Lempong。
② 班斯笛（Bansi）是一种竹制的长笛，其源于印度古典乐器班苏里笛（Bansuri），也称为 Bansi、Murali 或 Venu，传说这是牧牛神黑天（Krishna）的笛子，总是与牧歌和田园诗相联系，是印度最古老的乐器之一。米南加保族的这种中音横笛长 33.5 至 36 厘米，有 7 个音孔。
③ 三弦琴（Rabab）又名雷贝琴，源自阿拉伯，10 世纪开始出现并被使用。该乐器在马来世界被广泛应用。

绕一圈到女方母亲家时都会有两到三个手持达兰蓬巴基的乐手敲击乐器，以向村民宣告有人结婚了。举行婚宴时，几乎所有家庭都会布置一个舞台供人唱歌，旁边还有达兰蓬乐队伴奏。

另一种表演方式被称为"电子琴独奏"（Organ Tunggal）。20 世纪 80 年代起，在米南加保人的婚礼中，特别是巴东地区的婚礼中，逐渐出现了"电子琴独奏"的表演，并且越来越受到大众的喜爱，并在短短 20 年间风靡城市和乡村。这种形式的风靡不仅因为当时大量日本产的电子琴进入巴东地区，还得益于其可演奏的曲风多样，并且方便携带。比起传统达兰蓬乐队的费用，这种形式的表演更便宜，因为达兰蓬乐队最少也需要 4 至 8 人演奏不同的乐器，而电子琴独奏只需要一个键盘手和一个歌手就可以完成整场表演。最初这种表演形式仅出现在酒店里，1984 年，它第一次出现在个人家中。到了 2000 年，巴东已经出现了很多新的电子琴独奏乐队，在最初的键盘手和歌手的基础上，还添加了吉他手和鼓手。这些乐队在婚礼中演奏很多传统和流行的歌曲，其中在迎新人、并坐礼和新人离场仪式中最常演奏的歌曲莫过于《染甲的夜晚》（Malam Bainai）和《欢乐吧，年轻人》（Alek Nak Mudo）。

一般而言，人们会选择电子琴乐队和达兰蓬乐器的结合，乐队中除了有达兰蓬外，还有电子琴、长鼓、手风琴、小提琴等（见图 4.7）。不论如何变化，不论增加了什么现代和西方的元素，达兰蓬始终是节目中、音乐中和活动中最核心的元素，它不仅能体现米南加保特色，唤起大众对米南加保音乐的回忆和共鸣，还使得在场的米南加保人有一种身份认同感和作为米南加保人的自豪感。此外，城市里的婚宴开始前还经常会有传统舞蹈的表演（见图 4.8），如碟舞、扇子舞、伞舞等，其中又以碟舞最为出名。据说，碟舞最早出现在稻谷丰收后对稻谷神感恩的祭祀仪式中。人们通过特定的步伐将盛有食物的瓷碟献上。后来室利佛逝王朝时期，随着伊斯兰教的传入，米南加保人不再举行这样的祭祀仪式了，这个舞蹈成为皇室典礼或大型活动的表演。①舞蹈需要传统乐器达兰蓬和萨鲁昂的伴奏，舞者人数必须为奇数，从三人到七人不等。服饰一般以红色为底色，搭配绿色、黄色和蓝色，金色的刺绣或镶边作为服装上的点缀。几乎每个婚礼上都会表演碟舞，因为这一天的新人就仿佛获得了皇帝皇后般的待遇，碟舞不仅代表他们向前来参加婚礼的来宾表示欢迎和谢意，也象征着新人们在今后的日子里会如舞蹈所展现的那般热闹红火，能抵御各种困难。

图 4.7　巴东市婚宴的乐队（摄于 2017-2-11）

---

① JODHI YUDONO. Memperkenalkan Indonesia Melalui Tarian ［N］. Kompas, 2015-09-12.

图 4.8   西苏门答腊省传统舞蹈：碟舞和扇子舞（摄于 2016-8-20）

　　在森美兰州，达兰蓬乐器被称为加兰蓬（Cak lcmpong），它的造型和演奏方式与西苏门答腊省的达兰蓬一样。森美兰州也有驻唱乐团为就餐的宾客助兴，他们较多地使用传统乐器和现代乐器的结合，表演的歌曲也是传统歌曲和现代歌曲均有。有时仅在迎宾的时候击打单面羊皮鼓或敲击铜质的加兰蓬。但与其他州的驻唱方式类似，没有明显的地方特色。虽然，森美兰州也有一些达兰蓬乐队，这些乐队也时常为婚宴助兴。笔者了解到有一个乐队从 2001 年至 2010 年总共参加了 87 场表演，其中有 70 场是婚宴，但在森美兰州的婚宴表演仅有 27 场。森美兰州的表演也主要集中在芙蓉市（19 场）。相对而言，他们较多在大城市的酒店表演，较少被邀请到村庄内表演。婚宴上也基本没有传统的舞蹈表演。总的来说，森美兰州的婚宴与其他州的马来人婚宴没有太大的差别，几乎已经失去了米南加保的文化元素。

第六节　森美兰州传统婚俗的展演

　　笔者在参观位于日拉务的风俗博物馆时，发现在展示米南加保族历史和文化展品的那层有一个婚礼场景的展台。展台内布置的并坐礼台（pelamin）还是传统的米南加保族风格的（见图 4.9）。博物馆的向导告诉笔者，以前森美兰州一些地区是采用这样的婚礼布景的，但 20 世纪七八十年代就渐渐不用了，而是采用现代的布景。以前婚宴以鸡蛋作为回礼，现在很多人都不吃煮鸡蛋，丢了反而浪费，所以近几年回礼也被一些糖果或小礼物而取代。在拉旺村时，一提到传统婚礼，很多受访者都不约而同地提到该村阿兹赞老师的婚礼。通过沟通，笔者获得了老师婚礼时的一部分照片。婚礼于 1992 年举行，照片上新娘穿着传统的米南加保服饰，头上用布包裹出牛角头饰。尼卡哈仪式和婚宴均在传统木屋内举行，墙上也布置着彩色的布帘，婚礼服饰和婚礼步骤上还保留了一些米南加保族文化的特色，但也已经融入了一些马来文化。但是，之后村庄内就再没有举行过这样的传统婚礼。笔者从观察和访谈了解到，现在人们更多地吸纳马来人的婚礼习俗，有些婚礼甚至是马来传统和西式现代的结合。虽然，目前森美兰州村庄的婚宴已经失去了米南加保的文化元素，但是当地人却通过发展民宿项目，将传统婚礼、乐器和舞蹈融入其中。这些项目让游客在参与式的体验中了解和认识当地的文化，一方面推广和传承当地文化，另一方面还为地区的经济做出了贡献。

图 4.9 博物馆中的森美兰州传统婚礼场景（摄于 2017-6-20）

马来西亚的旅游业是该国第二大经济支柱，而民宿旅游业也是国家经济发展的一大推动力，它是国民收入总值中一个重要的组成部分。马来西亚旅游局数据显示，马来西亚民宿旅游业年收入从 2010 年到 2014 年几乎翻了一倍。2010 年的年收入为 1200 万马币，2014 年的年收入达到了 2300 万马币。与传统的旅游胜地相比，森美兰州的民宿项目发展较晚，但其发展较快。马来西亚旅游局的官网上推荐了森美兰州的十个代表性民宿，这些民宿分布在森美兰州的各个县。几乎每个民宿都有其各自的特色，形成了独特的民宿文化。笔者选择走访了三个民宿，它们分别位于芙蓉县的拉旺村、仁保县的隆奈村和林茂县的高德村。与其他地方的民宿略微不同的是，这些村庄提供的并不仅仅是一间或几间民宿，而是提供两天一夜或三天两夜的团队民宿项目。在这短短的两三天时间里，游客可以体验到村庄原生态的环境和生活，品尝到美味的当地菜肴，欣赏到传统的歌舞表演和配乐，以及一系列有当地特色的团队竞技游戏。民宿项目将村庄里有意向参与的村民团结在一起，形成一个新的社会经济共同体。

　　麦莎拉从森美兰州文化和旅游部获得的资料显示，2015年该州的民宿旅游收入达109.89万马币，接待国内游客6226人次，国外游客4017人次。从11个正式备案的民宿来看，收入排名第一的为隆奈村民宿，其次是位于波德申港的巴基丹（Pachitan）和位于良令的拉旺村民宿。[①] 各个民宿的收入和接待游客情况见表4.1。

表4.1　森美兰州备案民宿2015年的收入情况和游客数量

排名	民宿	总收入 （单位：林吉特）	游客人数（人次）		
			国内	国外	总计
1	隆奈（Lonek）	450606.00	2170	535	2705
2	巴基丹（Pachitan）	302390.00	88	3394	3482
3	拉旺（Rawa）	218490.00	837	40	877
4	乐佳（F'Best）	31030.50	1592	0	1592
5	鹿园（D'Pelandok Best）	30850.00	304	0	304
6	金马士（Gemas）	24896.00	302	0	302
7	克拉旺（Klwang）	12290.00	492	7	499
8	伯乐公（Pelegong）	10100.00	36	41	77
9	穆丁哈山（Mudin Hassan）	9230.00	176	0	176
10	巴当念木（Batang Nyamor）	5900.00	120	0	120
11	邦吉囊园（Laman Bangkinang）	3200.00	109	0	109
	总计	1098982.50	6226	4017	10243

　　数据来源：MAISARAH MOHD RABU, N. M. TAWIL, HABIBAH AHMAD, et al. Membangungkan Program Eco-Agro-Edu Homestay：Kajian Kes di Kg. Rawa, Negeri Sembilan［J］. e-Bangi, 2016（2）：51.

---

① MAISARAH MOHD RABU, N. M. TAWIL, HABIBAH AHMAD, et al. Membangungkan Program Eco-Agro-Edu Homestay：Kajian Kes di Kg. Rawa, Negeri Sembilan［J］. e-Bangi, 2016（2）：51.

153

　　隆奈村可谓是森美兰州民宿的成功典范。该村最早创办民宿项目的负责人巴阿姨告诉笔者，"该村最早于2004年开始创办民宿项目，当时我刚从学校退休，大家推选我作为负责人，我就负责去参加培训、询问村民意向、设计项目内容、接洽旅游团队。最早我们是和马来亚大学合作的，他们经常组织留学生来这里参加活动"。笔者翻看之前的活动照片时还看到了北京外国语大学马来语专业师生的身影，他们参与体验了当地的乡村生活。隆奈村保留的大片稻田成为该村的一大特色。尝试用传统方式捣米和筛米、在稻田里徒手捕鱼、割胶、看猴子摘椰子、学做传统的糕点是该民宿项目的主要活动。活动中，村民还会根据项目时间的长短来安排传统的文化表演，如传统婚俗、传统歌舞和传统乐器，有的外国学生还可以参与体验学习传统乐器。

　　民宿项目不是一个简单的出租空房的项目，它更多地需要村民的合作和参与。民宿项目是安排游客住在村民家中，在村民的陪伴下通过一系列活动了解乡村生活、欣赏乡村风景、感受乡村文化的一个过程。因此，一个民宿项目至少需要有10户家庭参与其中。隆奈村的村民比较积极，参与的人最多，能够达到三十多户，高德村最初时有二十几户，随着时间的推移，有些家庭没有能力接待游客而不得不退出，目前仅有15户。而拉旺村刚起步，只满足了最低要求10户。由于村民住得比较远，负责人以自己家为中心，前后各找了5户家庭。即使这样，他们在活动中也常常需要填补额外的交通费用。随着民宿项目的逐渐成熟，一些经营民宿的村庄都办起了合作社（koperasi）。在政府专业机构的指导和发展项目支持下，一些乡村进一步完善民宿项目和规范经营模式，使更多的村民受益。隆奈村于2013年受益于马来西亚政府的永续乡村发展计划（Desa Lestari）开始建立了合作社，现在其覆盖的项目十分多样化，民宿只是其中的一个部分。拉旺村刚办民宿没几年就建起了合作社，除了作为提供住宿的住家外，在其中心辐射范围的 20 千米以内居住的村民可以申请参与，根据其投资的数额来分配最后的盈利部分。谈到合作社的建立，民宿的负责人表示政府会派专人对他们进行指导和培训。

传统婚俗的展演是民宿项目的重头戏，村民们要一起准备传统的婚礼服饰、布置并坐礼台、安排奏乐和婚礼中的特色餐饮。传统的婚礼服饰是红色或黑色金丝绒的礼服，新娘需要头戴金银发饰（sunting）或裹

图 4.10 米南加保婚礼的新娘头饰（摄于 2016-9-7）

成牛角形的布（见图 4.10），家里的墙面则需要用那些拼接的彩布来装饰，迎亲队伍中要有传统乐器的伴奏，这些已经不再出现在日常生活中的习俗在民宿项目的传统婚俗中以表演的形式再现，让国内外的游客对该地的独特文化有一种新的认识。在婚礼的展演或者乐器的表演中，村民会用传统的加兰蓬演奏当地的传统歌谣。有时候，村民还会让游客尝试演奏这些乐器，并教他们弹奏简单的歌曲，让游客感受当地传统乐器的魅力。除了传统音乐，民宿项目还会进行传统舞蹈的表演，其中最常见的舞蹈是碟舞。森美兰州的碟舞是对西苏门答腊省碟舞的一种吸纳，与西苏门答腊省的碟舞相比，森美兰州的碟舞很少有摔碎瓷碟并在上面踩踏的部分。可能这个部分难度较高，在森美兰州会跳这部分的舞者较

少，就渐渐失传。有些村庄拥有自己的舞蹈团队，在小学和初中也有一些擅长传统舞蹈的老师为他们培训。目前，森美兰州的文化和旅游部还开展了免费学习传统舞蹈、表演和乐器的课程，其主要目的是弘扬传统文化和艺术。通过报名和学习的情况来看，该活动受到了很多青少年的喜爱，推广效果很好。在隆奈村，他们有一个专门的舞蹈团队，常年招收和培训适龄儿童，在各种活动中，这支舞蹈队都有较好的表现。高德村曾经也有一支舞蹈团队，她们是在民宿项目成立不久后组织起来的。她们不仅在国内进行表演，还曾前往西苏门答腊省进行文艺交流活动。但由于目前舞蹈队的骨干成员都到了上大学的年龄，她们大多数在外求学，不在村庄内居住，因此很难聚在一起进行表演。由于当时并没有进行梯队式的培训，重新培养新的舞蹈演员需要一定的时间。因此，遇到大型的民宿活动，高德村则需要联系其他地方的舞蹈团来帮忙。拉旺村起步较晚，村里的年轻人也较少，所以该村没有自己的舞蹈团队，该村的民宿项目中如果需要舞蹈表演，一般需要联系其他地方的舞蹈团，邀请她们前来表演。

　　不论是婚礼仪式，还是传统乐器或舞蹈的表演，虽然只是以展演的形式再现，但都为传统文化的传承起到了积极的作用。一方面，这种寓教于乐的方式，不仅向外界介绍了当地文化，还提升了当地村民对自身文化的自觉性。在与外界交流的过程中，也增强了他们对于自身文化特殊性的自信，提升了他们对当地传统母系文化的保护和传承意识。另一方面，村民通过不断地参与和反复地演绎，也加深了对这些文化元素的理解和认识，通过与现代知识的融合进一步重塑这种传统。可以说民宿活动的开展对这些婚俗传统的保护和传承起到了积极的作用，为森美兰州文化的重构做出了一定的贡献。当然，旅游局的数据显示，森美兰州的民宿项目不论从接待人数上还是收入上都是数一数二的。① 笔者认为正是当地传统文化的优势才使得森美兰州的民宿项目能够在马来西亚140个民宿项目中脱颖而出，吸引更多的国内外游客。民宿项目和文化传承在村庄内起到了相辅相成的作用。

第七节 两地的异同及成因

同源文化在不同地区受到特定的政治、经济、社会及其他文化的影响会发生不同的变化，导致这种同源文化呈现出不同的文化特征。早期，西苏门答腊省的米南加保人和森美兰州的米南加保裔马来人在婚俗上存在很大的共性。随着国家的独立，政治、经济和文化均得到了不同程度的发展，两地的婚俗文化也发生了一定的变化。

从婚俗步骤来看，两地均有说媒、提亲、订婚、交换信物、确定婚期、准备婚宴、邀请宾客、婚礼尼卡哈仪式、婚宴、夜归及回门等基本步骤，但西苏门答腊省的婚俗步骤中传统仪式和讲究较多，森美兰州相对简化一些。从择偶的过程来看，早期两地均以包办婚姻为主。未婚男女的婚姻基本体现了一个大家族成员内部协商后的决定，择偶权主要掌握在母亲和舅舅们的手中。为家族内适龄女孩找对象被视为舅舅们的一项责任和义务。20世纪60年代后，随着国家独立和政治稳定，国家的基础教育也得到推广和提升，越来越多的年轻人开始自由恋爱。虽然男女自由恋爱的比例增加，但与其他族群相比，家长特别是母亲和舅舅对家族中孩子们的婚事还是起着决定性作用。20世纪七八十年代，虽然

---

① YAHAYA IBRAHIM, ABDUL RASID ABDUL RAZZAQ. Homestay Program and Rural Community ［EB/OL］. Development in Malaysia, 2010-12-13.

每一桩婚事仍需要获得舅舅们的同意才能进行，但实际上舅舅们不再定夺一门婚事，而是更多地遵循孩子父母的意见。父亲在家庭中地位的提高与核心家庭的出现是密不可分的。两地均发生了从包办婚姻到自由恋爱的变化，择偶权从以舅舅和妈妈为主导逐渐转变为以父母为主导，现在则以孩子自己选择为主，父母或母系大家庭通过口头允许或仪式表示同意。但是，西苏门答腊省的变化是缓慢的，很多地区仍然保留着复杂的仪式。森美兰州的变化更为明显，变化的程度更深，从仪式上也进行了简化。在当地基本上没有婚前征得舅舅同意的仪式。

这些变化和差异与经济发展和家庭结构变化有着密切的联系。一方面，两个社会都经历了从农耕经济到多元化经济的发展，经济大权从归属于集体（氏族）逐渐分散到家庭或个人。传统社会的物物交换被现代社会的货币结算所替代。另一方面，家庭结构从母系大家庭逐渐转变为扩大家庭或核心家庭，居住模式发生了变化，家庭中父亲和孩子的亲子关系也更加融洽。这些具有共性的发展推动着两地婚俗的变化。但由于两地的发展速度不同，也就导致了两地婚俗变化的差异性，从婚俗步骤的烦琐程度和家族成员的参与度高低来看，西苏门答腊省更胜一筹，这与当地人相对传统的生活方式和对于传统文化达成的共识密不可分，而这又与经济发展息息相关。

虽然印尼物产丰富，但人口较多，资源分布不均匀，发展不均衡，该国的经济发展在苏哈托执政的第一个 25 年里，远远落后于马来西亚。20 世纪 90 年代，印尼和马来西亚都被誉为"亚洲四小虎"，但实际上，两国国民人均收入和生活水平还是存在差距的。20 世纪 60 年代，马来西亚的人均国内生产总值就是印尼的五六倍。从 2009 年开始，马来西亚的人均国内生产总值仍是印尼的三倍左右。由于森美兰州紧邻工业重地雪兰莪州和历史古城马六甲，距离首都吉隆坡仅 50 多千米，该州的经济发展较快。从 2010 年至 2016 年的数据来看，森美兰州的人均国内生产总值（GDP）在 13 个州里排名第五，数值与全国人均 GDP 的平均值不相上下。然而，印尼各岛的发展很不均衡，与爪哇岛隔海相望的西苏门答腊省发展相对较慢。2010 年至 2016 年的数据显示，西苏门答腊省的人均 GDP 仍落后于印尼人均 GDP 的平均值。可见这两个地区的发展差别很大，贫富差距较为明显。

目前，西苏门答腊省的农村仍以农业种植为主要工作，其中又以粮食作物的种植为主。梭罗克县是该省大米种植的主要地区，是该省主要的粮食供应地。农业领域还没有实现机械化种植。在家庭中，女性的职业主要是家庭妇女或农民。虽然经济作物的种植已逐渐成为农民收入的一部分，但由于每个家庭拥有的土地数量和劳动力存在差异，每个家庭的收益也不同。在货币经济的影响下，村庄内显现出明显的贫富差距。少数担任公务员的村民在村庄具有较高的经济水平和社会地位。但总体而言，村庄内仍然延续着传统的生活方式，邻里之间互助合作的模式依然存在。婚丧嫁娶中仍然以粮食作为主要交换的礼物，并未采用礼金的形式。仪式也基本保留了原本的步骤和形式。当然，随着一些村民生活水平的提高，婚礼仪式的隆重程度与社会等级并无直接的联系，反而与家庭的经济条件直接挂钩。在城市里，人们逐渐采用礼金替代其他礼物形式，各种仪式也更加简洁、高效。

与印尼相比，马来西亚的经济发展整体是上升的趋势。森美兰州紧邻吉隆坡所在的雪兰莪州，首都的快速发展也带动了森美兰州的发展，特别是芙蓉市和波德申港的发展。马来西亚的国家发展经历了自由放任政策时期（1957—1970 年）、新经济政策时期（1971—1990 年）、国家发展政策时期（1991—2000 年）和国家宏愿政策时期（2001—2020 年）。1970 年实行"新经济政策"以后，随着国家经济的迅速增长和工业化进程的不断加快，马来西亚的经济结构发生了很大的转型，逐渐由传统农业社会向现代化工业社会转型（林勇，2008）。就业结构的改变和经济水平的提高使得森美兰州村民的生活节奏加快，人们不愿意举办传统的婚礼，而选择社会上流行的婚礼模式。村民们参加婚宴也都赠送礼金而非物物交换。婚宴的餐饮也由村民互助合作变为聘请专业团队负责，整个婚俗仪式变得更加简洁。马来和西式元素逐渐代替米南加保元素，成为婚礼的主要构成元素。然而，为了发展农村经济，森美兰州积极响应政府号召的民宿旅游项目，通过民宿项目中的传统婚俗展演，不仅吸引了国内外游客，促进了乡村经济的发展，而且对村庄内文化的传承和重构也起到了积极的作用。

从婚配规则来看，两地在早期均实行"异族婚"和"门当户对"的规则，虽然婚配对象偏向于本地人，但森美兰州没有明确的"同村婚"。这些婚配规则与当时的社会文化有着密切的关系。异族婚一方面是为了避免近亲通婚，另一方面则有效地强化各氏族之间的联合和整个村庄内部氏族力量的均衡。同村婚则与早期人类的生活圈和强化"我者"身份认同有很大关系。随着氏族人口的不断增加、人口流动的频率和时间增加、人们生活圈的扩展、受教育程度的提升，异族婚和同村婚这两个规则都受到了一定的挑战。异族婚姻的定义范围被扩大，而同村婚则成为优选项，而不是必选项。相比西苏门答腊省而言，森美兰州发生同氏族通婚的情况更早，20世纪80年代就有少数同氏族通婚情况发生。西苏门答腊省的同氏族通婚情况则基本上发生于21世纪初，数量也并不多。大多数村庄仍然坚守着传统意义的异族婚。

虽然同村婚规更容易被打破，20世纪50年代至60年代开始西苏门答腊省有些地区就不再要求"同村婚"了，但西苏门答腊省的村民仍将同村人视作优先婚配对象，而森美兰州与其他州马来人通婚的情况则很普遍。很多村民顺应工业化发展的需求外出学习和打工，增加了他们与外村人通婚的可能性。在国家建设和发展中，国家政策对马来人权利的保护，使得米南加保后裔对马来人的身份认同感增强，这也促使他们与其他州马来人通婚情况增多。

婚配规则的差异体现了文化交流中的排斥和交融。不论是西苏门答腊省还是森美兰州，都是一个流动的、多元族群共存的社会，虽然米南加保族或米南加保裔马来族作为社会的主体，但他们仍与周边的其他族群有文化接触和交流。这种接触和交流都是具有相互影响力的。在西苏门答腊省，虽然有文化的交流，但其结果是排斥的。相比之下，在森美兰州，不同文化间的交流形成了文化的融合。究其原因主要有以下两点：一是宗教文化差异；二是族群文化实力差异。

异族通婚在一定程度上反映了族群间的文化互动。异族通婚会导致两种不同的文化在接触和互动中互补和共生，在一定程度上形成文化的融合。在西苏门答腊省，除了米南加保族外，还存在巴达克族、马来族、华族和爪哇族。虽然生活在此的这些族群都会说米南加保语，但由于米南加保族信仰伊斯兰教，而巴达克族信仰基督教，华族信仰佛教和基督教，宗教信仰的差异使得米南加保族与巴达克族或华族通婚的概率很小。美国社会学家 G. 辛普森和 J. 英格尔认为，不同族群间通婚的比率能反映族群之间关系的深层次状况，是衡量社会中人们之间的社会距离、群体间接触的性质、群体认同强度、群体相对规模、人口异质性以及社会整合过程的一个敏感性指标。[①] 因此，米南加保族与当地其他族群的低通婚率反映了该族群对于自身文化认同感较强，社会整合过程中的排他性较强。虽然马来族信仰伊斯兰教，但由于该地的马来族和爪哇

---

① 马戎. 西方民族社会学的理论与方法 [M]. 天津：天津人民出版社，1997：380.

族人口较少，即使与米南加保人通婚，他们一般会被米南加保族文化同化。因此，整体而言，米南加保族在该地是具有排他性的，该族的婚俗文化则能较好地传承下去。相反，森美兰州人则很容易与其他州的马来人通婚，在马来西亚政治、经济和文化的推动下，森美兰州人越来越多地涌入城市，结婚选择的多元化使得传统的婚俗规则失去了实际的意义。

第五章　财产继承和分割

　　财产包括不动产、动产及无形财产。在这两个母系社会中，不动产指的是土地及土地上所有的房屋及种植物。动产指家庭养殖的牲畜，其中以牛、羊、鸡、鸭及鱼为主。无形财产是指氏族内的封号及家族内传承的神话、技艺、医术及巫术等。母系社会的财产继承一方面显现了人们对于财产公有私有的观念，另一方面也反映了这种以母系来继承的制度。一般而言，母系社会财产由女性来继承，女性姐妹间以均分的方式继承。随着私有财产的产生和伊斯兰教的影响，两个社会的财产继承均采用了习惯法和伊斯兰教法两者并用的情况。根据财产的性质，习惯法作用于家族祖产，而伊斯兰教法则作用于私有财产。由于米南加保人的习惯法均是口口相传，没有统一的法律依据，因此每个村庄有各自的版本，财产继承的方式也略有不同。相反，森美兰州有成文的习惯法，财产继承的方式有法可依，较为统一。本章将主要介绍两个母系社会中不动产的继承和分割情况。

第一节　财产的分类和祖产土地

　　对于米南加保人和森美兰州人而言，他们的财产主要分为三类，分别是祖产、婚前财产和婚后共同财产。森美兰州还将婚前财产细分为个人所得（harta carian）、女方的嫁妆（harta dapatan）和男方的聘礼（harta bawaan）。以前，祖产是一个家庭最重要的财产，主要包括土地及土地上的不动产，它不属于个人，而是由整个母系家族成员共同拥有，其中女性有祖产的所有权，男性负责管理，有使用权。祖产分为两类，第一类是高级祖产（harta pusaka tinggi），是祖上传承下来的，一般人们提到的祖产主要指的是祖产土地和祖屋。第二类是低级祖产（harta pusaka rendah），由家族成员通过劳动所得。这类财产可以买卖和赠与，一般由妻子和孩子继承。比如丈夫新买的一块土地，这个土地就属于低级祖产，该财产归其妻子和孩子所有，但其女儿继承的部分会在第二代时变成高级祖产。婚前财产指结婚前的个人所得，可以是自己在外打工所挣到的钱，也可以是结婚时家人准备的彩礼或嫁妆，归个人拥有。婚后财产主要是指夫妻共同劳动所得的财产，归夫妻两人共同拥有。在这些财产中，土地和房屋是最重要的财产之一，对于生活在农村的人们而言更是如此。

一、西苏门答腊省的祖产土地

在西苏门答腊省，祖产的边界和面积无法显示在地图上，米南加保人只将其记忆在大脑里，并口口相传，村民们对于自家土地四周的土地归属较为清晰。土地的边界以自然障碍物为标识，如河流、树木、石头等。在吉纳里，大多数土地用家族中舅舅的封号命名，因为家族的封号是不会改变的。所以，一块土地四周属于哪个氏族，在哪个封号下，他们了如指掌。之前，大多数人利用这些自然事物来界定。村民们更多地凭借信任和诚信管理自己所拥有的土地。笔者很好奇，问道，如果有人故意挪动石头来扩大自己的土地怎么办。村长布斯达尼说："在这里有

个传奇的说法，如果有人任意挪动边界，他会受到惩罚，可能突然变聋
或突然看不见了。所以人们不敢轻易更改边界。"笔者问他："之前发
生过这样的情况吗？"他说："有个人突然听不清话了，我们问他是不
是挪动边界了。他也听不见。后来可能又把边界挪回去了，又能听见
了。所以大家都不敢去挪动边界。"近几年，有些村民也开始用竹制的
篱笆来区分自家的种植园。前几年，政府为了收税曾找专门的测绘人员
来村庄测量了所有土地的面积，但由于村庄里大多数土地没有土地证，
土地的面积大小只是在交税的时候作为参考的一个数字。一般村民不会
说他有多少亩地，而是用几块（piring）稻田或平均收成量来替代平方
米数。他们对自家稻田的产量一清二楚。一般一块田能产出 400 千克左
右的稻谷，乌斯曼大叔曾指着他屋前的那三块田说，这块田一年能够收
1500 千克稻谷。努达尼斯在提到她家的稻田时，就说她家的稻田一次
丰收能获得 6000 千克稻谷。在正式的文件中，稻田的大小还用播种的
种子数量来计算，如 4 块可播种 2 苏卡①种子的稻田。

　　米南加保人的土地可以分为祖产土地（harta pusaka）、公共土地和
私人土地三类。祖产土地（继承的土地）是根据母系继承一代代传下
来的，即高级祖产。宗族土地是古老的世袭土地，由家族的很多代成员
共同拥有。家庭土地是新的世袭土地，不受家族的控制，由父母传给孩
子。公共土地是由氏族或村庄的村民们共同拥有的，这些土地是不能赠
送或传给任何人的。私人土地属于低级祖产，是通过买卖或继承新获取
的土地，其所属权归拥有者所有。在吉纳里，几乎所有的土地都是祖产
土地，除了村庄外，大部分是稻田和种植园，还有一些未开垦的灌木
丛。该村主要的土地是用于种稻的，这些土地都是世袭的，也可以称为
世袭土地。对于当地村民而言，祖产土地属于每个家族，即同一个祖屋

---

　　① 苏卡（sukat）是米南加保族传统的计量单位，1 苏卡相当于 2 升。

内的成员，只有当这个家族的成员都没有后嗣了，该土地才归同一个氏族内关系最近的家族所有。由于该村没有公共土地，在征用土地时，村长需要获得某一家族甚至宗族的同意才行。在村庄内建造清真寺、幼儿园和修路都需要征用村民的土地，其中幼儿园的地是属于加尼亚格族的，据说这个家族拥有很多地，他们很慷慨地捐赠了一块地用作建造幼儿园。另外，在修路时因为要征用好几家的土地，村长也是做了好多工作，最后在一位有威望的人士带领下，大家纷纷签字同意。道路的修通给大家带来了便利，也为他们附近的土地增了值。但目前村里征用土地几乎没有赔偿金，属于为村庄做贡献。

二、森美兰州的祖产土地

在森美兰州，所谓的祖产主要指祖产土地和土地上的农作物或住宅。阿齐扎的研究报告中提到森美兰州仅有五个地区拥有祖产土地，这些地区的祖产土地数量分别是日拉务（96 英亩）、瓜拉庇劳（18000 英亩）、仁保（1669 英亩）、林茂（12698 英亩）、太平（2072 英亩），总计 34535 英亩（约为 13975.8 公顷）。[①] 森美兰州土地局和土地所有权登记局的数据显示，整个森美兰州祖产土地的面积仅占森美兰州土地面积的 2%，林茂县是登记祖产土地最多的一个县。[②] 2012 年瓜拉庇劳县的祖产土地占该县土地面积的 11.4%。[③]

---

① AZIZAH KASSIM. Patterns of Land Ownership and Inheritance in Negeri Sembilan：Some Implications for Agricultural Development [J]. Southeast Asian Studies, 1989, 27 (3)：321.

② KAMIDI. Pemahaman dan Pengamalan Tanah Adat di Negeri Sembilan [D]. Seremban：University Sains Islam Malaysia, 2015.

③ MAKIAH T J, JAMALIAH M T. Kajian Adat Perpatih Di Negeri Sembilan：Satu Tinjauan Menurut Perspektif Islam [M] //NORARFAN, AWANG. Membongkar Rahsia Pendidikan Islam. Bandar Seri Begawan：Kolej University Pengurusan Ugama Seri Begawan, 2012：62.

一般而言，祖产土地不能进行买卖，只有在整个家族都同意的情况下，祖产土地可以被买卖，且只能卖给孩子或母系家族成员。买卖之后，土地性质和类别不发生变化。该土地依然是祖产土地，如果以前的类别是稻田，之后也依然是稻田，在获得酋长大厅的批准前不做他用。除了一些特殊情况，如这块土地被用作建造公共服务设施，如学校、清真寺、祈祷室、医务室等。该提案将被提交到酋长大厅的法院，如果获得同意，州政府将赔偿相等面积的土地给被征地者。

林茂县民宿的男主人告诉笔者，祖产土地的总数是不会变少的，因为当政府征用的土地涉及祖产土地时，政府将赔偿相同数量的土地给村民，所以其总量是不变的。2017 年，在林茂县酋长议事厅内，笔者看到该县的祖产数量及其分布，地图显示，该县占地面积为 41512 公顷，其中祖产土地占地 5269.01 公顷，祖产土地占据整个县土地面积的 12.7%。该县内每个乡的祖产土地数据见表 5.1。

表 5.1　林茂县祖产土地的数量和分布

编号	乡	面积（公顷）	编号	乡	面积（公顷）
1	Pedas	458.4493	10	Batu Hampar	291.1906
2	Kundor	233.6279	11	Tanjung Kling	276.5720
3	Selemak	456.1391	12	Titian Bitangor	534.8627
4	Chengkau	312.6080	13	Pilin	189.3287
5	Miku	157.3533	14	Gadong	413.7629
6	Nerasau	350.8110	15	Legong Hilir	250.3725
7	Bongek	240.4230	16	Legong Hulu	164.4310
8	Chembong	454.1693	17	Semerbok	183.4700
9	Spri	301.4387			

数据来源：笔者根据林茂酋长议事厅的数据整理。

官员表示祖产土地的总数一般是不会变的，这个数据还比努尔哈林

20 世纪 80 年代统计的数据（5138.698 公顷）增加了一些。但是，后来有村民告诉笔者，前不久在征用修建铁路的土地过程中，因为政府没有多的土地，只能用现金来赔偿。根据森美兰州 2001—2010 年发展计划来看，2002 年森美兰州总的祖产土地面积为 12821 公顷，比起 1983 年的 13997 公顷减少了 8.4%。① 2012 年的数据显示，森美兰州瓜拉庇劳县的马来保留土地有 33872 公顷，其中有 15%的土地（5080.82 公顷）是祖产土地，这个数据也比之前的 7284.34 公顷少了很多。这样来看，随着城乡建设的快速发展，土地资源的争夺会使得祖产土地的数量逐渐变少。

与西苏门答腊省采用自然障碍物作为边界不同的是，森美兰州的每个家族所拥有的土地位置、面积和所属人信息都是被记录在案的。不仅在政府的电脑系统中可以查到，村民们也有相关的土地证书（geran）。森美兰州的博物馆研究员告诉笔者，森美兰州的土地证分为两种类型：一种是普通的土地证，为棕色的封皮；另一种则是祖产的土地证，为红色的封皮。早期的祖产土地证上印有黄色的字样"祖产土地"（Tanah Pusaka Adat）以示区别，现在的土地证仍留有这样的字。土地证的出现源于 1909 年的《风俗习惯法》，该法在森美兰州通过后就建立了以特伦斯土地权属登记制度（Land Title Registration System）为基础的土地登记程序，涵盖以村为单位的所有土地。法律规定，所有的祖产土地只能变更至同氏族的成员，不能买卖或抵押，除非土地所有者和氏族族长可以提供让征税员信服的理由。法律的出现意味着土地的所有者并不能随意变更，它有效地保护了祖传土地。然而，土地允许拥有者登记名字使

① FAZLIYANA ALIAS. Kajian terhadap Pembangunan Tanah Adat Perpatih di Negeri Sembilan [R/OL]. Jabatan Penilaian dan Perkhidmatan Harta Negeri Sembilan, 2009: 14.

得这些土地不再归氏族所有，而是私有化了。土地证的出现不仅有效地管理各种土地，而且清晰地划分了土地权限。因为这些祖产土地均按照家族应得份额进行分割。这些祖传土地均有明显的标识，土地拥有者和其占有的份额在土地证上写得清清楚楚，土地的面积单位一般为公顷。

笔者也在村庄里看到了祖产土地证，并了解了土地证里所涵盖的信息。每份土地证都有该土地的测绘图、面积大小、拥有者的名字及其份额。早期的土地证较大，新的土地证则约为 A4 纸大小。以一份早期的土地证为例，该证的正面有以下信息，首先上方印有证书编号（392）、区域（Kuala Jempol）和州属（森美兰）。其次，中间是相关法律条文，说明土地拥有者的权益及收税标准（8.6 马币/年）、文件号（PTJL.260/7/93）以及颁布证书的时间（1994 年 1 月 14 日）。最后，下方则有这块土地的详细信息，如土地编号（198）、区域（Kuala Jempol）、县（Jempol）、地点（隆奈村）、土地面积（4.094 公顷）、土地草图编号（7875）、土地类型（稻田）以及登记时间（1916 年）和记录号（2121）。证书内部有一张平面图，上面不仅用绿色的线描绘了该土地的位置，还标注了这个村庄的其他土地编号及位置。背后有该土地拥有者的名字和份额，从名字上可以看出土地的拥有者全是女性，其份额从二分之一、四分之一到八分之一不等。下面还有一个更新的信息，记录了一个土地权的更替（其中包括文件号 4287 和相关具体信息），该信息是于 1998 年记录下来、1999 年登记上去的。该内容表明，基于莎迪亚女士于 1981 年 10 月 15 日去世，其所占的份额（1/2）转入哈沃的名下。一般当母亲去世时，祖产土地都会进行分割，并且更改土地证的姓名，但更名的过程长短不一。虽然老人去世时间为 1981 年，但土地更名发生在 1998 年，登记则是 1999 年 4 月份。新的土地证标记着"国家保留土地"（Tanah Simpanan Negara）字样。村民告诉笔者，每个人都可以去土地管理局查询自己名下的土地，花10马币就可以将其打印出来。打印出来的地图上会显示该区域的所有土地情况和编号，没有编号的土地则是未使用的土地。

由于祖产土地经过几代人的继承和分割后，其完整性大大地降低了，个人拥有的土地面积越来越少。一些面积仅有1公顷的土地可能归属于几个姐妹。阿兹玛也表示土地面积没有增加，继承人的数量不断增加，使得土地的发展受到限制。有些土地的发展计划因无法获得所有人的同意而不得不处于闲置状态。① 有时，不同类型的土地所有权也限制了这些土地的发展。但是土地证的出现使得森美兰州的土地归属比西苏门答腊省更加清晰和规范。它也有利于财产的分配和继承，土地证上的所有权者及其拥有的份额都是日后分配很好的依据。当母亲去世后，其女儿获得该土地，一般采用均分的方式，有些家庭也会根据家庭情况提前协商好分配的方式。等确定好分配的份额后，更新一下土地证中拥有者的姓名和份额即可。

三、西苏门答腊省的土地使用

以前，家中的祖产由家族成员耕种，收成统一集中起来交给家族的女性大家长，然后再分配。舅舅作为家中的男性成员，其劳动所得归母系家族所有，由女性大家长负责管理和分配。现在，未婚男性仍然在母系家族的田地耕种，劳动所得归母亲所有，但已婚男性的作用则发生了变化，随着核心家庭的出现和居住模式的变化，舅舅的劳动所得主要归核心家庭所有，因此，谁在母系家族的祖产上耕种发生了一定的变化，

---

① AZIMA. Idle Agriculture Land Resources Management and Development——An Institutional Causes: A Case Study in Malaysia Interdisciplinary [J]. Journal of Research in Business, 2001, 1 (8): 24.

谁为母系家族贡献自己的劳动力也发生了变化。布莱克伍德表示，20世纪70年代，农民一年丰收两回，米成为主要的现金来源而不是生存所需的粮食。妇女们在市场上售卖米，并用这些收入来贴补家用和准备仪式性活动。男人们的收入一般用来支付孩子们的学费，如果除了妻子的需求外，他有额外的收入，可以用来帮助他的母亲和母系氏族。① 可见，20世纪70年代时，男人们的主要收入已纳入核心家庭的经济体系之中。

在吉纳里，土地的所有权归女性所有，以前这些土地主要由舅舅来耕种，现在这些土地主要由丈夫、夫妻俩或雇的人来耕种，但这部分收入主要由妻子掌管。在妻子拥有的土地上耕种，劳动所得为夫妻共有财产，夫妻俩形成了一个新的经济联盟。有的家庭也会给儿子留些稻田耕种，以便儿子可以常回家看看家人。村里女性负责的土地一般比男性多，但也有少数男性耕种的土地比女性多。艾迪生耕种着父亲买来的20块土地，艾迪生在解释他耕种的土地比姐妹的土地多时这样说道，"因为男性责任更大，男人要负责一个家庭的开支，女人只是接受而已。我的姐妹有丈夫，丈夫们应该去挣钱而不是他们的妻子"。他表示，"男人如果没有土地也可以找其他的工作，或者在别人的土地种田。因为妻子是依附于丈夫的，所以丈夫需要挣钱养家"。他的想法代表了现在村民们对于男性作为丈夫这一角色的理解和要求，丈夫在核心家庭中地位的提高也一定程度上削弱了舅舅在母系家族的作用。很多村民都表示他们工作是为了供养妻子和孩子，在满足核心家庭需要之后，对于母系家族的需求，他们也会提供力所能及的帮助。

有的家族拥有很多稻田，凭借自己的能力无法耕种所有的稻田，他

---

① BLACKWOOD E. Webs of Power: Women, Kin and Community in a Sumatran Village [M]. Lanham MD: Rowman and Littlefield, 2000: 133.

们就采取两种方式进行耕种，第一种方式是请人来耕种，按天支付工资，最后的收成全部归土地所有者。第二种方式也是由别人来耕种，但不支付工资，最后的收成均分，土地所有者可以得到一半。瓦尔妮达家有 24 块土地，其中 20 块由她儿子耕种，收成分一半给她。这种家庭大多数是村里的本地人，他们拥有的土地比较多，通过前期的资本积累使他们有能力为孩子提供更高层次的教育，所以大多数孩子也都继续读书，没有人干农活。另外还有一些家庭成员在村里学校教书、担任公务员、开小卖铺等，他们一般也没有时间下地干农活。而外来者没有祖产，他们哪怕多少代了也没有祖产，所以绝大多数外来者只能给本地人打工。艾拉阿姨一家人几乎都是公务员，她的祖产均雇人耕种，丰收后，她会留出家中需要的粮食份额，剩下的卖给碾米厂，这些收入由其管理。最初，她表示农民和有田的公务员没有区别，只是工作性质不同，因为公务员没有时间种田，所以雇人种田。但渐渐地，她也承认有一部分农民是外来者，他们没有田地，所以只能为别人种田。这些农民的经济水平和社会地位较有田的公务员低。

有的家庭存在很多成员在外地工作的情况，他们的土地则由留在村庄的亲戚来打理。收成可以归耕种的人所有，也可以归土地所有者拥有，这完全凭借家庭内部的协商。也有一些人雇用当地人耕种，只在丰收的时候回村庄。有时候，在外地工作的兄弟姐妹回来，在他们走之前，村里的亲戚也会给他们带上些自家种的米。如果哪家在外地有困难，他们也会倾囊相助。这种互惠建立在良好的家庭关系上。笔者还记得艾拉阿姨曾说过，她雇人帮两个在雅加达生活的姐妹打理她们拥有的田地，收成会换成钱寄给她们，有时她们想要吃点自家的米，她也会将米留下给她们寄去，或者等有人回来时捎给她们。笔者在琳达家采访时，正巧碰到她老公在准备礼物。前几天她家亲戚从雅加达来，今天要走，她老公准备了半麻袋的米，准备给人家送去。他表示，这些祖产打理的细则都是家庭内部的一种安排，每家每户都不一样。有的家庭关系好，田地并不分割，互相约定好管理和耕种的模式；有的家庭关系不太好，老人怕以后会有争执，则会提前分好。

与稻田相对应的是种植园，种植园内可以种植各类果树和经济作物，如橘子、木瓜、可可、榴莲、丁香、槟榔等。但种植园相对而言较远，其工作也更辛苦，果树和经济作物的种植周期较长，其收成也没有固定的周期。所以一年丰收三次的稻田被视为更加高产的土地。因此，笔者在采访中得知，一般男性愿意耕种母系家族的稻田，而不在母系家族的种植园工作，因为种植园周期很长，如果他去世了，里面所有的产业将归其外甥所拥有，他孩子没有权利收割或分享。但稻田周期很短，种一期收一期，也就是4个月的时间，所以相对而言，损失较小。相反，如果男人在妻子家中的种植园工作，他所付出的劳动，最后都将属于其妻儿所有。从这个情况来看，现在男性更偏向于照顾自己的核心家庭，为自己的妻儿考虑更多一些。

当然也有一些家庭将稻田全部分给女儿耕种，男孩只能在种植园里工作。瑟丽家虽然有很多稻田，但这些稻田均由她负责雇人耕种。与此同时，她将自己的种植园分给她的哥哥打理。她表示，如果日后种植园有收获了，她也可以分到一半。因此，祖产的分配和经营首先建立在家族成员的协商之上，这个协商的过程中女性的决定，特别是母亲的决定起到至关重要的作用。其次，考虑到核心家庭和母系家庭的利益时，男性更希望将自己的劳动所得奉献给自己的核心家庭，他们更多地为自己孩子的未来而考虑。

四、森美兰州的土地发展

在森美兰州，土地的功能性也根据地区的不同而有所不同。早期的土地主要用于农业耕种，实现自给自足的农耕经济。森美兰州的祖产土地大部分是稻田和村庄区域，少部分是果园、橡胶园和鱼塘。努尔哈林表示传统的母系社会中所有的土地都归必都安德族的首领所有，他有权将这些土地分给氏族内或其他氏族的开垦者，然后这些土地就变成氏族的祖产土地。在开垦土地后，氏族成员宣誓将这些土地传给所有的女性成员，男性成员则有义务保护这些土地。他们作为守卫者有使用权，即在有生之年可以使用、耕种土地并获取其耕种的土地所得。① 斯威夫特（Swift）在日拉务的研究显示，种植橡胶的引入导致了个人经济的出现和新的价值体系形成，这与以传统的女性为氏族代表的土地所有权相悖。他发现橡胶这种经济作物几乎由男性种植，而稻田则由男女共同种植，但其所有权大多数归女性所有。② 随着人口的增长，个人获得的土地数量越来越少，人们对于经济作物的依赖性增加。特别是政府开辟了发展芭地区后，越来越多男性从村庄迁出，在发展芭生活。玛利亚在林茂的调查显示，20 世纪 70 年代至 80 年代几乎所有的稻田和果园都归女性拥有，属于祖产土地，后来男性耕种的橡胶园则属于非祖产土地。但一些由男性开垦的森林土地也被更名到其妻子、姐妹或女儿的名下，这些土地通过继承后可能也会成为祖产土地。当时，在林茂，有 7% 的橡胶土地被归为祖传土地。③ 另外，女性拥有的橡胶园数量也不少。玛利亚的研究显示三个村庄平均有 57% 的橡胶土地是归女性所有的。

但是从 20 世纪 70 年代开始，森美兰州的农业活动开始减少，大量

---

① NORHALIM IBRAHIM. Adat Perpatih: Perbezaan dan Persamaannya dengan Adat Temenggung [M]. Kuala Lumpur: Penerbit Fajar Bakti SDN. BHD, 1993: 124.

② NORHALIM IBRAHIM. Social Change in Rembau [J]. Journal of the Malaysian Branch of the Royal Asiatic Society, 1977, 50 (232): 137.

③ STIVENS M. Matriliny and Modernity: Sexual Politics and Social Change in Rural Malaysia [M]. Australia: Allen & Unwin Pty Ltd, 1996: 89.

土地被闲置。官方数据显示神安池附近约有 1160 英亩的农田已被荒置了 5 至 10 年，这些土地被荒置的原因有两个：一是土地所有者迁至城市，二是土地的发展计划未得到土地所有者的认可而被搁置。① 1985 年的数据显示，神安池的村庄里仅有 30.5% 的村民从事农业，其中 14% 的村民仅仅靠此生存。一些村庄从 20 世纪 80 年代起就不再种水稻了。② 目前，森美兰州的大多数土地已经不再是稻田了，它们成为经济作物的天地。即使有稻田的地区，很多农民都不再种田了，人工种植的情况已经被大型机器替代。法兹丽亚娜的研究显示，由于林茂县有大量闲置的祖产土地，该县政府出台了相应政策发展这些土地。林茂县的稻田则由该县的农业局统一负责管理，他们与土地所有者签署 3~10 年的租借协议，并在租期内统一规划和耕种。一般租借的费用为每公顷每年 200~300 马币，土地所有者可以获得 5%~10% 的收成。该县共有 2500 公顷的祖产属于稻田，其中有 1870.7 公顷的土地正在实行蔬菜和水果种植项目，政府希望以此来增加村民的收入。另有 5% 的土地没有被发展利用起来，因为农业局没有获得这些土地所有者的同意。③

与林茂县相比，日拉务县政府则因无法获得祖产土地所有者的同意而无法发展这些土地。土地所有者认为政府给予的补贴不合理，就宁愿让这些土地闲置着。④ 由于祖产土地受制于一定的习惯法，如不能在公

---

① AZIZAH KASSIM. Women, Land and Gender Relations in Negeri Sembilan: Some Preliminary Findings [J]. Southeast Asian Studies, 1988, 26 (2): 136.

② AZIZAH KASSIM. Women, Land and Gender Relations in Negeri Sembilan: Some Preliminary Findings [J]. Southeast Asian Studies, 1988, 26 (2): 144.

③ FAZLIYANA ALIAS. Kajian terhadap Pembangunan Tanah Adat Perpatih di Negeri Sembilan [R/OL]. Jabatan Penilaian dan Perkhidmatan Harta Negeri Sembilan, 2009: 36-37.

④ FAZLIYANA ALIAS. Kajian terhadap Pembangunan Tanah Adat Perpatih di Negeri Sembilan [R/OL]. Jabatan Penilaian dan Perkhidmatan Harta Negeri Sembilan, 2009: 38.

开市场上买卖和所有权仅限于氏族的女性，那么这类土地并没有市场价值，与其他土地相比价格较低。林茂县土地局的数据显示，一般土地估价为 4 万马币/公顷，而祖产土地仅为 1 万马币/公顷。① 笔者了解到，20 世纪 80 年代有很多大型的种植公司开始经营稻田，公司拥有大型的种植机器，从耕地、播种和收割都由机器完成，只需要人工喷洒农药就可以。一般是以租的形式承包农田，1 公顷土地的租金大约是 300 马币/年。在仁保的隆奈村仍有大片的稻田，当地的村民也告诉笔者同样的情况。该村的稻田都由大型种植公司承包，村里将每家每户的稻田进行登记和整合，然后通过招标的形式选择性价比高的种植公司。村里还建起了合作社或企业，从事多样化的经济发展，提高农民的生活水平。除此之外，村民根据该地区的土壤情况种植橡胶、棕榈树、香茅、菠萝等农作物。土地归女性成员所拥有，男性成员在征得同意后，可以在此开垦和耕种。

除此之外，政府也通过一些发展项目鼓励村民开发和利用非农田类型的祖产土地。自 2002 年开始，马来西亚就开始实施"安居项目"（Rumah Mesra Rakyat）。该项目旨在帮助无房的贫困人群解决住房问题，政府通过补助和低息贷款的方式帮助那些符合条件的申请者建造住房，必要条件之一就是需要有相应面积的土地。阿哈玛先生说，一般无房者都很难有能力购买土地，所以很难符合这个项目的条件，在森美兰州的土地大多数由女性所拥有，所以有的家庭经过协商后，由姐妹们提供土地，然后将政府建好的房子给经济情况较差的兄弟居住。因此，现在该州有一个趋势就是如果男的经济条件不太好，可以回来经营祖产土

---

① FAZLIYANA ALIAS. Kajian terhadap Pembangunan Tanah Adat Perpatih di Negeri Sembilan［R/OL］. Jabatan Penilaian dan Perkhidmatan Harta Negeri Sembilan, 2009: 33.

地。法兹丽亚娜表示，从 2007 年开始，林茂县有些村民通过申请政府的"安居项目"在村庄的祖产土地上建造新的住宅。这个项目建造的房屋规格和造价由政府规定，申请者提供土地，在建造房屋时可以获得政府提供总额 50% 的补贴。从 2007 年至 2009 年，林茂县的申请者达 98 人。① 2012 年，政府将该项目名改为"一个大马的安居"（RMR1M），该项目申请者可以从政府提供的几种类型房屋中选择一款，造价均为 6.5 万马币，其中政府补助 2 万马币，剩下的部分由国家房屋公司（SPNB）提供贷款，利息仅为 2%。截至 2018 年 2 月 28 日，森美兰州 6915 名申请者中已有 3677 人通过申请，其中 469 人的房屋在建。② 2021 年，森美兰州政府为低收入人群提出安居项目，每间房屋造价 7.8 万马币，提供 7 万马币的无息贷款，可贷 25 年。③

　　另外，马来西亚政府开展的"发展农村"战略使得一些村子办起了民宿（homestay）。在森美兰州，这种民宿依托农村的现有资源，将绿色、文化和饮食的概念融入其中，吸引了很多本地和外国的游客。位于良令地区的民宿就是使用了祖产土地，经营该块土地的男主人之前在吉隆坡工作，由于喜欢乡村生活，回到了该地，开始打造民宿。据他说，该民宿的土地和祖屋是由其两个姐姐所拥有的。通过协商，目前由他开发使用，但他没有权利买卖。如果之后姐姐们要收回土地的使用权，他也无权反对，因为土地证是在姐姐们的名下。2015 年，隆奈村巴阿姨家旁新建的一排小别墅也都是建在家族的祖产土地上，虽然建设

---

① FAZLIYANA ALIAS. Kajian terhadap Pembangunan Tanah Adat Perpatih di Negeri Sembilan［R/OL］. Jabatan Penilaian dan Perkhidmatan Harta Negeri Sembilan, 2009: 36-37.

② Rumah Mesra Rakyat［A/OL］. Syarikat Perumahan Negara Berhad, 2018-03-23.

③ Program Rumah Harapan Rakyat Negeri Sembilan［A/OL］. Laman Web Rasmi Perbadanan Kemajuan Negari, Negeri Sembilan, 2022-03-20.

费用由政府出资，但征用土地需要通过整个家族成员的协商。当时有些成员对此地的使用和对家族的利益产生过质疑，双方还因此产生了一些矛盾。

第二节　土地的典当和买卖

一、土地的典当

除了被政府征用，祖产土地理论上不能买卖。从习俗上讲，两地都规定了四种可以典当土地的特殊情况，但当家庭有能力偿还时，应按时赎回。这四种可以典当的情况分别是：①家里有未出嫁的成年女子要办婚礼；②家里祖屋要维修；③家里有人去世，要办葬礼；④家里有人担任氏族长老，要办仪式。在西苏门答腊省，一般典当用黄金数量来表示，比如一块田典当了几克金子，等到赎回时也需要支付同样的金子或等值的现金。黄金是米南加保人生活中重要的一部分，买金子也是一种传统的储蓄方式。很多女性喜欢购买黄金首饰，在重要的节日和仪式上，她们会佩戴黄金首饰显示家庭的经济实力。以前村里人很少会去写协议，大多数都是口头协议。现在越来越多人采用书面协议来维护自己的权益。森美兰州也存在着典当的情况，以前也是用黄金来计算，现在则采用马币来计算。由于该州的土地受到《1960 年风俗习惯法》第二百一十五章和《1965 年国家土地法》的保护和约束，所以典当或变更所有权者都需要有书面申请和协议。

在吉纳里，以前人少地多的时候，有的家庭拥有很多田地却忙不过来，就让其他村民耕种，到了丰收的季节，收成均分为两份。这种情况

178

连口头协议也没有，也没有规定使用土地的期限。因此，有的土地抵押时间可能长达三代人甚至更久。有的人以为其祖辈耕种的土地是家中的祖产，当有人要赎回时，他们就显得不太情愿，甚至还发生争执。艾拉阿姨就遇到过这样的情况。之前她家土地很多，她的哥哥就将土地分给愿意耕种的农民，每次丰收时获得一半的收成。但现在大家更愿意花钱请农民种植，然后所有收成归自己所有，这样能获取更大的利益，所以他们就想把一些土地要回来。按理来说，属于别人的祖产任何时候要求归还，租借者必须归还，但由于他的后代在此已经住了很久也都将这块地视为自己的财产，所以他们非常不情愿归还这块土地。虽然没有任何协议，但凭借着乡村淳朴的民风和对土地属性的口头传承方式，这块土地周围的土地所有者都认可并承认这块土地属于艾拉阿姨一家，是艾拉阿姨家的祖产。有了这些人的证明，目前在此耕种的那户人家不得不归还土地。虽然艾拉阿姨家还给了那户人家一些钱作为补偿，但归还者并不太情愿，并在此后与艾拉阿姨为"敌"，见面都不打招呼。从这件事中可以看出土地的租借可以从几年到几十年不等，而由于租借全凭口头协议，所以这里的人需要对自己和周边土地的界限、所有者、租借者及变更情况有一个完整的记忆，这样才有利于他们保护自己的祖产不被吞并或减少。现在，签订协议的人越来越多，在协议中重要的一项就是表明土地的位置。协议中会写明该土地东、南、西、北四个方向的边界挨着哪家的土地，这些土地也均标注氏族名和拥有者的家族名。即使时间再久，只要对照家谱就可以证明土地的归属。

村里拥有土地最多的要数几位氏族的族长。有一次，笔者在路上遇见一些正在割稻的农民，村长指着其中一位看上去很普通的大叔说，"他是族长，他是有钱人，村子里有一半的稻田都是属于他的"。后来的采访中，一位丹戎族族长的后代表示家中应该有大约300块稻田。然而为了建造祖屋和其他事宜，很多都已经抵押了，目前实际耕种的仅有10块稻田。他还表示，他家抵押的这些都有契约，双方各有一份，最早的契约应该是20世纪60年代末建祖屋时签订的。虽然都抵押给别人了，但这些稻田仍属于他家拥有。

现在，很多人典当土地并不仅仅基于以上四种情况。当他们急需用钱时，他们就会典当土地。比如供孩子上学、作为小买卖的资金、去麦加朝觐、周转资金等。尤斯阿姨就曾典当了两块土地用于孩子的教育。家中的稻田产量只能满足家庭的日常所需，但如果要供孩子读书就比较困难了。因此，她为了供孩子读大学，典当了家里的两块稻田，获得了30克黄金。她表示如果典当，肯定先找近亲，如果近亲能够接受典当，是最好的情况。如果近亲不行，就找远一点的亲戚或邻居。典当一般从关系近的到关系远的亲属中进行选择。典当协议一般这样表述："第一方与其继承人同意借第二方××克黄金，作为借款抵押第一方可以耕种第二方所拥有的位于××地的××土地。在借款还清之前，第一方均可使用该土地。"在这些协议中，典当的货币仍然是黄金，有的协议上标注了24k的黄金，有的则没有标注。仅有一份协议上写了借款3000万卢比（相当于30克黄金），说明了当时的金价。协议上典当的土地也没有具体的面积数值，仅用块数来表示。有的土地面积大，一块土地能抵押40克黄金；有的土地面积小，两块土地才抵押10克黄金。大多数典当的土地属于高级祖产，有一两块土地属于低级祖产。这些低级祖产是典当者购买来的，因此签署协议时，继承者为其孩子而非外甥辈。另外，仅有一份协议标注了抵押最快在三次丰收后赎回，定下了一个期限。虽然这个时间还是相对模糊，但其他协议均没有具体的时间期限。虽然有时典当的时间过长，赎回土地的情况有点像"父债子还"，但村民对于土地价值的认可度很高，绝大多数村民如果有条件的话，还是希望能将自己家族典当的土地赎回。

在森美兰州，祖产土地的典当和其他土地一样需要遵守《1965 年国家土地法》，按照该法律的第十五和十六部分的条款，可以接受典当的机构有三类。第一类是森美兰州祖产土地所在地对应的地区土地管理部门。第二类是金融机构、银行及相关部门，如财政部、房屋信托、联昌银行（CIMB）、马来西亚银行（Maybank）、合众银行（UMBC）、马来西亚农业银行（BPM）、马来西亚发展银行（BPM）、城市发展部（UDA）等。第三类是通过联邦法律和州法律获权的法定机构。除此之外，同一氏族的女性成员也可以接受典当。但是典当也需要获得该氏族族长的书面同意，才可以进行。典当之后，如果所有者在规定的时间内没法还清借款，该土地将由地区土地管理局或高等法院公开拍卖，拍卖只面向氏族内的女性成员，第一次拍卖针对与土地所有者相同氏族的女性成员。如果流拍了，则会面向 12 个氏族内的其他女性成员拍卖。[1]

二、土地的买卖

除了典当，西苏门答腊省买卖土地的行为也时有发生。一些习惯法研究专家一再强调米南加保族的祖产土地是不能买卖的。但实际上，很多学者的研究表明越来越多的村庄开始买卖祖产土地。朴先生表示，这些以前"不能出售"的祖产土地，现在也被售卖或典当，特别是一些精英阶层。他们愿意通过这种方式来投资下一代的教育或获得做买卖的资金。[2] 吉纳里村里也存在着买卖祖产的情况，办理土地买卖时政府还

① FAZLIYANA ALIAS. Kajian terhadap Pembangunan Tanah Adat Perpatih di Negeri Sembilan［R/OL］. Jabatan Penilaian dan Perkhidmatan Harta Negeri Sembilan, 2009：29-30.

② PAK O Y. Resourceful without Resources：The Life History of a Landless Minangkabau Village Woman［J］. Southeast Asian Journal of Social Science, 1996, 24（1）：96.

收取固定的手续费，明码标价都在政府楼里贴着。村里的文化专家告诉笔者，买卖土地非常困难，需要所有继承者同意，告知周边邻居，并最后征得氏族的长老们同意才可以卖土地，只要一个人不同意，这块地就不能卖。村民告诉笔者，卖祖产土地是可以的，但必要条件是获得家族所有拥有者的同意，同意后卖了土地，这个土地的所有权就变更了，就不再是祖产了。但只要有一个拥有者不同意，就无法买卖这块土地。

瑟丽家卖土地的事也证实了村庄存在卖祖产的情况。特别是在花香村地区，那儿有很多外来人，他们都没有土地，所以只能跟当地人买。花香村的村长和他弟弟都在那儿买了土地并盖了房子。当祖产的土地经过买卖后，这块土地就从原属于家族的高级祖产降级为属于个人的低级祖产，这块土地可以办理土地证书。相反，高级祖产不属于个人，只属于一个家庭，所以几乎不可能办理土地证书。除此之外，米南加保人不愿意办理土地证，也很难办理土地证，特别是祖传的土地。因为土地是很多人甚至很多家拥有的，是祖祖辈辈传下来的，土地证上只能写一个或几个名字，写谁的都不合适。而且，人们认为有土地证的土地很容易被买卖，那么土地的拥有者很容易被更换，这样就破坏了祖产的规则，即只能传承不能买卖。另外，由于土地是几个人共有的，如果要办土地证需要获得所有继承人的同意，除此之外，还需要获得该土地四周土地所有者的签名同意。获得所有人同意并不是一件轻松的事，只要有一个人有异议，就无法达成协议。因此，要办土地证也很困难。

在文学作品中和笔者所了解到的现实生活中，都存在着把属于外甥辈的土地变卖了的舅舅形象。他们挥霍这些变卖土地的钱财，什么也没给外甥辈们留下。拉斯米达告诉笔者，有些舅舅没有工作，但作为丈夫，他们需要养育妻子和孩子，所以他们只能变卖土地。还有一种可能就是他没有女性亲属了，没有人继承这个财产，所以就将祖产卖掉了。

在提到为什么买卖土地的人群中以男性居多的问题时，有一个阿姨表示，"女性为长远考虑，要考虑到其孩子和孙子辈的生计。但男性只考虑眼前利益"。总结起来还是因为男性的身份转变，即从以舅舅为主转变为以丈夫为主。与以前以母系大家庭利益为出发点的时代不同，现在男性的主要身份为丈夫，他需要为自己的孩子考虑，而不是为其外甥考虑。与此同时，女性作为母亲也同样要为自己的孩子考虑，因此母亲不会将土地卖掉。而男性则更容易考虑变卖那些归属于其母系家族，将由其外甥辈继承的土地。

艾拉阿姨也表示，村里的确有一些舅舅会变卖家族的土地。尤其是有的外甥还小，他们没有反抗的能力。于是她就说到旁边接生婆的事，说她还小的时候，她舅舅就经常卖稻田，还强迫她妈妈签字。后来她和她弟弟长大了，舅舅又要卖土地，要他们签字，他们不肯，舅舅还拿着棍子在院子里追赶他们。最后他们还是没有签字，土地没有卖成，外甥的反抗使得现在舅舅也不敢提卖土地的事。原来，卖土地要母系家族所有成年人的签字。如果家中女性已去世，外甥又还年幼，或只有一个女性成员，而家中舅舅又非常强势时，舅舅可能就会直接做决定把土地卖了。但如果外甥年满18岁，则需要所有外甥的签字，有一个人不同意就无法卖土地。

既然买卖土地需要所有继承者签字，女性大都不愿意出卖土地，为什么还是有那么多土地被卖掉了呢？是她们也同意卖土地，还是她们受到兄弟的威胁呢？通过采访村里的一些妇女，笔者了解到，虽然她们不太同意卖土地，但有时出于害怕和同情，她们也只能妥协。有些舅舅脾气不好，态度很凶，如果家人不同意卖土地就会与家人吵架发火。有些舅舅可能会以不参加或不帮助家里完成各种仪式来威胁其姐妹。因为在村庄，男女分工十分明晰，有些传统仪式，需要由男人去请氏族长老和其他男性出席，女性只能邀请女性。另外很多场合也需要男性出面协商。比如婚礼，请女人来帮忙烧饭煮菜是由女人出面请的，但请男人来出席婚宴则是由男人负责的。如果他们不帮忙，就没法请到氏族的长老、负责对话的智者等。当然宰杀牛羊也需要男人的帮忙。朴先生也在其文章中提到了这点，他表示即使家中的女性有能力照顾自己，也不代表她们的兄弟是多余的。家族中的男性不仅在仪式上代表家族，而且传承家族的封号。文中提到了拥有很多田地的伊嘉，她弟弟平时几乎不用干活，但伊嘉无法自己一个人操办婚礼，因为她弟弟要扮演很重要的角色①。所以，如果母系家族的女性和其兄弟或舅舅关系不好，等到母系家族需要邀请男性宾客时就会有麻烦。相反，如果舅舅和母系家庭关系不好，他的孩子要举行婚礼并不受到影响。因此，这也是对母系家族女性的一个制约。为了避免冲突和麻烦，往往女性会做出让步。当然，有时候女性的妥协并不是为了避免冲突，更多的是源自对自己兄弟的怜悯。当她们看到自己的兄弟经济状况较差，她们也想尽自己所能帮助他们。

在村政府的一些文件中，笔者看到了买卖土地的协议书文本。这些协议书在乡村里具有一定的法律效力。早期，村民用稻谷数量作为货币单位来购买土地，从一份 1981 年的协议书上可以看到，一位来自谷吉氏族的萨丽亚娜（Sariana），将其拥有的 40 块可播种 6 苏卡稻谷的土地以 3300 苏卡稻谷的价钱卖给了别的氏族成员。该协议书上有出卖方及其继承人、两个氏族的四大长老及村长的签名和村政府的章。从 2010 年至今，该村的土地买卖协议中标注现金。文件记录显示，近 7 年来，

---

① PAK O Y. Resourceful without Resources：The Life History of a Landless Minangkabau Village Woman ［J］.Southeast Asian Journal of Social Science, 1996, 24 (1)：103.

通过村政府签订土地买卖协议的案例有 30 例。

相比之下，森美兰州很少听说买卖祖产土地的情况。当地人大多表示祖产土地是不能买卖的。的确，因为祖产土地不公开在市场上流通，所以也没有相应的市场价值。但是，根据《1965 年国家土地法》相关条例，森美兰州的祖产土地可以通过变更拥有者的姓名来易主。变更行为必须在两个在世的人之间进行，祖产土地的所有权只能在母系家族的女性之间进行变更。根据该法律的二百零五款，第三和第四条，变更所有权的土地如果是稻田，其面积应不少于 1 公顷，如果少于 1 公顷，其所有权仅属于 1 人。变更行为需要获得氏族族长的书面同意。虽然法律没有规定不同氏族之间不能进行所有权变更，但普遍情况是，氏族族长为了避免氏族所拥有的土地面积减少，他们不会同意此类申请。因此，土地所有权的变更一般仅在同一氏族内部进行。在变更过程中，即使双方使用金钱进行交换，土地的性质也不会发生改变，依然是祖产土地。

第三节　财产的继承和分割

一、西苏门答腊省的财产继承

很多村民表示，米南加保族的母系制体现在财产继承上，而母系制度的优越性就在于女性继承祖产。一方面，女性继承祖产可以使其拥有一定的生活保障，这是对女性的一种关爱。这些祖产使得女性过上"耕者有其田，居者有其屋"的日子。另一方面，女性继承祖产可以最大限度地保证家族和氏族土地的完整性。因为女性一般会为自己孩子的未来考虑，她们很少变卖土地。相反，男性成员更爱卖土地，因为他们只考虑自己当前的需求。随着核心家庭的增加，舅舅和外甥的关系弱化导致舅舅不考虑外甥的利益而变卖土地的情况屡屡发生。所以，如果由男性继承土地，一方面氏族的土地很容易被瓜分和变卖。另一方面，这些祖产土地将会被他的孩子继承，即成为别的氏族财产。

祖产土地和祖屋主要通过女性成员共同传承下去，即由母亲传给女儿。儿子可以通过赠与（hibah）的方式从其父母那儿获得土地，但在死后这些土地必须归还给其姐妹。一般而言，男人们婚前在父母的土地里干活，婚后在妻子家干活。他们的女儿会继承这些土地。早期没有私有财产的存在，所有财产都属于家族共有，因此，所有这些家族共有财产秉承着女性成员继承的原则。随着私有财产的出现，米南加保族人才开始使用伊斯兰教法分配个人财产。传统的米南加保社会中，拥有了土地，女性的生活就有了保障。土地及土地上建有的房屋都归女性拥有，这些财产也是一个家庭社会地位的象征。对女性而言，主要的经济来源是稻田、种植园、人工建筑（如鱼塘等）等。这是母系社会对女性权利提供的一大保障，祖产的收入由女性自己掌控，丈夫一般不会过问这部分钱的使用情况。因此，至今为止，米南加保族的高级祖产按照习惯法均只传女不传男，即高级祖产的所有权归女性所有。但是，现实生活中，有的家庭的高级祖产也分给男性，比如稻田，但获得的数量会比女性少。分给男性的稻田只有使用权，即在其有生之年可以耕种获利，去世后则要归还母系家族，由母系成员再分配。除此之外，如何分配土地也没有特定的原则，主要还是根据家族具体情况来协商。有些家族不论孩子是否尽到赡养义务，只要是祖产就一律平均分配，因为他们认为孩子对长辈是否好要看一个人的运气。如果某个孩子对老人不好，就是那个人自己犯下的罪，在末日审判中他将会受到惩罚，在现实中长辈要做到公平。有些家族则根据其孩子的家庭情况来进行分配，家庭经济情况

较好的少分一点，家庭经济情况较差的多分一点，当然这种分配需要获
得家族成员的同意，以避免日后有矛盾出现。

　　与此同时，低级祖产则根据伊斯兰教法进行继承和分配。1968 年
米南加保风俗研讨会的总结中就提到祖产的继承需依据习惯法，个人或
共有财产继承依据伊斯兰教继承法。根据伊斯兰教法，男女均可以获得
财产继承，男子的继承份额多于女子，处于同一亲等的男子继承两倍于
女子的遗产份额。《古兰经》明确规定了法定继承的继承份额、遗产分
配的顺序、继承人的资格等，从而以最高效力的形式确定了法定继承。
此外，为避免各继承人因继承问题发生不必要的纠纷，伊斯兰教法强调
被继承人在临死的时候秉公遗嘱，《古兰经》第二章第一百八十节至一
百八十二节云："你们当中，若有人在临死的时候，还有遗产，那么，
应当为双亲和至亲而秉公遗嘱。这已成你们的定制，这是敬畏者应尽的
义务。既闻遗嘱之后，谁将遗嘱加以更改，谁负更改的罪过。安拉确是
全聪的，确是全知的。若恐遗嘱者偏私或枉法，而为其亲属调解，那是
毫无罪过的。安拉确是至赦的，确是至慈的。"① 在每个家庭，财产继
承和分配也会根据原则和自身情况进行相应的改变。比如艾迪生家，其
姐妹们继承的是家族祖产，兄弟们继承的则是父亲购买的低级祖产，其
获得的土地数量甚至比姐妹们的多。当然，低级祖产经过三代人的传承
后，也会自动升级为高级祖产。比如女儿从母亲那儿继承低级祖产时，
这个财产作为其个人财产，可以被其自由支配，也可以出售，也可以赠
与任何人。但如果保留下来，等她去世后，这个财产就变成了外婆的财
产（harta susuk），也就不能再依照伊斯兰教继承法继承了，因为伊斯
兰教继承法基于一个世代的家庭法则，只适用于父母和孩子这一代中。

---

　　① 王刚. 伊斯兰继承制度的本土化及其对我国继承法的启示——以青海世居回族、
　　撒拉族继承习惯为例 [J]. 环球法律评论，2009，31（3）：75-87.

她的女儿获得该财产后，这部分财产就从低级祖产变成了高级祖产。加藤毅也表示虽然现在男人的个人财产可以由其孩子继承，但是这种自由意愿只存在于一代之内。① 一般固定资产会更愿意传给女儿，然后由女儿传给其女儿，一代一代地依照母系宗族的原则继承。如果 A（男性）的个人财产由其儿子继承，那么之后还会传给 A 的孙女，然后就又回归于母系继承这条线来，即 A（男子）—A 的儿子—A 的孙女—按母系继承（变成这个母系的祖产）。②

　　因此，父母去世后，继承者可以继承两部分财产。第一部分是母亲氏族的祖产中母亲所拥有的份额，如祖产土地和不动产。第二部分是父母婚后财产。前者是高级祖产，根据习惯法继承，仅由女孩继承；后者是低级祖产，根据伊斯兰教法继承，所有的孩子都有继承权。女孩继承母系氏族的高级祖产不会因为其母亲的婚姻状况发生变化而变化。如果发生离婚或丧偶的情况，婚后财产作为低级祖产一般是均分。以前，夫妻共有财产不太多的时候，人们总是将离婚的男人描绘成可怜的形象，因为他们几乎都是净身出户。现在夫妻共有财产已经占据了家庭资金的一大部分，比如离婚的情况，如果有孩子，夫妻离婚后，共有财产均分为两份，一份归丈夫所有，一份归妻子和孩子所有。丈夫出资建造的房屋归妻子所有。1973 年最高法院有相关的案例判决如下："根据米南加保习惯法，所有婚姻存续期取得的财产为夫妻共同财产，共同财产由夫妻共同拥有。当夫妻离婚时，财产均分。如果丈夫有 2 个妻子，离婚的

① KATO T. Change and Continuity in the Minangkabau Matrilineal System［J］. Indonesia, 1978（25）：11.
② KATO T. Change and Continuity in the Minangkabau Matrilineal System［J］. Indonesia, 1978（25）：12.

妻子只能分得共同财产的三分之一"。① 如果丈夫去世了，财产也均分为两份，一份给丈夫的家人，一份给妻子和孩子。孩子一般和母亲一起生活。如果妻子去世了，财产均分为两份，一份归丈夫所有，一份归孩子所有。也有特殊的情况，即夫妻协商好了，财产都给自己的孩子。如果归孩子所有，则根据男性获得的份额是女性获得份额的两倍原则进行分配。

除此之外，夫妻双方在婚前带来的财产归两个家族所有，去世后将归还逝者家族。1974 年，伊斯干达与穆萨玛在巴东结婚，他们共同生活了 18 年后，妻子去世了。在婚前，夫妻双方都有带来的财产，妻子带来的财产是一座房屋。据丈夫说，妻子死前已将房屋赠与他了，但这个屋子一直由妻子家人居住。丈夫作为原告申诉希望得到这个房屋。这个案子经过巴东地方法院、西苏门答腊省高等法院及国家高等法院三轮审判，最后国家高等法院判决如下：这个案件中引起争论的主体是原告已去世的妻子带来的财产。根据母系制的米南加保习惯法，丈夫对于妻子带来的财产无权处置。争论的财产已被证实是其亡妻所带来的财产，因此原告对该财产没有任何权利，诉讼被驳回。② 如果带来的财产是土地，那么经营土地的所得属于夫妻共同财产，而土地本身属于婚前带来的财产。

以前，如果妻子去世了，孩子大多数归母系大家族照顾，现在较多地随父亲生活。因此，为了照顾孩子成长，如果夫妻拥有自己的房屋，虽然妻子去世了，丈夫仍有权利居住在此，但并不是长久的。等到孩子

---

① H. SUARDI MAHYUDDIN. Dinamika Sistem Hukum Adat Minangkabau dalam Yuris-prudensi Mahkamah Agung［M］. Jakarta：Candi Cipta Paramuda，2009：129-131.

② H. SUARDI MAHYUDDIN. Dinamika Sistem Hukum Adat Minangkabau dalam Yuris-prudensi Mahkamah Agung［M］. Jakarta：Candi Cipta Paramuda，2009：102.

长大成人并结婚成家时，作为父亲的他可以选择回到母系家族生活或者和孩子一起生活。如果他的孩子全是儿子，那么婚后都居住在妻子家中，父亲一般回到自己的母系家族生活。如果他的孩子中有女儿，女儿继承母系家族的房屋，父亲则有可能继续居住在这个由他出资建造但并不属于他的房屋内。因此，目前一些有能力的男性会在自己母系家族的土地上建造现代屋用来防老。有村民告诉笔者，这类房子被称为小碗屋（rumah mangkok），是用来以备不时之需的。因为丈夫在妻子家中属于"外来者"，如果在妻子家住得不舒服或者被赶出来了，这个地方就是他们的避难港湾。这也是他们老了之后可以居住的房子。

当某个家庭没有女性的继承者，这个家庭就算后继无人了，祖产应该归于从血缘上来说最近的家庭，被称为"手指一跨"距离的家庭，比如兄弟姐妹的孩子。如果真的连兄弟姐妹也都没有女性后代，则可以赠与或者卖掉，但几乎很少卖掉。一般如果懂习俗的人，应该将其赠与母亲大家族，即祖产回归大家族。布莱克伍德曾表示，当这个家系中没有女性继承者时，男性有权处理这块土地，他可以将土地过继给其母系氏族内的其他近亲或他的孩子，也可以卖给依附亲属。① 在吉纳里，笔者曾见过一个无人打理的祖屋。村民表示，这个家庭以前有 3 个女儿和 6 个儿子，可是这三个女儿都没有女儿，只有两个儿子。祖产不可能传给儿子，所以最后还是要回归大家族。但由于他们还在世，所以就不能处理这个财产。等他们两人去世了，这个家庭才算真正的后继无人，大家族的成员将会根据族谱看哪家的亲属关系与这家最近，然后再做决定。因此，按照习惯法来说，米南加保族不可能有后继无人的说法，因为在家族里没有后代，在一个亚氏族或一个氏族内也肯定会有继承者

---

① BLACKWOOD E. Webs of Power：Women，Kin and Community in a Sumatran Village [M]. Lanham MD：Rowman and Littlefield，2000：133.

的，即使关系再远，只要是一个氏族的就是亲戚。

除了继承，还有一种获得财产的方式，即赠与。赠与有三种形式，分为永久赠与（hibah laleh）、限制性赠与（hibah bakeh）和补偿性赠与（hibah pampeh），这三种赠与的形式也需要获得家族内成员的共识，达成协议才能执行。第一种形式是指赠给自己的孩子，或给同一氏族的外甥，甚至给那些有恩于自己的人，这里赠与的一般为低级祖产，这种赠与是永久性的。第二种形式的赠与是因为目前母系家族没有女性后代，所以赠与自己的孩子，但到一定的时间，或等到自己的孩子去世后，这部分财产要归还给母系氏族，或由该氏族的后代赎回，这里赠与的一般为高级祖产。第三种形式是为了表达对孩子的感激或弥补孩子之前的损失，由父亲赠与孩子财产。这部分财产会用现金或黄金来估计，当父亲的氏族有能力根据之前的估值用钱赎回时，这部分财产可以被赎回。① 1996 年最高法院判决认为，"根据法律，如果赠与使其他人受损时，这个赠与无效"。如果遗产是个人财产，全部赠与外甥（女）将剥夺其孩子和妻子作为合法继承人的权利。因此高等法院判定超过三分之一财产的赠与属于无效②。

在吉纳里，前两种形式的赠与都存在过。高德氏族的阿德尼斯（Adnis）在 76 岁那年签署了一份赠与协议，协议决定将其购买的 9 块土地赠给自己的 5 个孩子（西昆邦族），他们拥有永远的产权和使用权。但是，协议中没有注明这 5 个孩子之间的分配方式。同意签署协议的为这块土地四个边界的土地所有者，他们也作为见证人。最后，需要由高德氏族族长、村长和乡村习俗会（KAN）主席签字同意协议才生

---

① IBRAHIM DT. SANGGOENO DIRADJO. Tambo Alam Minangkabau：Tatanan Warisan Nenek Moyang Orang Minang ［M］. Bukittinggi：Kristal Multimedia，2009：230.

② H. SUARD MAHYUDDIN. Dinamika Sistem Hukum Adat Minangkabau dalam Yurisprudensi Mahkamah Agung ［M］. Jakarta：Candi Cipta Paramuda，2009：129-131.

效。除了赠与儿子外，还有将祖产赠与外甥、兄弟姐妹的情况，一般赠与的也都是低级祖产。第二种形式的赠与出现在没有女性继承人的家族中。丹戎族的阿卜杜勒（Abdul）就签署了将属于该家族的高级祖产赠与自己孩子的协议，协议中表明当他及家族继承人去世后，家族中的13块祖产土地将赠与他的两个儿子。赠与的土地仅有使用权，使用权到这两个儿子去世。日后，如果母系家族的孙辈来要回这些土地的使用权，需要用50克黄金来赎回。由于这里赠与的是祖产土地，所以同意签署协议的是该祖产的继承者。还需要氏族的四位长老、村长和乡村习俗会主席签字同意协议才生效。赠与协议的签署主要基于两个原因：第一，由于低级祖产没有办理土地证，老人怕去世后财产继承上会存在纠纷。第二，这些财产无法通过继承的方式给予老人想给予的人。

在吉纳里，几乎所有的财产继承和分配都需要获得氏族长老的认可，如果存在纠纷，通过层层上报的方式解决，从家庭到家族，从家族到亚氏族，从亚氏族到氏族，舅舅们在其中扮演着重要的角色。如果氏族长老也没法解决的财产纠纷则通过乡村习俗会解决，一般委员会做出的裁决就是最终决定，村民需要服从和遵守这个决定。在村庄里，诉讼至法院的情况几乎没有。相比之下，巴东地区法院的诉讼案则在短短几十年内翻了几倍。巴东地区法院的官网显示，2010年前共有6起诉讼案，分别是1963年1起，1990年1起和2010年4起。从2012年开始，申诉的案件总数逐年增长，而且增长速度非常快（见表5.2）。2012年每月的案件保持在25起以内，但2013年有8个月的案件数在80起以上，最多的是1月份的457起。到了2014年，有些月份的案件数达到了1000起以上。可见，越来越多的城里人开始选择诉诸法院，利用国家法律来争取自己的权益，而不是单单依靠米南加保的习惯法和乡间的协商方式。在城市里，村庄及氏族内部协商机制的作用渐渐式微。

表 5.2　1963—2015 年巴东地区法院诉讼案件数量

年份	1963	1990	2010	2011	2012	2013	2014	2015
案件数（起）	1	1	4	6	93	1564	6331	11299

数据来源：Pengadilan Negeri Padang，2016.

二、森美兰州的财产继承

在马来西亚，很多人对森美兰州的习惯法有一定的误解。他们认为该地区实践母系制，如果与该州女性结婚，男性的财产在离婚后会归妻子所有，造成人财两空的悲剧。这样的传闻使得其他州属的男性表示担忧或不愿意与该州的女性结婚。为此网络上还出现过一篇澄清的文章，文章内将财产的继承进行了明确的解释，即财产的继承分为两个部分，祖传的财产根据习惯法继承，婚后所得财产则根据伊斯兰教法分割和继承。该州的财产继承与西苏门答腊省的米南加保族社会类似，当地有俗语道，"个人收入平均分，嫁妆归还，聘礼返还"（Cari bagi, dapatan pulang, pembawa kembali），展现了当地的财产继承和分配原则。祖产由女性继承，共同财产由夫妻平分，继承时采用伊斯兰教法分配，夫妻婚前财产如聘礼和嫁妆归各自母系家族所有。

森美兰州的习惯法规定祖传财产如祖产土地只能传给家族内的女性，这里强调的是祖产的所有权继承。祖传土地证上不能登记男性姓名，但是男性拥有生前使用权。这些土地均由女性继承。根据《1960年风俗习惯法》（Enakmen Pemegangan Adat）第二百一十五章，祖产的继承人顺序如下：

（1）死者的女儿（均分）

（2）死者的外孙女（不管死者女儿是否去世或去世时间的早晚）

（3）死者母亲

（4）死者同一母亲的姐妹及她们的女儿等

（5）死者外婆的女儿及她们的女儿等

（6）死者外婆（死者母亲的母亲）

（7）死者外婆的同母姐妹及她们的女儿等

如果一个家庭没有女性继承人，他们可以收养一个女儿来继承财产。在收养女儿前，需要和整个氏族的成员进行商量，因为没有继承人的财产将会归同一支系的家族继承。养女可以获得所有财产的三分之一，另外的三分之二则归同一支系的家族所有。法兹丽亚娜表示，当一个家族没有女性继承人时，死者的儿子可以通过符合当地习俗的典当或拍卖方式处理祖产土地，所得金额归儿子所有。当一个家族没有继承人时，地区土地局的负责人可以将相关土地通过符合当地习俗的拍卖形式兜售，所得金额上缴给森美兰州伊斯兰教理事会下属的伊斯兰财务机构（Baitulmal）。① 目前，没有详细的数据显示如果一个家庭没有女性继承人后，人们更偏向于哪一种方式处理财产。除此之外，森美兰州也有私人土地变成祖产土地的情况。一般经过几代女性继承的土地有可能变成祖产土地。《1960 年风俗习惯法》第二百一十五章第二款强调女性可以申请其拥有的并已在村里备案过的土地成为"祖产土地"。

另外，森美兰州有一块区域被称为习俗中心地区。从森美兰州博物馆的这张图可以看出靠近彭亨州的一些地区为习俗中心地区，其中包括仁保县和瓜拉庇劳县的一部分。波德申则不是母系文化的地区。习俗中心地区有自己特有的继承法规，与其他母系文化地区有所不同，因为该地区的继承人是所有的孩子，包括儿子。

---

① FAZLIYANA ALIAS. Kajian terhadap Pembangunan Tanah Adat Perpatih di Negeri Sembilan［R/OL］. Jabatan Penilaian dan Perkhidmatan Harta Negeri Sembilan, 2009：31-32.

如果该地区一个女性去世了，她的继承人和继承的份额见表5.3。

表5.3　继承份额表

编号	继承人	份额
1	丈夫	无
2	女儿	1
3	女儿	1
4	儿子	1
5	儿子	1

资料来源：笔者自制。

可见，除了丈夫之外，死者的孩子们均能继承祖产，儿女能获得相同的份额。但是儿子获得的祖产被视为聘礼的部分，当他去世，这部分财产将归还至其所在的母系家族。如果女性去世，她的继承人除了孩子之外，还有孙子辈，那么继承份额见表5.4。

表5.4　子女和孙辈的继承份额表

编号	继承人	份额
1	女儿去世，留有2个孙女和1个孙子	均分母亲留下来的份额（即每人1份）
2	儿子去世，留有1个孙女和1个孙子	没有份额
3	女儿	3
4	女儿	3
总计		9

资料来源：YACCOB M Z. Jejak Adat Perpatih Luak Jempol［M］. Seremban：Lembaga Muzium Negeri Sembilan，2009：182-184.

　　从这两个例子来看，基于中心地区的习惯法，祖产只由女性的孩子来继承，男孩和女孩均享有继承权。虽然男性和女性均有继承权，并且获得同样的份额，但这种继承份额只在男性继承者生前有效，当他去世后，他的孩子并无权继承，其份额归还母系家族。其实，男孩只是享有生前的使用权，本质上这些财产仍然归女性所有。在现实生活中，很多非中心地区的家庭也是这样操作的，兄弟可以在有生之年使用母亲留下的土地，但当他去世时，这些土地需要归还。使用土地的多少由家庭内部协商。中心地区则用法律规定了男性可以使用土地的固定份额。

　　如果是登记在男方名下的婚前财产，作为男方带来的财产，应该归还男方家族，其妻子和孩子不得继承。从财产继承上来看，男方家族内只要是其母亲生育的孩子都可以分得这份财产，这些财产会平均分为三份，分别由其兄弟、姐妹及同母异父的姐妹来继承，兄弟占一份，姐妹占一份，同母异父的姐妹再占一份。目前，越来越多的家庭主要依靠夫妻的共同财产生活，根据伊斯兰教法，丈夫依然是家庭日常开销的主要提供者，他们具有照顾妻儿的责任。妻子挣的钱主要作为零花钱贴补家用或者购买自己喜欢的东西，较多由其本人支配。

第四节　两地的异同及原因

　　综上所述，西苏门答腊省和森美兰州对于财产的定义和构成相同，均包含了祖产、婚前财产和夫妻共同财产这三类。森美兰州又将婚前财产细分为个人所得、女方的嫁妆和男方的聘礼三类。祖产包含了祖传土地以及土地上的不动产。早期没有私人财产出现时，所有财产都属于大家庭或氏族，根据习惯法，这些财产均由女性继承，男性在生前享有使用权。祖产属于一个母系家族成员的共同财产，并不属于个人，男性享有生前使用权，女性则能够继承祖产，并拥有所有权，这是对于女性权利的极大保障，体现了母系社会中女性的优越性。原则上，祖产仅在四种特殊的情况下可以被典当，但不允许被买卖。使用或典当均需家族所有成员共同协商，获得同意后才可以进行。森美兰州于20世纪初开始登记土地并颁发土地证，使得这些祖产土地私有化，但这些土地也仍然不能在市场上买卖。早期，祖产是母系家族最重要的财产，但随着经济的发展、产业结构的调整、货币经济的深入以及私有化意识的增强，个人所得成为人们较为重要的财产，这一点在森美兰州尤为明显。

从土地的使用角度来看，西苏门答腊省的土地主要用于农业发展。这些土地主要有两种类型，一类是种植稻田的平原地区，另一类是地理位置较远或处于山坡上的种植园，种植园内主要种植经济作物。虽然有些家庭不再务农，但他们仍聘请村庄的农民为其打理稻田和种植园，在丰收的季节他们也参与监管。有些家族成员外出打工或定居在城市，其家族成员仍会帮忙照顾其拥有的稻田，会定期以现金或实物的形式寄给亲戚。母系家族的土地主要由女性管理，未婚男性和新婚男性也会在母亲家干活帮忙，但已婚男性主要为自己的核心家庭工作，其劳动所得归核心家庭所有。相比之下，森美兰州的祖产土地自20世纪70年代开始出现大量闲置的现象。一方面，土地证使得森美兰州的祖产土地归属明晰；另一方面，土地的私有化也使其他人很难干涉这些土地的利用和发展。不断地继承和瓜分使得个人拥有的土地面积变小，种植稻田已经很难盈利，因此，经济作物的种植在森美兰州占据主导地位。但由于长期种植橡胶、棕榈树等经济作物使得土地的肥力衰退，水土流失严重，最后导致土地的荒置。考虑到村民存在资金困难、单户拥有土地面积小、岁数较大无法打理等问题，政府一方面提供发展住房项目，另一方面开始出面统筹协调，以租借的方式对这些祖产土地进行有规划地发展和利用。

原则上说，印尼和马来西亚两地的祖产土地都不能进行买卖。在印尼，典当时采用黄金作为估价，也可以根据当年的黄金价格，支付等额的货币给对方，没有任何利息。虽然祖产土地没有土地证，但买卖土地的情况时有发生，政府部门还对土地买卖手续收取一定的费用，办理手续和收费都是公开的信息。通过买卖祖产土地，该土地的性质变成了普通土地，可以办理土地证。但由于没有特殊的土地类型标识，这类土地可以由儿子继承。拥有土地证后，也便于土地的再次买卖，因此当地的祖产土地数量逐渐减少。相比之下，森美兰州的祖传土地拥有特殊标识的土地证，土地证上明确标明土地所有权人及其份额。除了政府征用之外，目前这类土地也可以典当或拍卖。由于森美兰州拥有较为完善的典当和拍卖制度，土地的典当需要遵守《1965年国家土地法》，有法定的典当机构和个人。不论是典当还是拍卖，根据习惯法，需要首先考虑所有者同一个母系家族的女性成员或同一氏族的女性成员。如果没有合适的人选才考虑另外11个氏族内的女性成员。相关手续完善，不仅需要个人的申请书和协议，还需要获得氏族族长的书面同意书。由于祖产土地没有进入市场经济的流通范畴，并没有固定的市场价值，如果买卖，也只能卖给自己的孩子或母系家庭成员，这种情况存在却不公开，仅以所有权者更名的形式进行操作。政府征用后应补偿相同大小的土地，通过典当、拍卖或更名，祖产土地的性质和类型不会发生变化。因此原则上讲，祖传土地总的数量不会减少。

不论是西苏门答腊省还是森美兰州，随着财产私有化的产生，通过协商和讨论，两地均开始采用习惯法和伊斯兰教法相结合的做法。高级祖产，即那些世代相传的财产的分割和继承依据习惯法。由于这些财产属于共同财产，归属于一个母系家族，所以由母系家族的女性继承。离婚或丧偶后，嫁妆、彩礼和婚前个人财产也需归还各自的母系家族。低级祖产指的是那些通过个人努力获得的财产，如外出打工挣的钱或耕作所得。这些婚后财产根据伊斯兰教法进行分割和继承。其具体规则就是祖产均由女性继承，夫妻婚前财产归各自家族所有，共同财产由夫妻共享，继承时采用伊斯兰教法。当然，随着时代的发展，对于祖产，西苏门答腊省一些地区认可仅由女性使用和继承的方式，一些地区则采用男女生前共同使用，去世后由女性后代继承的方式，男女之间分配的比例根据各个家庭情况来定。一般而言，男性继承的土地数量比女性要少，男性继承的这些土地仅具有生前使用权，土地上耕种的收成视为男性的个人收入，纳入其婚后的核心家庭内，土地的所有权则仍归属于他的母系家庭。森美兰州的《风俗习惯法》也提到了以上两种不同的继承方式，这两种方式分别在不同的区域实行。中心地区实行第二种继承方式，并且强调了男女均分的规则，但男性继承的祖产在其去世后仍归属于他的母系家庭。

上述的差异反映了两个社会在地域环境、经济发展和法律体系上的不同。首先，西苏门答腊省面积是森美兰州的六倍，但它的人口仅是森美兰州的4.48倍，西苏门答腊省的人口密度比森美兰州小。印尼从20世纪60年代末开始实行非强制性的计划生育。先后采取了普遍宣传与具体指导相结合、调动全社会积极因素、以农村为重点、实行奖惩制等措施。计划生育的宣传口号从20世纪70年代的"每户只生三个孩子"变成目前的"只生两个更好"。在西苏门答腊省，计划生育工作在20世纪80年代开始取得了显著的效果，人们逐渐接受这样的生育理念。因此，西苏门答腊省人口增长相对比较缓慢，2010—2015年人口增长率为1.33%。西苏门答腊省人均拥有土地面积相对较多，大多数村庄仍保持着传统的农耕生活。

其次，地区经济发展不平衡。在西苏门答腊省，城市化进程相对较缓，最繁华的城市是省会城市巴东；但在森美兰州，除了省会城市芙蓉外，附近的吉隆坡和马六甲也都是现代的大都市。1960 年，马来西亚的农业仍占国内生产总值的 38%，但随着 20 世纪 70 年代工业化程度的提高，农业占 GDP 的比重逐年下降。1992 年，马来西亚的水稻种植面积仅占耕地总面积的 12%。① 森美兰州的农业从 20 世纪 80 年代开始就实行自动化机械种植，土地对于村民的意义不如从前，很多人认为外出打工比打理祖产土地收益更高，因此出现土地闲置现象。2010 年人口普查数据显示，森美兰州的城市人口占总人口的 66.5%。农村经济结构也发生变化，城乡差距逐渐缩小。2012 年，森美兰州家庭平均月收入为 4576 马币，城市家庭月收入为 5029 马币，农村家庭月收入达 3852 马币。② 西苏门答腊省的农村仍以农业种植为主要工作，其中又以粮食作物的种植为主，农业领域还没有实现机械化种植。土地仍是当地村民重要的财产之一，所以人们对于祖产土地的使用和继承仍然严格遵守习惯法的规定。

最后，由于两地存在不同的法律体系，导致了上述差异的形成。西苏门答腊省的母系社会主要遵循习惯法，但这个习惯法只是约定俗成，并不是正式的法律。因此，在每个村庄这些习惯法都存在着细微差异，每个地区结合地区法规形成了一套独立的法律体系。1979 年，印尼中央政府通过关于乡村管理的第 5 号法令《乡村法》，旨在建立标准化的乡村管理模式，其主要措施是基于爪哇传统乡村（desa）的管理模式设

① 骆永昆，马燕冰，张学刚. 马来西亚 [M]. 北京：社会科学文献出版社，2018：178.

② Banci Penduduk dan Perumahan Malaysia 2010 [R/OL]. Jabatan Perangkaan Malaysia，2010-10-15（15）.

置了一套标准的乡村行政机构，然后把此标准化乡村行政机构向印尼其他地区推广（黄云静等，2016）。这种乡村模式与西苏门答腊省地区的传统乡村模式完全不同，在国家政策实施下，原有的542个传统乡村被分割成3138个标准乡村，区域和行政的划分改变了原有乡村的统一性，破坏了乡村的文化和传统，给村民带来了很多麻烦。由于行政区域的重划和行政职务的出现，世袭长老的利益受到威胁，也出现了传统派和现代派之间的斗争，习惯法也受到年轻人的挑战。针对土地问题，由于祖产土地没有土地证，所以其产权的保护和约束存在一定问题。在森美兰州，20世纪初就有明确的土地登记程序和法律，祖产土地也因其拥有特殊的标志而与其他土地得以区分。土地私有化出现得更早，土地证的出现使得这些祖产土地不再成为氏族的财产，而是成为大家族的财产。土地证上的详细信息也使得财产在继承和分割时避免矛盾的产生。虽然两地均不允许买卖祖产土地，但目前在西苏门答腊省买卖祖产土地的现象时有发生，通过买卖，这些祖产土地变成了私有化的普通土地，其继承方式依据伊斯兰教法。在森美兰州，通过州政府和各区酋长的维护、习惯法的约束，祖产土地数量基本保持不变，即使20世纪70年代至80年代出现不少闲置的土地，人们也几乎不考虑出售土地来获利。

第六章　母系社会中的男女分工

第一节　西苏门答腊省日常生活中的分工

每当问及母系社会的优势时，米南加保人总是自豪地说，"我们的社会对女性特别照顾，女性有较高的社会地位"。这种照顾源于人们对女性的认识，人们认为与男性相比，女性是更加柔弱和需要保护的个体。母系社会的祖产由女性继承就是其中一个主要保护方式。女性可以获得家族的土地所有权，即使她与丈夫离婚了，她仍可获得祖产稻田的收成满足日常温饱，来自家族其他成员的照顾也使她不会感到孤独。除此之外，米南加保社会中存在着明显的性别分工。

与女性相比，男人们更常暴露在公共场合，使得笔者对于男人的活动有了更多细致的观察。在村庄里，很少看到年轻男性一整天闲坐在小卖铺里。村长也告诉笔者，大多数人都得下田劳动，因为田里有干不完的活，但勤劳程度则因人而异。如果大家都十分勤劳，早就发家致富了。白天在小卖铺见到的男性一般是家里有很多祖产的有钱人，他们雇人在田里工作，自己就可以在小卖铺聊天。每天下午 5 点之后，人们就不干活了，男的在小卖铺聊天打牌，有少数妇女也会在小卖铺聊天，但更多的则在家里看电视。坐在小卖铺的男人们点上一杯纯咖啡，厚厚的咖啡粉沉淀在杯底，他们慵懒地打着纸牌或多米诺牌直到深夜。对于男人们而言，小卖铺是他们交换信息、交流体验的最佳场所，这个习惯从古至今保留了下来。

很多文献中提到的小店（lepau）在吉纳里也存在，村民还教我分辨普通的小卖铺、小餐馆和小店的区别。小店是那种专门供人聊天、喝咖啡和打牌的店铺，一般以普通的小卖铺为基础，店内有一定的空间供人休息，店主还可以做一些简单的小吃和饮品，如炒饭、炒面、炸蔬菜饼、咖啡、鸡蛋茶（teh telor）等。男人们要抽烟的，直接从小卖铺要。一般他们很少直接买一包香烟，都是从罐装里拿几根，直接付钱或赊账。有时点上一杯饮料，店主从琳琅满目的速冲饮料中扯下一袋，去厨房一冲，放上冰块就可以端上桌了。男人们的夜生活可以一直到深夜十二点，甚至是凌晨的一两点。这是男人们的社交场合，即使田间一天的劳动再辛苦，在此消磨一些时间也使他们感到轻松不少。由于常常看到男人们在外"逍遥"的状态，笔者最初认为与男性相比，米南加保族的女性还是更加辛苦。

与男性相比，米南加保族女性主要在厨房和农田工作，女人们不仅在自己家中为丈夫、兄长和父亲准备饭菜，还常常通过相互协作，负责一些仪式的餐饮服务。比如，村里长老需要商讨事宜，男性们到来之前，女人们就在厨房为他们准备饭菜。等长老们开始讨论时，女人们则在那儿盛饭菜，准备招待他们。举办传统婚礼时也一样，女人们一早就开始忙忙碌碌地切菜、配料、烹饪和分菜，男人们到了晚上则陆陆续续前来，他们谈笑风生，等待晚宴的开始。男女双方氏族长老经过一番对话后，女人们开始在一门之隔的厨房里将菜肴装盘，等待男人们享用，男人们吃完后继续对话，这时才轮到女人们享用。洗碗刷锅的工作也都是女人负责。笔者认为这分明是男尊女卑的社会，因为女性常常扮演服侍男性的角色。然而，随着长时间的接触和了解，笔者逐渐发现米南加保社会中的男女分工具有一定的合理性，因为与女性相比，实际上男性的工作量更大、更辛苦。在同一个工作中，往往男性干的都是重体力活，而女性则负责较为轻松的事宜。

在阅读文献的过程中，笔者对于"女性在农田工作"这一点较为困惑。虽然很多文献资料都提及了女性从事农田工作，但没有具体的描述。那么为什么种田这种辛苦的活是女人负责而不是男人呢？这个困惑在笔者入住村庄后也得到了答案。笔者发现原来种田是男女一起搭配工作的，男性主要就是干犁地、翻土、喷洒农药等重体力活，女性则负责播种、插秧、除草等细活。在播种时，男人主要负责翻土犁地的工作，女人则负责播种插秧的工作。生长期时，主要由女人负责除草，男人负责施肥。在收割时，女人负责割稻穗，而男人负责打稻谷。收割完之后，女人负责将稻谷装袋，男人则负责扛袋运输。但由于男人比女人干的活更多，报酬也会更高一些。一般男性农民能够得到 70 千盾/天（约 35 元/天），女性农民就仅有 50 千盾/天。他们一般一起去田里干活，从早上八九点一直干到下午 5 点左右。如果稻田里属于男人的活干完了，他们就会去离家较远的种植园工作。这些种植园都在山上，如果不是亲自去探访，很难明白种植园工作的艰辛。村民们都表示，种植园的活很辛苦，是男人干的。

笔者曾多次随村长去他妻子家的种植园，这个种植园属于艾拉阿姨家的祖产，但由村长和他儿子一起打理。虽然种植园不算太远，但骑摩托车也需要 15 分钟左右才能到。这个种植园内挂着一块西苏门答腊省政府种植园办公室颁发的执照，里面显示该种植园所属区域、村庄、面积、种植成员人数和负责人、种植作物等。这是一块主要种植可可树和香料的种植园，面积为 25 公顷。当然，除了主要经济作物外，村长还种下了很多果树，如榴莲、橘子、柚子、香蕉、木瓜、莲雾等。他告诉笔者，一些榴莲树是他 22 年前种下的，现在每到榴莲季，亲朋好友都相约着在这儿品尝榴莲。他还在那儿养了很多鸡和一池塘的鱼。

由于园区很大，村长在那儿养了 5 条狗用来看护园子，驱赶进来偷食的猴子、松鼠和野猪。种植园并不是建在平原上，而是在陡峭的山坡上，中间修了一条水泥路通到一间简易的木屋。木屋分为两部分，外面那部分配有简单的烹饪工具，如土灶、柴火、锅等。内部则作为休息的空间，里面摆放着一些工具，其中还包括气枪和空气炮筒。笔者在这十分陡峭的山坡上走路都很成问题，更别说干活了。种植园的活需要更多的体力，种植园的农作物生长周期较长，需要花费更多的精力去管理，如果遇到虫害，收成会大打折扣。

该村 2016 年的调查数据显示，该村共有 4482 名居民，其中 2109 名男性和 2373 名女性，其中 14 岁以下的儿童有 1108 名。总共有 1411 名户主，其中 239 名户主为女性。当地村民的主要职业是农民（1392 人，其中 745 名男性，647 名女性）、个体户（567 人）、公务员（195 人）及家庭妇女。大约有一半的妇女为家庭主妇，对于她们而言，管理好家庭就是她们最重要的工作。实际上，作为家庭后盾的女性们的确为整个家庭的发展做出了巨大的贡献。从数据上来看，其实干农活的男性数量比女性还多。工作的分工使米南加保人形成了较强的工作禁忌观，有很多事情女人是不能干的，而男人也不应该插手女人的活。比如，女人不能爬高、不能安装电灯等；女人不能参与建筑行业；女人不能干搬运等重活。即使在城市里，这种男女有别的观念也深入人心。笔者曾上过一门"米南加保族民族志"的课，课上老师要用投影，需要学生打开安在教室天花板下的投影仪，正巧这个班的男生个子并不高，他们踩在凳子上，踮着脚尖依然够不到开关按钮。其他同学也都没有帮忙之意，于是笔者想尝试爬上凳子按开关。可是，当下就被老师阻止了，他和颜悦色地说，"这不是女生干的活"。最终，那位男孩借助硬壳的笔记本触到了开关，折腾了十几分钟，这门课才正式开始。

对于男人而言，那些属于禁忌的就是"女人们的活"，一般指厨房的活（kerja dapur）。他们不能烧饭洗碗；他们不能洗衣服，甚至不能晒衣服和收衣服；他们不负责哄孩子睡觉等。当小孩们在厨房跟着妈妈们做饭时，姐姐们会阻止弟弟摆弄食材，她们会嘲笑弟弟，说他像个女孩子。男人们如果帮助妻子收衣服，要是被他母系家族的亲戚看到了，就会责备其妻子，认为她没有照顾好丈夫。别人看到了则会在背地里偷笑或说些风凉话。笔者最初的感受是，男人们经常在吃饭前像大爷一样坐着，等着女人们将饭盛好放在面前，吃完饭后，他们丢下餐盘，或干自己的活，或放松休息看电视。哪怕此刻妻子正忙着帮孩子洗澡或忙其他事情，而丈夫并没有别的事情做，他也不会去厨房洗碗。碗筷就这样堆积着，直到女人忙完手中其他活。有时，她们也会因为一天的劳累而选择第二天早上再洗碗。然而，对于当地人而言，这是理所应当的事，女人们在家工作，没有日晒雨淋，与男人们相比，这些家务活消耗的体力也少很多。男人们则要负责挣钱养家，承担更大的责任和压力，回到家就不应该再干活了。女人们也都觉得这就是她们应该做的事，照顾家庭本来就是其主要职责所在。

当然，这与政府的政策和宣传也有一定的关系，印尼政府一直强调女性在家庭中的角色，并提出"好妻子、好母亲"的指导方针。在新秩序（the New Order）时期，国家出于政治目的而主动地组织、动员妇女，印尼的妇女活动面临着倒退。20 世纪七八十年代，印尼各种国家资助的妇女组织纷纷建立，主要是由公务员和军人的妻子组织起来的妇女团体（例如由公务员的妻子组成的 Dharma Wanita，由警察和军人的妻子组成的 Dharma Pertiwi）——主要作用是帮助其成员的丈夫执行任务。① 布莱克伍德认为，政府通过这些妇女组织实现国家新的指导方针，强调女性在家庭中的角色。② 另外，通过教育制度和传媒塑造出更具家庭倾向的中产阶级妇女形象。

在农村地区，"家庭福利教育"（Pembinaan Kesejahteraan Keluarga，PKK）正在发挥着相同的作用。1967 年，中爪哇省省长的妻子提出了"家庭福利教育"的项目，PKK 旨在引导农村妇女掌握正确的知识和技能，以便她们能够在家庭生活如家庭关系、家庭管理、孩子教育、食物和营养、计划生育等十个方面发挥良好的作用。1972 年，印尼内政部长（Menteri Dalam Negeri）签发正式文件，将"家庭福利教育"更名为"家庭福利建设"，并在全国农村推广。这些妇女组织将当时社会的性别意识强化在人们心中，即妇女的主要职责是母亲和主妇。当然，现在的"家庭福利建设"更加全面地提升妇女在家庭和社会上的地位，从笔者参与的 2017 年梭罗克县"家庭福利建设"负责人年会来看，各区、镇、村不仅从多个层面展现了女性在家庭和村庄发展中的重要作用和成果，提升女性对个人价值的认可度，还通过当地特产的展销来推动以女性主导的家庭作坊或小型企业的发展，提高女性在经济领域的收入和地位。

与村庄相比，在城市里的米南加保人也保持着一定的分工禁忌，但其界限不会那么一成不变。在城市里工作的夫妻俩，由于工作都很繁

---

① 郭又新."妇女与发展"：印尼的妇女非政府组织［J］.东南亚研究，2007（3）：26-30.

② BLACKWOOD E. Webs of Power: Women, Kin and Community in a Sumatran Village［M］. Lanham MD: Rowman and Littlefield, 2000: 89.

忙，偶尔丈夫也会帮助妻子做一些家务。曾经有位老师告诉笔者，他们几个教师内部有一个爱妻日（每周日），那一天会由丈夫来烧饭，妻子可以休息。由于教育程度的提高，一些男性在求学途中必须学会如何照顾自己和打理生活，所以他们也会做一些简单的家务。婚后，如果妻子特别忙，他们也会主动分担。但这一切只局限在城市里，如果假期他们一起回到家乡，村庄的那套分工禁忌将重塑他们的生活，他们会主动回归自己的角色。哪怕丈夫闲着，也不能帮妻子洗碗，不然其岳母可能会责怪其妻子。

第二节　森美兰州日常生活中的分工

在传统的马来社会里，"男主外，女主内"也是常规的家庭合作模式。《古兰经》指出男女拥有不同的职能，女人的职能是照顾家庭和养育孩子，男人的职能是供养妻子和家庭。因此男人是挣钱养家的，他们有责任和义务照顾好家庭，他们属于所有公共领域，如政治、经济、军事等。而女性的角色是当好妻子和好母亲。但是森美兰州的情况略有不同，20世纪60年代前，当森美兰州的经济仍以农业为主时，稻田是女人的天下，橡胶园则属于男人。这也组成了家庭收入的两部分，即女性提供主要食物，男性提供现金收入。这样的分工使得男女在家庭收入和家庭地位上达到一种平衡。在这种农耕经济中，女性对家庭的经济贡献是很明显的。家庭中的男女处于一种经济上的互补。[①] 但是，随着农业不再是农村经济的主要组成部分时，很多女性不再在稻田工作，成为专

---

① AZIZAH KASSIM. Women, Land and Gender Relations in Negeri Sembilan: Some Preliminary Findings [J]. Southeast Asian Studies, 1988, 26 (2): 145-146.

职的家庭妇女。"男主外，女主内"的理念才逐渐在森美兰州形成。范若兰认为，20世纪70年代兴起的达克瓦运动（dakwak，亦称伊斯兰复兴运动）极大地推动了马来西亚社会和政治的伊斯兰化，并强化了对性别的规范，让妇女认同其家庭责任。① 村庄里的女性主要负责家务，如打扫房间、做饭、洗衣及照顾孩子。阿齐扎在20世纪80年代末的调查显示，瓜拉庇劳的村庄内90%的女性是家庭妇女，其中有8%的女性在照顾家庭的同时还会帮助丈夫一起割胶或做些小买卖。②

当然，随着教育的普及和经济的高速发展，越来越多年轻的女性离开村庄参加工作，她们成为劳动密集型产业的主力，如电子、食品、制衣等行业。2011年，森美兰州就业的男性达275700人，女性达151000人。2015年，男性就业者为304300人，女性就业者增加到180100人。2011—2015年的数据显示，森美兰州找工作的女性人数比男性更多。2013年，登记找工作的女性达9953人，而男性仅5749人。③ 她们也和男性一样成为有固定收入的雇员。因此，笔者发现现在的森美兰州几乎不存在与西苏门答腊省类似的工作禁忌。他们仅根据个人的能力来选择合适的工作。重体力的活一般由男性来负责，不论是丈夫还是儿子；精细琐碎的活一般由女性来负责。当然，如果情况特殊，就让女人来干男人的活，抑或反之，也完全有可能。由于大多数稻田已经由大型种植公司承包，以前需要人力完成的工作已经由机器来替代。高科技的运用和农村新型发展趋势，使得越来越多农民摆脱了简单的体力劳动。

---

① 范若兰. 伊斯兰教与东南亚现代化进程 [M]. 北京：中国社会科学出版社，2009：71.

② AZIZAH KASSIM. Women, Land and Gender Relations in Negeri Sembilan：Some Preliminary Findings [J]. Southeast Asian Studies，1988，26（2）：146.

③ Banci Penduduk dan Perumahan Malaysia 2010 [R/OL]. Jabatan Perangkaan Malaysia，2010-10-15（14）.

笔者在良令居住期间，常常看到家里的男性成员在后厨帮忙。虽然主力仍是阿姨，但是男性在厨房干活不会被视为禁忌，或是件耻辱的事。叔叔总是在阿姨最需要的时候为其搭把手，阿姨的小儿子甚至爱上了烹饪这个活，据说已经在他妈妈的指导下，非正规地学习了三年。开斋节前他成了阿姨的得力助手，不仅帮着烘焙糕点，还烹饪了传统的柔佛叻沙面。有一次，他嫂子一家要来家里做客，由于时间紧张，他一人挑起了大梁。晚上约10点，赶着超市关门之前和他爸妈采购完食材后就回家开始烹饪了。从剖鱼、洗鱼到做鱼酱，从制作辣椒酱到炒椰丝，他一丝不苟，一直忙到凌晨1点。准备完所有食材后他才安心去睡觉。早上，好好休息了一夜的阿姨才能在短时间内将计划好的菜肴烹饪出来。就这样，在儿子和丈夫的帮助下，阿姨顺利地接待了亲家来的四十多个亲戚。虽然，受到传统思想和伊斯兰教的影响，女性的主要任务仍是照顾家庭，男性则是需要出去挣钱养家的人，但随着女性外出工作的比例增加，日常生活的分工并不存在着严格的性别限制，人们主要根据个人的能力和时间进行日常生活的分工，更多地体现了男女之间的互助。

第三节　传统仪式的分工

在办传统婚礼、葬礼、丰收等场合，男女的分工十分明显。布莱克伍德表示，女性在仪式活动中占主导地位，特别是在婚礼中。女长辈在仪式中比男长辈负有更多的责任。① 据拿督·拉杰（Dt. Rajo）说，仪式的准备和操办也分为"女人们的事"和"男人们的事"。女人们负责关键性的任务，管理和照看相关事务，煮饭并招待男客人。男人建造临时的帐篷，负责仪式中男性的部分和仪式中的对话。普林迪威拉表示，男性负责交换说辞，女性负责交换食物。笔者认为，在仪式中男女也是平等的，只是在不同的场合负责不同的事宜，但几乎是相互制衡的，缺一不可。除了说辞外，男人也为准备食物做出了一定的贡献，比如宰牛和刨椰丝。笔者参加的一场婚礼中就看到过忙碌的男人们。早晨7点左右，吃完早饭后，笔者随艾拉阿姨前往女方家帮忙，我们在路上时，那边的男人们早就在那儿忙活开了，宰牛是他们的一个大活。一头几百千克重的牛已经按照不同的部位和器官分类，并切成不同的大小备用。除了宰牛和切肉，男人们还负责刨椰丝。虽然有刨椰丝的机器，但由于用量极大，这也是个十分消耗体力的活。一个大叔告诉我，如果宰牛了，一天会消耗500个椰子，如果宰羊则需要400个椰子。三个大叔站在三个获取椰丝的机器前不停地刨椰丝，除了喝茶，他们几乎没有怎么休息。刨椰子需要人稳稳地捧住半个椰子壳，将椰肉部分靠近机器的转头，并且根据机器的运作转动椰子获取椰丝。虽然这个活女性在家中也经常干，但每次只是刨四五个椰子的椰丝。如果连续刨一天，还是需要男性的力量才行。相比之下，请来帮忙的阿姨们只是干一些切菜的活，她们每人带一把小刀，围坐在室外铺有塑料编织袋的地上，有的切洋葱，有的削黄瓜，有的削土豆和切土豆，远处还有一些妇女围在一起切嫩的菠萝蜜（见图6.1）。

① BLACKWOOD E. Senior Women, Model Mothers, and Dutiful Wives: Managing Gender Contradictions in a Minangkabau Village [M] //ONG A H, PELETZ M G. Bewitching Women, Pious Men: Gender and Body Politics in Southeast Asia. Berkeley: University of California Press, 1995: 134.

图 6.1 婚宴准备中的男女分工（摄于 2017-4-23）

大家干活的时候也是处于很放松的状态，一边干活一边聊家常，大约干了一个小时，主人端来了茶水和炸红薯片，大家就开始休息吃点心。吃完后，没干多久就基本上干完了，女人们就坐在那儿等着吃饭。吃完午饭后，有些阿姨就回家了，有些阿姨还留下来继续干活，如制作椰浆和烹饪。整个过程中，真正的烹饪重活都由至亲的女性亲属完成，其他女性只是做些很简单的活，有些人聊天的时间比认真切菜的时间多。但是，如果说男女分工的主要意义在于谁控制劳动力的过程和成果的话，那么婚宴准备的主宰者肯定是女性，特别是负责烧菜的主厨们。她们决定了将肉分成几类，分别用于烹饪什么菜肴。她们决定烹饪哪几种菜肴，怎么搭配，并且决定上菜的顺序和内容。曾经有人告诉过我，她们决定了男人们吃什么。有些男人参加婚礼前还会打听谁是这次的婚宴主厨，厨艺的好坏一定程度上也会影响男人们的出席。

晚上宴请宾客时，上菜的是男人，他们会到后厨将女人们分配好的饭菜端到男性宾客面前。这些上菜的人被称为杰囊（jenang），他们都是由各自氏族选定的，只要该氏族的人结婚，他们就固定作为婚宴的招待者。一般是 4 人或 6 人，但据说也可以是单数。杰囊有男有女，负责不同的群体，但男性的杰囊比较辛苦，他们要端菜和送菜，来回奔波。由于女人们都在后厨吃饭，所以女性的杰囊只负责添菜。这次婚礼上似乎只有男性的杰囊，他们的服饰也与别人不同，很容易区分。而女人们吃饭时，主要由家里的亲戚负责添饭添菜。那些杰囊就如巴东餐馆的服务生，一个手端上几盘菜，往返于前厅和后厨之间。这次婚宴的菜肴主要有仁当肉、古来肉①和牛肚、古来鸡肉、黄瓜沙拉、土豆饼、炸鸡蛋。由于盘子比较小，每个盘子只装一点点菜肴，比如 2 个土豆饼、2 个炸蛋等。这四位专门负责端菜的男性从后厨将菜送去前厅和室外。每人每次可以拿 4~6 个盘子，就这样大约忙活了半个小时才将菜上完。之后上的是甜点，如蛋糕、果冻、奶昔和水果。等到所有男性宾客吃完后，他们又将所有菜肴端回后厨。

除了传统婚礼，葬礼上男人和女人也都有自己的责任和分工。举行葬礼前，女人们一般都会每人带着一千克米前往祖屋悼念死者，她们将米交给正对门口坐着的一位妇女，然后米就被装入准备好的编织袋内，用于日后祈祷念经烹饪之用。笔者去的时候，已经快集满一个编织袋了。给完米的女人们围坐在祖屋的客厅，祖屋的一头摆放着遗体的床，另一头有几个女人忙着准备沐浴和包裹遗体的材料，如酒精棉花、棉布、鲜花等。其他女人们或默不作声等待，或轻声交谈，并没有大声地哭泣。祖屋不远处则是忙碌的男人们，他们的任务主要是挖坟墓，大多数男人都坐在墓地边等待，由于这是个体力活，男人们也需要轮流上阵。他们先纵向地挖掘，挖得很深，大约有 2 米，然后再横向地挖掘，这样就形成了一个三面是土的墓穴。遗体可以直接放入，然后用一块木板做盖棺封住即可。女人们都准备得差不多了，墓穴还没挖好，大家就只能在那儿静静地等待。等到墓穴挖好后，裹好的遗体被抬至墓地进行埋葬。男人们负责念经祈祷，女人们则在远一点的地方旁观（见图 6.2）。

---

① 古来肉（daging gulai），用咖喱和椰浆烹饪的牛、羊肉。

图 6.2 葬礼上的男女分工（摄于 2017-5-1）

在森美兰州，一些传统仪式也存在着男女分工，但快节奏和现代化的生活已经使其悄然地发生了很多改变。以婚礼的准备为例，20 世纪 70 年代的时候，村庄内还举行传统的婚礼仪式，也还使用米南加保族风格的并坐礼台装饰，村里人采用互帮互助的方式办理婚礼。一般在婚礼举行前一个月就开始准备了，男人们结伴去周边的森林砍竹子，找屋顶的材料，然后一起搭建帐篷。女人们则负责装饰房间和准备饭菜，有时候负责翻炒肉类的是男人，因为锅子很大，需要用很大的力量才能使肉均匀加热。随着餐饮服务（catering）的推广和增加，20 世纪 80 年代初这种传统的婚庆模式渐渐消失了。村民办婚礼直接找餐饮公司来负责，提前一天就把帐篷支好了，饭菜也根据顾客的预定由餐饮公司负责准备。支帐篷和上菜一般由男性负责，因为这两个活都需要一定的体力。搭建大型的帐篷需要使用脚手架，需要固定好支架，还需要爬上爬下。另外，由于婚宴上都使用大型的自助餐盆，所以也需要男性来负责。此外，其他工作并没有明显的性别区分。为新人化妆的可能是男性化妆师，摄像的可能是女摄像师，收餐盘和接待服务的人员有男有女。工作不再有禁忌，更多的是个人的选择。

森美兰州的葬礼也体现了男女的不同分工，比如女性负责清洗和包裹尸体，男性负责抬尸体和诵读经文。但由于现在当地使用挖掘机来挖墓坑，整个葬礼过程很快，从沐浴到入土大约就 2 个小时。前来悼念和慰问亲属的也只是亲戚和朋友，近亲都坐在房间里，其他人坐在屋外的庭院里，并不像吉纳里那样邀请整个村庄里的人。虽然流程与西苏门答腊省类似，但森美兰州的这些仪式缺少了集体的参与感，更多的是个体家庭的行为。各种便利设施的引入减少了村民间的互助和集体劳动，弱化了传统仪式中男女的分工。

第四节　不同工作的价值

在西苏门答腊省，男女的分工在水稻的丰收过程中一目了然。一般收割水稻需要几个人一起合作，收割的过程分别是割麦穗、脱粒和脱壳三个步骤。割稻和脱壳的一般是女人，如果想收割得快一些，割稻也可以由男人来干，但脱粒的工作只有男人来干。一般他们将别人割下的麦穗捧起，抓住麦穗尾端在已经置好的脱粒盆前用力捧打，盆的四周用蓝色编织袋围裹起来，防止稻谷撒在外面。捧打三四下后，谷粒基本上脱落。盆里的谷粒还要经过一个简易的脱壳机将没有米粒的壳和饱满的谷粒区分开。经过这个步骤装袋的谷粒就可以卖给碾米厂了。

村里农闲的时候，有的妇女会去附近的村庄干活，家庭主妇们则在家附近清理（剥）小洋葱。在村里有几个剥洋葱的集中地，想要剥洋葱的人可以到那儿工作，一般按天结算。那些小洋葱是从附近高原地区运过来的，那儿气温低，适合种洋葱。在送去集市兜售或贩卖给餐馆前，这些已风干的洋葱需要处理一下，切去它干的根须，剥去干枯的外皮，露出里面紫红色的部分。在笔者看来，剥洋葱算是个辛苦活，虽然不需要太多体力，但报酬极低，还需要耐心和伶俐的双手。一般剥洋葱的活都是妇女在做，她们早上打理好家庭，送孩子上学后围坐在一起，一边聊着家常，一边剥着洋葱，对她们而言，干这个活既可以照顾家里，又可以增加收入，是一个还不错的兼职。有时候，一些上幼儿园或上小学的女孩子，回到家后也会帮妈妈一起剥洋葱。剥1千克洋葱可以获得1000印尼盾的报酬（约合人民币5角），大多数女性平均一天可以剥30千克左右的洋葱，有些动作快的阿姨一天可以剥40至50千克的洋葱，这样算下来和那些去农田干活的妇女差不多，而且她们的工作环境更好，因此这个活挺受欢迎。

在笔者调研期间，逐渐发现一些男人也开始加入剥洋葱的队伍，但碍于面子，他们往往躲在自己的家里，而不出现在公共区域。有几次笔者路过一个小卖铺，看到小卖铺的女主人和丈夫在店里剥洋葱。几天后当笔者问到一天能剥多少时，男人面露微笑地说，"我刚开始剥，还不知道呢。"之后，笔者又发现了几名躲在屋内剥洋葱的男人。一段时间后，有些男人逐渐坐到屋外，但还是在自己的屋前，与自己的家人或亲戚一起工作。见到正巧路过此地的笔者，他们也会憨憨地笑笑。偶尔，笔者也会无意中和村民提到男人剥洋葱一事，大多数村民只是笑而不语，从他们的笑中能体会到他们对此的不屑，也有些人直接表示那是女人的活，没有能力外出工作的男人才干这种活。有个大婶用近期新上映的电视剧名《颠倒的世界》（*Dunia Terbalik*）来诠释这个现象。但随着农闲的到来，越来越多男性加入这个以前是清一色女性的工作中。有一次，笔者在路上遇到一个正在祖屋前剥洋葱的小伙，这个祖屋是他妻子家的，但由于妻子在巴东工作，周末才回来。两个孩子也在巴厘岛工作，平时仅他一人居住在此。他表示，平时他种田，现在是农闲时期，所以就在家剥洋葱。他很得意地说："我一天（从早上8点到晚上12点）可以剥100千克的洋葱，那些女人们只能剥20~25千克。男性体力和身体状况比女的强，工作时间也可以更久一些。"他认为只要是劳动所得，不需要有太多性别禁忌。与家庭那些琐碎的事相比，剥洋葱虽然被定义为女人干的活，但由于其带来的经济收入使得这个工作价值发生了变化。

总的来说，米南加保人将所有工作分为两类，即"男人的活"和"女人的活"。这种分工具有较强的性别差异，一般"男人的活"需要消耗较多的体力，较多地出现在公众面前，而"女人的活"则消耗的体力相对较少，较多地在家庭内部或不远的周边。这种分工也如同一种禁忌将男女分隔在两个不同的领域。他们考虑到两性在体能上的差异，由男性承担较重的活，展现出米南加保族对女性的一种关爱。由于工作的禁忌较为僵硬，所以在经济利益面前，一些人也会尝试着打破这种僵局，营造更加有利的生存空间。印尼制定了国家五年发展计划（RE-PELITA），鼓励印尼人民有责任和义务参与国家发展。虽然国家发展者们认可女性的重要性，但他们认为女性的主要贡献是作为妻子和母亲。国家政策执行了这样一种女性观，即作为支持者的妻子和养育孩子的母亲。女性有5个主要任务：①做一个忠实支持丈夫的人；②照顾好家庭的人；③生育下一代；④合理地养育自己的孩子；⑤做一个好公民。[①]这些观点强调了女性在家庭内职责的重要性，这与米南加保人关于女性和家庭的观念是完全吻合的。一直以来，米南加保的女性作为家庭的大管家这一形象深入人心。随着教育的深入，越来越多女性走出家庭，开始在外工作。在村庄里，女性的工作可以是教师、商贩、公务员等。有些家庭在自己家开出小卖铺，让妻子负责经营。虽然女性越来越多地走入社会，但对她们而言，照顾好家庭仍是女性最重要的任务。

---

① BLACKWOOD E. Senior Women, Model Mothers, and Dutiful Wives: Managing Gender Contradictions in a Minangkabau Village [M] //ONG AIHWA, PELETZ M G. Bewitching Women, Pious Men: Gender and Body Politics in Southeast Asia. Berkeley: University of California Press, 1995: 136.

很多女性也表示，女人比较感性，男人更理性一些，所以处理一些大事还是男人更合适。因此，男性更多地活跃在公众场合，更多地发表意见。虽然女性的生活圈和交际圈比男性更小，但女性也同样有表达自己意愿的空间，只不过与男性的场合有所区别。比如村里的"计划生育会""健康普及会""文化调研会"等，与会者中有很多女性，并且她们都能为村庄的发展出谋划策，发挥她们的作用。

就以村里的一次健康普及会为例，那次健康知识普及会是区政府医务所的大夫来宣讲，也是笔者参加的第一场村政府的会议。有 33 人被邀请出席，主要出席的是村里的接生师（3 人）、卫生所负责人、健康站点负责人（kader Posyandu）、4 位村长及相关专家。除了村长、村和村协商机构（BMN）的领导外，其他都是女性。这里的健康问题涉及几个方面，如妇女生育、幼儿疫苗注射、幼儿营养、家庭卫生与健康等。其中还提到了政府提出的 10 条健康家庭的准则指南，能完全遵守这 10 条准则的家庭，在该村仅有 20.8%。这 10 条准则中包括了多吃瓜果蔬菜、在室内禁止吸烟、健康地如厕（如清洁的卫生间，指带有化粪池的卫生间）。根据统计，整个村实现干净的厕所和排污系统的仅有 43%。由于习惯养成，有些人家中已经建了干净的卫生间，但他们仍然习惯于在小溪、小河边排泄。除此之外，吃蔬菜对于米南加保人而言，也是一件困难的事。在巴东的时候，每次买饭时，蔬菜都是免费的，很多学生都不要蔬菜，只选择肉类和辣椒酱。通过采访，一些曾在雅加达工作的村民表示，以前这里的人不懂得健康饮食，几乎不怎么吃蔬菜，即使烹饪蔬菜也是用椰浆烹饪。早期，集市上也没什么叶类蔬菜，只有豇豆和四季豆。2000 年开始，集市上蔬菜的品种开始丰富，如苋菜、白菜、西红柿、黄瓜等都挺多的。

自从卫星电视引进村庄，村民受到电视的影响非常大，从电视里他们开始了解城里人的生活方式。目前，很多村民的消费观念和城里人差不多了，消费水平也提高了很多。即使是这样，一些家庭吃的蔬菜和水果的量仍然不足。而为家人准备饭菜和水果的女性在这个问题上就显得尤为重要。可以说，她们选择做怎样的饭菜将决定着家庭成员的健康程度。另外，女人们的言传身教也很大程度上影响着孩子们习惯的养成。

主讲人在陈述了很多与村里人健康相关的数据和问题后，也会向与会者讨教，希望她们能给出一些解决的方法。因为从医疗机构的层面，她们已经尽力宣讲和普及健康知识了，但是她们仍然碰到一些实际情况，如疫苗注射问题。由于对疫苗注射知识缺乏了解，一些家长不愿意打疫苗。他们觉得以前不打疫苗时孩子都没事，现在一打疫苗反而发烧生病了。医疗人员上门劝说，但家长不愿意听，事情就很棘手。有些家长索性躲着不见，要不见了医疗人员就从后门溜走了，要不就说孩子病了不能打，要不就说要下田干活。面对这些实际情况，主讲人征询了村里人的意见，希望她们以当地村民的身份去解释和化解这类问题。与会的妇女们踊跃发言，出谋划策。这些问题在商讨下一一化解。这是笔者第一次见识到女性在公共领域发挥的作用。可以说，女性在一个家庭中照顾着全家人的饮食起居，从饮食健康到婴幼儿健康，从家庭卫生到公共卫生，她们都起到了决定性作用。女性们负责的家务活的确是家庭健康发展的重要基石。女性们为家庭乃至村庄的健康发展贡献出了自己的一份力量，然而由于不能通过金钱来衡量，这种贡献往往容易被忽略，或被轻视。

第五节　两地的异同及成因

综上所述，这两个母系社会处于以农业为主要经济来源的时候，女性作为土地的所有者主要从事稻田的种植工作。她们掌控着稻田的所有收成，一方面这些收成可以养活整个母系家族的成员，另一方面多余的稻谷还可以通过交换获得其他生活用品。男性虽然也从事农业劳动，但主要负责重体力的活或者种植周期较长的经济作物。此外，男性还外出经商或做其他工作。由于母系制度对于女性的保护，村庄内部仍存在较为严格的、以性别来区别的工作分工。这种工作的分工主要基于两性体能上的差异，以体力劳动为主的农村生活让男性承担更加繁重的工作，给予女性一定的照顾。虽然政府通过一些政策和舆论导向将女性的职责定位为妻子和母亲，强化女性对实现国家发展目标的贡献，但这两个母系社会中的女性因为拥有经济基础（田地）和一定的话语权而拥有与男性相等甚至更高的社会地位。

不论是日常生活还是传统仪式中，两性均有各自发挥作用的领域。虽然他们在不同的领域发挥作用，但并不能因为男性更多地出现在公共领域，就否认女性地位的弱势或不重要。在村庄中，很多时候也展现了女性在公共领域的发声和权利，只不过她们将更多的关注点集中在了家庭，突出了母系社会以母系家庭为核心的特点。两者更多的是互相搭配和互补，当然也在一定程度上造成了相互的牵制，可以说在传统的社会中男方和女方缺一不可。西苏门答腊省城市的分工界限随着男女共同参加工作而逐渐被打破，但城市里的这种模式具有一定的局限性，即仅在城市发挥作用。当他们回到村庄后，这种模式又将被性别分工所取代。

森美兰州的性别分工则发生了两次巨大的变化，第一次是发生在森美兰州不再以农业为主要经济来源时，该州的祖产土地也随之贬值，女性对男性的依赖就明显增强。另外，伊斯兰教和国家的引导对于这两个社会中的性别分工和规范有明显的影响。这两者均将女性定位成需要顺从于丈夫、照顾家庭和养育孩子的角色。因此，很多女性主要负责照顾家庭，而男性则负责在外挣钱。但由于女性所做的家务活并不能用金钱来衡量，因此其价值经常容易被忽视。相比之下，由于西苏门答腊省仍以农业为主，所以即使很多女性的主业是家庭主妇，但拥有稻田的她们仍然有一定的经济收入。此外，她们还会做一些手工活来贴补家用。有些女性则通过家庭作坊的模式参与食品或手工艺品的制作。

　　第二次则是发生在工业化和城市化进程中，森美兰州就业结构的巨变导致了该地性别分工的变化。西苏门答腊省一直处于以农业为主，贸易和手工业为辅的经济结构中。2010—2012 年该省主要的工作领域为农业、贸易和服务业，其中 2010 年参与农业的劳动力占据了 44.1%，贸易占据 19.9%，而服务业为 16.63%。2012 年，参与农业的劳动力有所下降，转而投身于贸易的人数增多，但农业仍是该地主要的行业，占据劳动力市场 40.6% 的份额（Tessya，2001）。另外，西苏门答腊省内工作的男性比例比女性高很多，2012 年，西苏门答腊省参加工作的男性比例为 61.69%，而女性参加工作的比例仅为 38.31%。森美兰州则从 20 世纪 70 年代开始快速地进入了工业化时代，越来越多女性参与工作，男女在家庭收入中同样扮演着重要的角色。于是，当家庭主妇成为职业女性走向社会，在家庭或社会中的男女分工更趋向于一种合作和共赢。当然，在西苏门答腊省，一些之前被视为女性的工作，因为有了经济效益，当男性在没有工作的情况下，他们也会突破这一界限来尝试这类工作。这一现象也展现了货币经济对于传统社会性别分工的一种挑战。目前而言，森美兰州不存在类似西苏门答腊省那么严格的性别分工，日常生活的分工主要根据体能的差异来进行选择，更倾向于个人的能力和选择。另外，快节奏的生活和现代科技的应用，简化了传统仪式的步骤，性别分工也显得弱化。

第七章　结　语

通过梳理印度尼西亚和马来西亚两个族群之间的历史，本书厘清了两个族群之间的关系，证实了这两个族群具有同源的特征。在此基础上，通过比较两个族群社会文化中的氏族特点、家族结构、居住模式、婚俗、财产继承及性别分工等内容，发现了两个族群虽然都属于母系社会，但其文化元素存在着一定的异同。从横向上，这种异同反映出文化在传播过程中符号的遗失、创新和融合等现象。从纵向上，这种异同反映出文化在传承过程中，由于分处于两个发展情况存在差异的国家内，受到了不同的政治、经济、社会、教育等影响而产生的差异性变化。

首先，这两个族群均符合母系社会的特点，即按照母系来计算继嗣。米南加保族迁徙至马来西亚后，族群的核心文化符号、社会结构和风俗文化保留了下来，一些概念如氏族、封号、女家长、母系继嗣、传统祖屋、从妻居均在两个族群中有明显的体现。但有些文化元素则发生了遗失，如封号。在森美兰州仅有职务封号，没有普通封号。早期，两地的母系家族结构相似，一个母系大家庭居住在一个祖屋内，母系家庭的成员包含所有的女性及其兄弟和其孩子。但目前两地的家庭结构都趋向于核心家庭或扩大型家庭。通过自我调适和自主选择，森美兰州的民居样式发生了改变，融入了当地马来人的建筑风格。此外，两地都出现了大量的新建现代屋。但是，西苏门答腊省的传统民居仍具有居住和举行仪式的功能。西苏门答腊省仍然延续着从妻居模式，而森美兰州出现了从妻居和从夫居共存的模式。

其次，这两个族群的婚俗步骤相似，择偶权和择偶观存在着相似性，均有异族婚的婚配原则，母系家庭对于婚姻有着重要的影响。婚配范围逐渐从同村扩展到同县、同州/省，甚至出现了与其他族群通婚的情况。由于身份认同、宗教、风俗等，森美兰州马来人与其他州马来人通婚情况普遍，通婚后形成文化融合，婚宴偏向于马来和现代风格。而米南加保族与其他族群通婚较少，通婚后一般形成文化置换，婚宴保持米南加保族风格。虽然森美兰州日常婚宴已经马来化，但该州兴起的民宿项目则将传统婚宴作为该地区的特色文化之一，通过展演的方式呈现在游客面前，在一定程度上保护和传承了这种传统婚俗文化。

再次，两个族群的财产继承均依据母系继承，母系家族的女性继承所有财产，其中土地是最主要的财产。由于土地属于共有财产，西苏门答腊省的祖产土地没有土地证，而森美兰州的《风俗习惯法》则推动了该州"祖产土地"产权证的产生。原则上，祖产土地不能买卖，只能典当。但西苏门答腊省买卖土地的情况时有发生，这导致了祖产土地的性质从共有向私人发生转化。随着财产私有化的产生、伊斯兰教的影响和国家法律的制定，财产继承的方式受到了传统习惯法和伊斯兰教法的共同作用。祖产的继承根据习惯法由女性成员继承，女性享有所有权，男性成员享有使用权。使用权的分配在西苏门答腊省没有固定的比例，以家庭内部协商为主。森美兰州的《风俗习惯法》则明确规定了风俗核心地区的家庭中男女享有平等的使用权继承。个人财产和夫妻共同财产根据伊斯兰教法进行继承和分割。随着家庭结构的变化，男性也会采用赠与的方式将个人的财产传给自己的孩子而非母系家庭的外甥。

最后，从社会分工来看，早期处于农耕社会时两地均根据两性的生理和心理特点进行了分工。这种分工主要基于两性体能上的差异，以体力劳动为主的农村生活让男性承担更加繁重的工作，给予女性一定的照顾。男性更多地参与社会活动，在公众场合具有话语权，女性则更多地作为家庭妇女，操持家庭事务。随着社会的发展，科技的进步、人口的流动和受教育程度的提高都为女性带来了更多的改变。她们中的一部分人逐渐走出家庭、参加工作，并与男性发挥相同的作用。但是，由于西苏门答腊省的城市化进程较慢，经济发展没有森美兰州那么迅速，村庄内部的社会结构依然十分传统，因此，不论日常分工还是仪式分工依然十分明确，其性别界限非常清晰，家庭和社会中的男女分工体现出一种互补性。森美兰州的村民虽然也会根据体能差异选择适应的工作，但几乎不存在性别禁忌，家庭或社会中的男女分工更趋向于一种合作与共赢。

从上述这些文化异同来看，笔者认为两个国家的政策、法律法规的制定、经济的发展和身份认同起到了决定性的作用。马来西亚构建以马来人为主体民族、"马来人优先"的政策很大程度上推动了森美兰州米南加保后裔对"马来人"这个身份的认同。马来西亚制定统一的国民教育，通过统一的语言和考试制度形成共同的意识形态。颁布《风俗习惯法》是从法制层面对该族群风俗习惯进行保护，使其在现代性的国家法律面前有一席之地。经济发展则是从根本上改变了这个族群的生活和生产方式，在森美兰州反映为工业化和城市化进程的加快。母系文化的变化实际上是由城市化引发的经济结构、社会结构和空间结构的变迁而形成的。从经济结构来看，森美兰州的农业活动逐步向非农业活动转化，形成多元化的产业结构。从社会结构变迁来看，森美兰州的农村人口逐渐迁徙至城市，农村人口逐渐变少，城镇人口增多，这些都改变了原有的母系文化。但是，在快速的发展中，森美兰州通过民宿项目进行传统文化的展演则凸显了森美兰州人对于现代性的反思和身份认同的重构。

相比之下，印度尼西亚的情况也同样如此。由于印度尼西亚是多族群、多岛屿、多文化、多宗教的国家，印尼从独立以来经历了苏加诺的旧秩序时期、苏哈托的新秩序时期和后苏哈托时期。在苏加诺执政时期，由于中央没有采用联邦制而宣布实行单一制引起了地方精英的不满。1958年2月10日，印尼共和国革命政府（PRRI）宣布正式成立，并公开表达对中央政府的不满。这场叛乱是苏门答腊地区自上而下对中央政府的一场抗衡，参与的人数之多、覆盖面之广，对该地区产生了巨大的影响。另外，该国独立之初就使用了"印度尼西亚人"和"印度尼西亚语"为身份认同的因素，而非"爪哇人"和"爪哇语"，所以这是一个新构建的共同体，这个共同体存在着语言、宗教和文化上的差异，其中宗教和文化的差异是最难调和的。因此，印度尼西亚无法通过同化政策使该国成为以某一个族群为主体的国家，只能强调国家认同下的多元化族群生态。但是，通过人口迁徙和城市化发展政策，一部分人通过通婚和异地定居实现了族群的融合，这个过程相对较慢。西苏门答腊省有口口相传或者被书写下来的习惯法，但是只局限于某个村庄，并没有形成统一的成文法律，与国家法律和伊斯兰教法相比约束性较弱，具有适应性和开放性的特点。经济发展缓慢促使西苏门答腊省母系社会变化较缓，农业社会和农村经济是母系社会继续发展的基础，这点从西苏门答腊省的农村和城市对比中可以发现。如果西苏门答腊省的城市化进程加快，农村社会发生了和森美兰州一样的多元化产业结构和人口迁徙，那么当地的母系社会也会发生巨大的改变。特别是当祖产土地通过买卖成为私有土地后，女性所有的土地数量变少，经济基础削弱后，这种变化将更为明显。当然，与经济发展产生对冲的是该族群的身份认同。米南加保人作为一个独特的族群在印尼历史上发挥着重要的作用，有着与生俱来的族群和文化自豪感。历史上的巴卡鲁勇王朝是米南加保族辉煌历史的写照。建国后，不论是工商业，还是人文领域，都有着米南加保精英的身影。在苏门答腊内部，早期的政治对立和长期的经济压迫也使得米南加保族形成较强的族群认同感和地区认同感。另外，由于该族群的语言、宗教、地域、习俗等文化特征与该国主要族群爪哇族存在着很大的差异，即使该族群只占印尼总人口的 2.73%，也很难被爪哇族同化。这种强烈的身份认同有助于他们对族群文化的保护和传承，文化精英和学者们则通过大众媒介进一步构建米南加保族文化的精髓和思想。

通过反思当地母系社会存在的根源，笔者认为米南加保族所实践的母系社会体现了一种较高的社会价值观。母系习惯法是一种凸显两性平等和人人有责的社会公约。对于女性而言，一方面，通过财产继承对女性的经济来源和居住场所有一定的保护作用；另一方面，通过女性在家庭和社会中的话语权强调女性的社会地位，强化女性的自爱。对于男性而言，一方面，通过外出迁徙模式锻炼男性的拼搏和抗压精神，增强男性作为家庭经济支柱的能力；另一方面，通过强化其作为丈夫和舅舅的双重角色，增强男性的自尊以及其对家庭和社会的责任感。

最后，伊斯兰教对于这两个母系社会均产生了重要的影响。在这两个社会中，伊斯兰教文化与母系社会文化呈现出较好的文化适应。两地居民都强调母系风俗与伊斯兰教在社会中是相辅相成的，两者分别从习惯、道德、宗教或法律的层面规范人们的行为，塑造理想的社会。但是，由于笔者个人时间和精力的限制，本书就伊斯兰教对于这两个母系社会的影响仅在婚俗、财产继承和男女分工三个问题上有所涉及，对于两者在实际社会应用中是否存在着分歧或模棱两可的情况，以及伊斯兰教对母系社会其他方面的影响如何仍缺乏深入的研究。另外，在城市化进程的推动下，母系社会能否依然维持下去，还是会转变为其他社会形态的问题，当女性失去土地或者土地的收成已经不再成为主要经济支持时，她们的社会身份转变的问题，以及传统文化如何保护和传承的问题都亟待解决。

附录 A　年轻人对婚姻问题的调查问卷

该问卷一共包含 16 个问题，问卷调查对象为住在安达拉斯大学宿舍的所有米南加保族女生。由于学校的宿舍制度，住在学校宿舍的女生均为大一新生。笔者采用问卷星系统，通过走访的形式进行问卷调查。总共采访了 122 名学生，收回有效问卷 122 份。问卷的内容包括基本性信息如：

1. 姓名（Nama）；2. No. 宿舍号（Asrama）；3. 性别（Kelamin）；4. 出生地（Daerah Asal）；5. 所在学院（Fakultas yang Mana），其中出生地和所在学院的情况如下：

4. 出生地

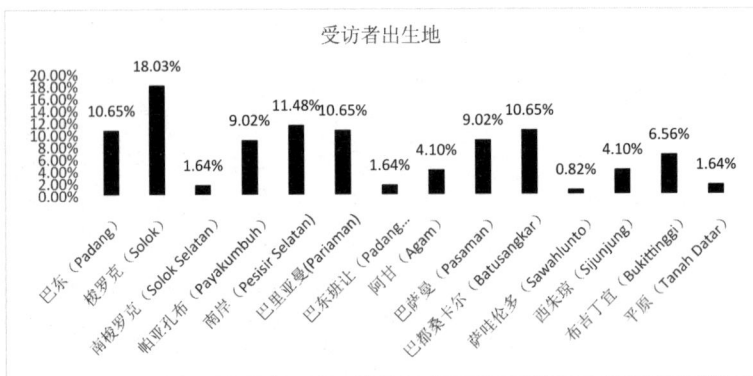

受访者出生地

5. 所在学院

受访者所在学院

学院	百分比
农学院	14.75%
经济学院	6.56%
护理学院	3.28%
法学院	10.65%
人文学院	11.47%
农牧学院	9.02%
工学院	7.38%
社会与政治学院	8.20%
信息科技学院	7.38%
农业科技学院	4.10%
数学与自然科学学院	12.29%
医学院	1.64%
药剂学院	3.28%

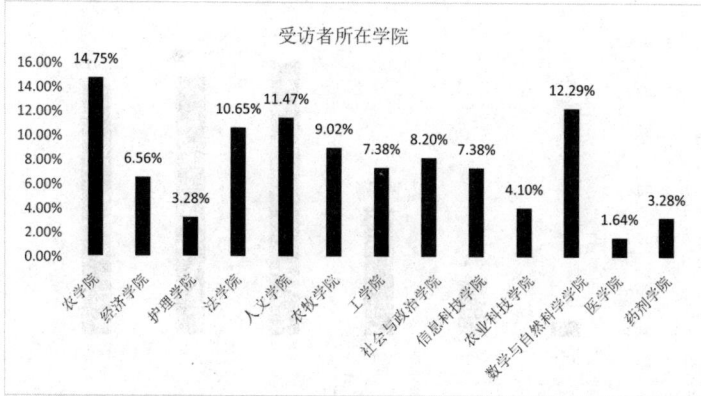

另外 10 个问题及获得数据如下：

6. 你现在住在哪儿？（Anda tinggal di mana?）

A. 加当屋（Rumah Gadang）   B. 现代屋（Rumah Modern）

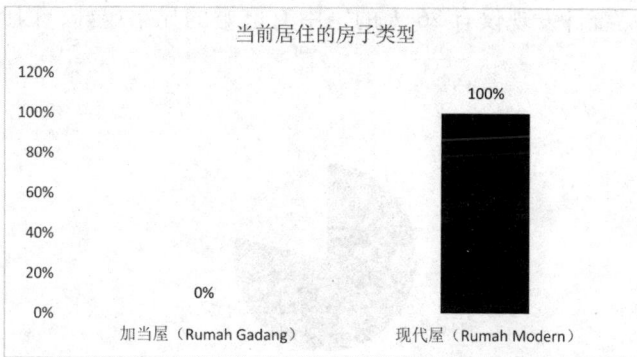

当前居住的房子类型

房子类型	百分比
加当屋（Rumah Gadang）	0%
现代屋（Rumah Modern）	100%

7. 有几个兄弟姐妹？（Berapa jumlah saudara?）

A. 1 个   B. 2 个   C. 3 个   D. 4 个   E. 5 个   F. 5 个以上（这个问题由于笔者没有考虑到独生子女的情况，没有设置"0 个"的选项，但实际上有 7 名答题人属于独生子女，她们选了第一个选项，笔者在她们的姓名后面做了特殊的标注。）

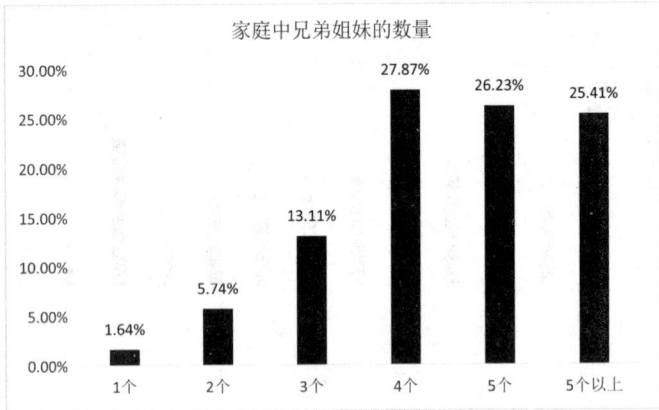

8. 你的兄弟姐妹是否已经结婚？（Apakah saudara anda sudah meni-kah？）

A. 是的（ya）　B. 还未（belum）（由于第9—13题与已婚的兄弟姐妹有关，所以家中兄弟姐妹还未结婚的人不回答这几道题，选择显示为空。最后统计发现仅有26人的家中有已婚的兄弟姐妹，因此数据量较小。）

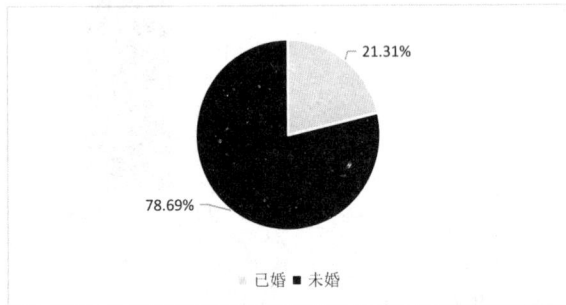

9. 如果有，婚礼在什么时候举行？　（Jika ada, kapan pesta perkawinan tersebut diadakan？）

A. 1980—1990　B. 1991—1995　C. 1996—2000　D. 2001—2005

E. 2006—2010　F. 2011—2016　G. 不选

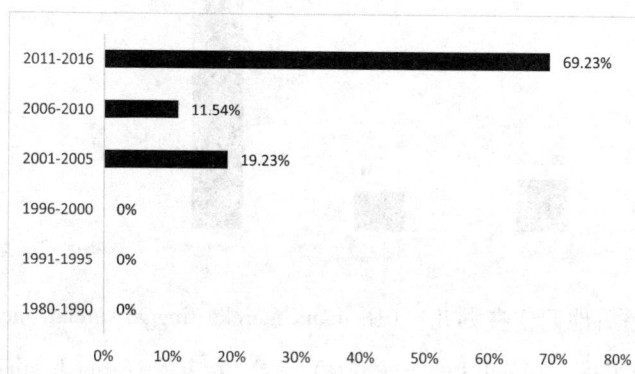

10. 婚礼在哪里举行?（Di mana pesta perkawinan diadakan?）

A. 女方家（rumah pihak perempuan）　　B. 男方家（ruma pihak pria）　C. 双方家庭（kedua-dua pihak）　D. 礼堂（gedung）　E. 空

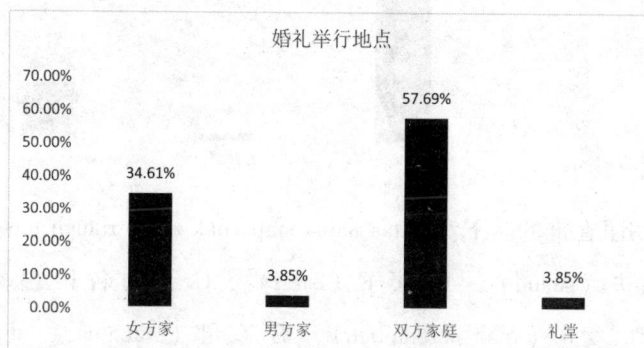

11. 谁负责办婚礼?（Siapa yang mengurus perkawinan?）

A. 女方家庭（keluarga pihak perempuan）　　B. 男方家庭（keluarga pihak pria）　C. 双方家庭（kedua-dua pihak）　D. 由餐饮配送负责（terselah kepada catering）　E. 空

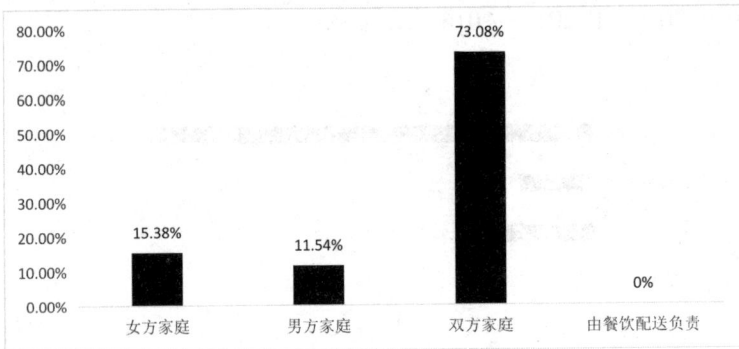

12. 婚后他们住在哪儿？（Di mana mereka tinggal setelah menikah?）

A. 男方家（rumah keluarga pria）　B. 女方家（rumah pihak perempuan）　C. 自己的家（rumah sendiri）　D. 村外的出租房（rumah sewa di luar kampung）　E. 空

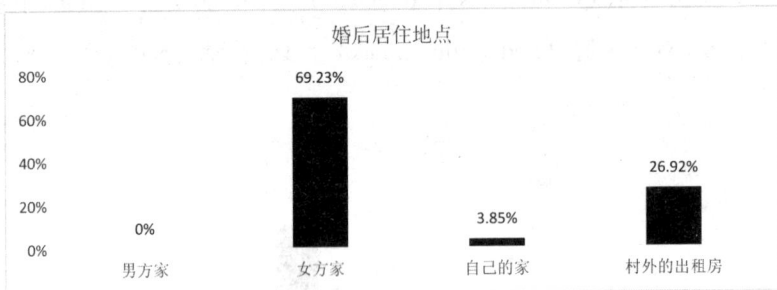

13. 房子在谁的名下？（Atas nama siapa hak milik rumah tersebut?）

A. 丈夫（suami）　B. 妻子（isteri）　C. 双方名下（kedua-duanya）　D. 女儿（anak perempuan）　E. 父母（orangtua）　F. 空

房屋的所有权

不清楚	15.38%
母亲	69.23%
女儿	0%
双方	3.85%
妻子	11.54%
丈夫	0%

0% 10% 20% 30% 40% 50% 60% 70% 80%

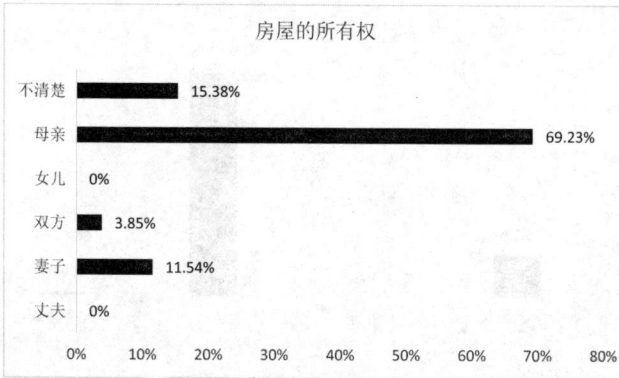

14. 你打算几岁结婚?（Rencana anda，umur berapa anda menikah?）

A. 18-20   B. 21-24   C. 25-28   D. 29-30   E. 30-35   F. 35 岁以上（lebih dari 35）

理想的结婚年龄

18-20	21-24	25-28	29-30	30-35	35岁以上
0%	33.61%	66.39%	0%	0%	0%

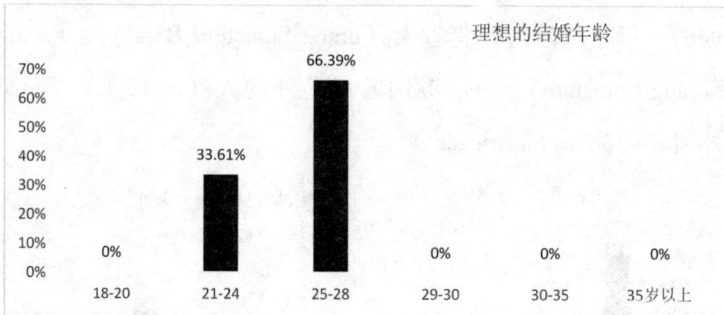

15. 谁能决定你的对象选择? （Siapa akan menentukan pilihan pasangan anda?）

A. 父母（orangtua）   B. 舅舅（mamak）   C. 自己（sendiri）
D. 家里亲戚（sanak saudara keluarga）

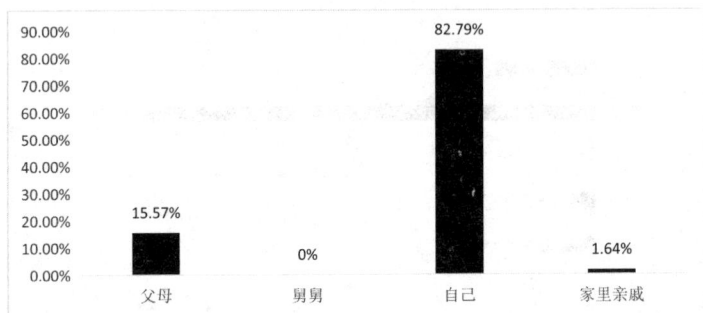

16. 你理想的另一半来自哪儿？ （Harapan anda asal calon suami dari？）

A. 米南加保人（orang Minangkabau） B. 同村人（orang sekampung） C. 同县人（orang sama kecamatan） D. 同区人（orang sama kabupaten） E. 西苏门答腊省人（orang Sumatera Barat） F. 苏门答腊人（orang Sumatera） G. 苏门答腊岛外的人（orang luar Sumatera） H. 外国人（orang luar negara）

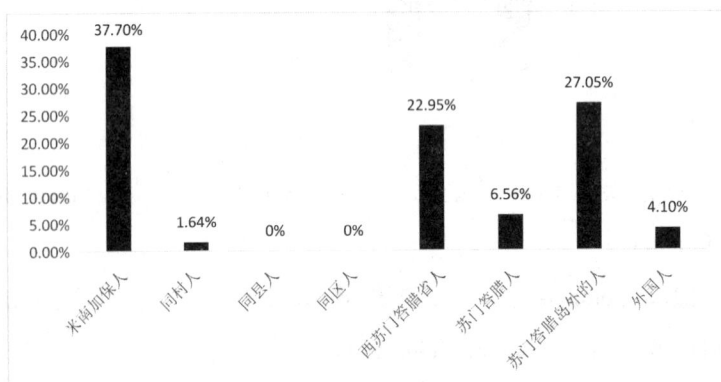

附录 B 外译词汇表

印度尼西亚地名和机构名	
外文	中文
Barus	巴鲁斯
Batuhampar	巴都杭巴
Batusangkar	巴都桑卡尔
Biaro	比阿罗
BMN（Badan Musyawarah Nagari）	乡协商机构
Bukit Sundi	布吉宋迪
Bukittinggi	布吉丁宜
Cupak	久巴
Darmasraya	达尔玛斯拉亚
Dewan Perpustakaan Provinsi Sumatera Barat	西苏门答腊省图书馆
Dilam	迪朗
Kabupaten Agam	阿干县
Kabupaten Limapuluh Kota	五十城县
Kabupaten Solok	梭罗克县
Kabupaten Tanah Datar	平原县
Kamang	卡芒

续表

Kampar	甘巴河
KAN（Kerapatan Adat Nagari）	乡村习俗会
Kota Gadang	哥达伽当
Koto Anau	高朵阿瑙
Koto Tinggi	哥多丁宜村
KUA（Kantor Urusan Agama）	宗教局
Kuantan-Indragiri	关丹-英德拉吉利河
Malayu	末罗瑜国
Malayupura	末罗游补罗，意为末罗游之城
Muara Panas	姆阿拉巴纳斯
Mungkal	蒙卡
Nagari Abai	阿佰村
Nagari Kinari	吉纳里村
Nagari Matur	玛都村
Nagari Tiku	迪谷村
Padang Panjang	巴东班让
Padang Pariaman	巴东巴里亚曼
Padangroco	巴当罗勾
Pagaruyung	巴卡鲁勇
Pangkalan	邦嘎兰
Pariaman	巴里亚曼
Pasaman	巴萨曼
Payakumbuh	帕亚孔布
Perpustakaan Universitas Andalas	安达拉斯大学图书馆
PDIKM（Pusat Dokumentasi dan Informasi Kebudayaan Minangkabau）	米南加保文化资料和信息中心

PKK（Pembinaan Kesejahteraan Keluarga）	家庭福利建设
PKK（Pendidikan Kesejahteraan Keluarga）	家庭福利教育
PNRI（Perpustakaan Nasional Republik Indonesia）	印度尼西亚国家图书馆
Posyandu（Pos Pelayanan Keluarga Berencana – Kesehatan Terpadu）	计划生育健康卫生站
P3NTR（Pegawai Pencatat Perkawinan Nikah, Talak dan Rujuk）	结婚离婚登记处官员
Rao-Rao	绕绕村
Rokan	罗干河
Sawahlunto	萨哇伦多
Siak	锡国
Siguntang	西昆当山
Silungkang	西隆岗
Sulit Air	苏利特河
Sungai Jambi	占碑河
Sungai Puar	布阿河
Sungai Tarab	达拉河，西苏门答腊省地名
Sumanik	苏曼尼
Tanjung Batang	丹戎巴当村
Taram	达朗
Tebing Tinggi	德宾丁宜

马来西亚地名和机构名	
Baitulmal	伊斯兰财务机构
Balai Adat	风俗议事厅
Beranang	峇玲珑
Bogang	波冈
BPM（Bank Pembangunan Malaysia）	马来西亚发展银行
BPM（Bank Pertanian Malaysia）	马来西亚农业银行
CIMB	联昌银行
Daching	达庆村
DBP（Dewan Bahasa dan Pustaka）	马来西亚语文局
FELDA（Lembaga Kemajuan Tanah Persekutuan）	联邦土地发展局
Jabatan Perangkaan Malaysia	马来西亚统计局
Jelebu	日拉务
Jempol	仁保
Johol	柔河
Kampung Sesapan Batu Minangkabau	米南加保旷野村
Kesang	吉桑港
Kuala Pilah	瓜拉庇劳
Maybank	马来西亚银行
Negeri Sembilan	森美兰州
PAID（Pejabat Agama Islam Daerah）	地区伊斯兰事务局
Perpustakaan Negara Malaysia	马来西亚国家图书馆
Rembau	林茂
Seremban	芙蓉
Seri Menanti	神安池
Sungai Ujung	双溪乌绒
Tampin	淡边

续表

Tanjung Alam	阿朗海角
UDA	城市发展部
UKM（Universiti Kebangsaan Malaysia）	马来西亚国立大学
UM（Universiti Malaya）	马来亚大学
UMBC（United Malayan Banking Corp Berhad）	合众银行

其他专有名词	
A. MD	文科副学士
Alam Minangkabau	米南加保世界
Anak Aceh	阿纳亚齐，氏族名
Anak Melaka	阿纳马六甲，氏族名
Adityawarman	阿迪地亚瓦曼王；阿迪耶跋摩
Bagindo	巴金达，封号
Bansi	班斯笛，乐器名
Batuk Belang	巴都博朗，氏族名
Biduanda	必都安德，氏族名
Biduanda Dagang	达刚派必都安德，氏族名
Biduanda Jakun	迦昆派必都安德，氏族名
Biduanda Jawa	爪哇派必都安德，氏族名
Bodi	布迪族，氏族名
Bundo Kanduang	女管家
Cak lempong	达兰蓬，乐器名
Caniago	加尼亚格族，氏族名
Caniago Aua	加尼亚格·奥阿，氏族名
Caniago Balian	加尼亚格·巴利安，氏族名
Caniago Batagak	加尼亚格·巴达伽，氏族名
Caniago Batajun	加尼亚格·巴达炯，氏族名

续表

Caniago Danau	加尼亚格·达瑙，氏族名
Caniago Gobah	加尼亚格·哥巴，氏族名
Caniago Titihan	加尼亚格·迪迪汉，氏族名
Dara Jingga	达拉·京噶
Dubalang	杜巴郎，封号
Dato' Sri Rama	拿督斯利·拉玛
Datuk Ketumanggungan	拿督·格都芒贡
Datuk Perpatih Nan Sebatang	拿督·珀帕提·塞巴唐
Datuk Putih	拿督布迪
Datuk Raja	拿督拉阇
Datuk Sri Maharajo Nan Banego-nego	玛哈拉惹·巴奈格奈格
Dunia Terbalik	《颠倒的世界》
Gandang	甘当鼓，乐器
Hitam	黑当王
Ir.	注册工程师
Jayanegara	贾亚纳嘎拉
Koto	高朵族，氏族名
Lela Maharaja	莱拉·玛哈拉惹，封号
Malayu	马来尤族，氏族名
Malin	宗教长老，封号
Manti	风俗长老，封号
Maharaja Palembang	摩诃罗阇·巴邻旁，巨港国王
Marah	玛拉，封号
Mauliwarman	毛利瓦尔曼
Melewar	墨勒瓦尔王
Minangkabau	米南加保族

M. Sc.	自然科学硕士
M. Kn.	公证学硕士
Organ Tunggal	电子琴独奏
Parameswara	拜里迷苏剌
Penghulu	族长，封号
Piliang	必亮族，氏族名
Pisang	毕桑族，氏族名
Pupuik Tanduak	牛角号
Putri Jamilan	王后迦米兰
PRRI	印尼共和国改革政府
Rabab/Rebab	三弦琴，乐器名
Rajendra Choladeva	朱罗王朝拉真陀罗王
REPELITA （Rencana Pembangunan Lima Tahun）	国家五年发展计划
Rumah Gadang	加当屋，米南加保族传统民居
Rumah Limas	尖塔屋，马来人传统民居
Rumah Mesra Rakyat	安居项目
RMR1M （Rumah Mesra Rakyat 1Malaysia）	一个大马的安居
Saluang	萨鲁昂，乐器名
Seri Lemak	瑟里勒玛，氏族名
Seri Melenggeng	瑟里么棱梗，氏族名
Sidi	西迪，封号
Sriwijaya	室利佛逝
St. Panglimo	苏丹·邦利玛，封号
Sultan	苏丹，封号
Sutan Sumanik	苏曼尼苏丹
S. E.	经济学学士

续表

S. Mn	管理学学士
S. H.	法学学士
Talempong	达兰蓬，乐器名
Talempong Pacik	达兰蓬巴基，乐器名
Tanah Pusaka Adat	祖产土地
Tanah Simpanan Negara	国家保留土地
Tiga Batu	三石，氏族名
Tiga Nenek	三外婆，氏族名
Tribhuwanattunggadewi	特里布哇娜东嘎戴维
Tuanku Raja Radin	端古拉丁王
Undang	酋长，森美兰州最高统治者候选人之一
Yang di-Pertuan Besar	森美兰州最高统治者，严端

其他马来语/印尼语关键词汇	
adat	风俗习惯，习俗
adat lembaga	族长
adik kandung	亲弟/妹
adik tiri	继弟/妹
asli	当地人
bako	亲家，男方的母系家庭
berkadim	认亲
bilik	房间
dakwak	伊斯兰复兴运动
desa	乡村
jenang	杰囊
hibah	赠予

续表

imam	阿訇
kadi	回教法官
geran	土地证
harta bawaan	聘礼
harta carian	个人所得
harta dapatan	嫁妆
harta pusaka	祖产
harta susuk	外婆的财产
hibah bakeh	限制性赠与
hibah laleh	永久性赠与
hibah pampeh	补偿性赠与
kaba	神话故事
kabupaten	二级行政区，县
kader	负责人，干部
kampung	村庄
kaum	家族
kemenakan	外甥
parui	家族
kerja dapur	厨房的活
lanjar	纵向两点间的距离，段
lepau	小店
luhak	区域，地区
mamak	舅舅
merantau	外出，迁徙
merantau babelok	往返式迁徙
merantau cino	定居式迁徙

续表

nagari	乡，村庄
nikah	尼卡哈
orang asal	初民
orang Laut	海人
orang Melaka	马六甲人
orang Jakun	迦昆人
orang terpandang	尊贵的人
pacaran	约会
payung	雨伞，家系
pendatang	外来者
ranji	家谱
ruang tangah	主室，客厅
rumah adat	习俗屋
rumah mangkok	小碗屋
sah	合法
serambi	凉台
sukat	苏卡，计量单位，相当于2公斤
suku	氏族
sumando	丈夫
surau	祈祷室
teh telor	鸡蛋茶
teratak	小部落
terombo	历史传说
tungganai	一家之主，户主